Professional Problem Solving

問題解決
プロフェッショナル

[新版]

Skills and Techniques

[思考と技術]

齋藤嘉則 ── ●著

ダイヤモンド社

はじめに──新版に寄せて

　本書『問題解決プロフェッショナル　思考と技術』を出版したのは1997年1月である。当時は「問題解決」という考え方は一般のビジネスマンに馴染みが薄く、出版したものの、書店ではどの棚に置いたらいいかわからないなどと言われ、戸惑ったのを覚えている。
　なぜなら、我々経営コンサルタントは「問題解決のプロフェッショナル」として、いかなる状況下にあってもクライアントの多種多様な問題に対し、限られた時間内に真の問題を発見し、取り組み課題を設定し、具体的解決策を提示しなければならない。そのための基礎トレーニングを徹底的に受けるからである。つまり、「問題解決」の思考と技術は、我々のビジネスの現場では必須科目だったからだ。
　あれから13年あまりが過ぎ、いまでは「問題解決」はビジネスマンの必須の基礎スキルとなった。それとともに本書も35刷を重ね、ロングセラーの定番書籍となり、本書に続く「問題解決」ジャンルのさまざまな本が出版され、"問題解決コーナー"の棚ができるに至った。
　多くの類書の中にあって、本書を読むビジネスマンは後を絶たず、むしろ増える一方である。昨今では就活の必読書として注目され、大学生にまで読まれているようである。ビジネス書の定番化が難しいと言われる中で本書が長く読まれ続けたのは、何より、私が当初から考えていたように、「問題解決の基本となる考え方」をできる限りわかりやすくベーシックに説く、教科書としての位置づけのためであろう。そのため、初版よりまったく手を加えずに今日を迎えることになった。
　しかし、日本に限らずグローバルな経済・社会の枠組みが大きく変化を遂げる中で、本書で問題解決の基本となる考え方を説明するために掲載したさまざ

まな企業事例の中に、時代に合わないと思われるものが出始めた。

　問題解決の普遍的な考え方を学ぶための事例といえども、その前提や背景となる企業の事業環境や経済状況の違いは、問題の認識と理解にやはり影響を与えてしまう。新しい世代の読者のために、改訂したほうがよいのではないかという思いから、今回、事例の一部を書き改めることにした。

　ただし、考え方の説明に関しては、まったく変更はない。わかりやすい、実践的であるという多くの読者の声も踏まえ、特に手を加えることはしていない。応用編的な考え方の書物については、また別の機会に発表したいと考えている。したがって、すでに1997年の旧版を読まれた方には、この新版をあらためて読む必要はないことを強く申し添えておきたい。必ずや自身のビジネスの場で、自ら考えて応用・実践する力をすでに身に付けているはずだ、と信じるからである。

2010年3月

齋藤　嘉則

初版時の序文

　従来のセオリーや枠組み、そしていままで築いてきた経験値が通用しにくい時代になってきた。日本経済はいたるところでパラダイム・カタストロフィー（枠組みの崩壊）に直面している。パラダイム・カタストロフィーとは、かつて築き上げた強みがいつのまにか消えてしまい、気がついたときには環境の変化が大きすぎて過去の枠組みでは解決できない、つまり崖っぷちに立たされた状態をいう。

　しかし、解決できない問題が山積みになる一方、その裏をのぞいてみれば、変化するところには必ずビジネスチャンスが生まれている。過去の指標が使えない、過去のセオリーが使えない、よるべき枠組みがないなどと言ってはいられないのだ。かといってカタカナのネーミングや、形だけを変えた新たなフレームワークというのも、目新しいようでいて、どうもあてにはならない。

　我々経営コンサルタントは「問題解決のプロフェッショナル」として、常にさまざまなクライアントから多種多様な問題を提起され、決められた時間内に解決策を提示しなければならない。そして、解決策は理想論ではなく、その時点ですぐに実行に移して成果が出る策でなければならない。常にヒト・モノ・カネ・情報・時間の制約の中で考え抜かなければならない。だから我々はいつも、問題を解決するための基礎トレーニングを行っている。経営や経済の理論を学んだり、ケース・スタディを学んだりもするが、何を学ぼうとも問題を解決するための基本スキルを持たなければ、ビジネスの現場では役に立たない。

　パラダイム・カタストロフィーによって生じる変化を新たなチャンスとしてとらえるために、いま最も求められているのは、新しい「枠組み」に関する知識ではなく、自分の力で自分の実力に合った独自の「枠組み」を創り出す、問題解決の基本スキルである。それはどのような職種のスペシャリストにもゼネ

ラリストにも、そしてプロフェッショナルにも、業種・業態を問わず求められる基本スキルである。

　私はアメリカの経営コンサルティング会社マッキンゼー勤務時代に、問題解決のために３つの行動規範「ポジメン」「ロジシン」「パラテン」を定めていた。「ポジメン」とはポジティブ・メンタリティ（＝決してあきらめず前向きに物事をとらえる）、「ロジシン」とはロジカル・シンキング（＝論理的に考える）、「パラテン」とはパラダイム転換（＝従来の枠組みからの転換を目指す）である。この規範に則って問題解決に取り組み、クライアントのトップに大きな方向性を示した。また、新人コンサルタントをリクルートする際の私なりの採用基準にもしていた。その後、大手家庭用品メーカーのゼネラル・ディレクター（経営会議メンバー兼事業開発本部長）時代を経て現在に至るまで、マッキンゼー時代に習得した問題解決の思考技術を、ビジネスの現場での実践的方法論として活用し、さらに発展させた。

　それが本書で紹介する問題解決のための２つの思考＜ゼロベース思考＞＜仮説思考＞と、２つの技術＜MECE（ミッシー）＞＜ロジックツリー＞、そして

全体の構成

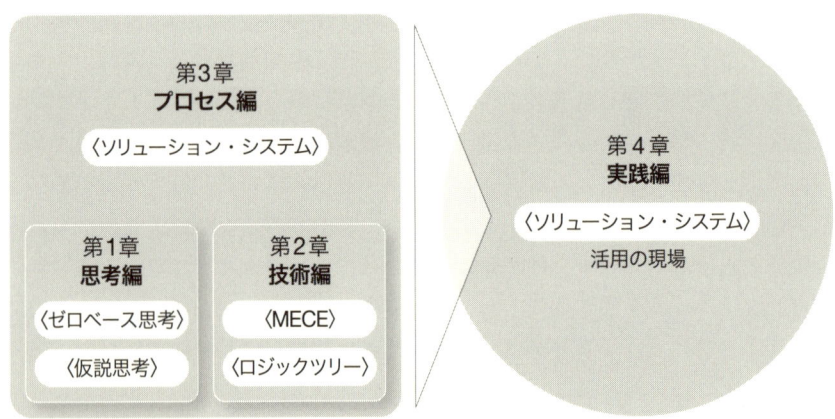

1つのプロセス＜ソリューション・システム＞である。それぞれの考え方は決して特殊な難しいものではない。だれもが普段、無意識に行っている問題解決のプロセスを、ビジネスの現場で使えるように体系化したものだ。第1章から第3章では、1つ1つの基本的考え方を具体的事例に基づき、わかりやすく説明している。さらに第4章では、すべての考え方を応用して私が実際に大手家庭用品メーカーの責任者として行った商品開発・販売システムの再構築についての＜ソリューション・システム＞活用の現場を紹介している。

　本書を手にした1人でも多くのビジネスマンが「問題解決のプロフェッショナル」として潜在能力を100パーセント発揮し、企業の最前線で活躍されることを期待している。

　1997年1月

齋藤 嘉則

目次

はじめに──新版に寄せて──1
初版時の序文──3

第1章 思考編〈ゼロベース思考〉〈仮説思考〉

〈ゼロベース思考〉〈仮説思考〉を実践する──12
既成概念を打破する商品を創り出す──15

1 〈ゼロベース思考〉▶「既成の枠」を取り外す

1 自分の狭い枠の中で否定に走らない──19
2 顧客にとっての価値を考える──21
　事例1 消費者の行動変化を加速させる決断──23
　事例2 技術革新を消費者の目でとらえる──25
3 時代が〈ゼロベース思考〉を求めている──27

2 〈仮説思考〉▶常にその時点での結論を持ってアクションを起こす

1 アクションに結び付く結論を常に持つ──31
2 結論に導く背後の理由やメカニズムを考える──35
　演習例1 家庭用殺虫剤への新規参入の結論を出す──36
　演習例2 自転車市場への新規参入の結論を出す──40
3 「ベスト」を考えるよりも「ベター」を実行する──42
　情報収集に時間を使いすぎない──45

第2章 技術編 〈MECE（ミッシー）〉〈ロジックツリー〉

〈MECE〉〈ロジックツリー〉を応用する────50
市場／競合／自社のとらえ方に大きなモレはないか────50
計画は緻密に具体化し、実践は徹底する────54

1 〈MECE〉 ▶モレはないかダブリはないかをチェックする

1 〈MECE〉をビジネスで使いこなす────60
モレによって的を外していないか？────60
ダブリによって効率を阻害していないか？────61
〈MECE〉でとらえ、最後に優先順位をつけているか？────63

2 フレームワークで〈MECE〉を学ぶ────66
3C＋1C────67
ビジネス・システム────67
マーケティングの4P────69
事業ポートフォリオ────69

> 演習1 商品の売り場配置に問題はないか────71
> 演習2 ビジネス・システムで顧客への提供価値をチェックする────74
> 演習3 3C＋1Cで自社の課題を把握する────76

2 〈ロジックツリー〉 ▶限られた時間の中で広がりと深さを押さえる

1 〈ロジックツリー〉で原因を追求する────79
事例3 営業マンの生産性低下への原因を追求する────82

2 〈ロジックツリー〉で解決策を具体化する────84
事例4 営業マンの生産性低下に対する解決策を具体化する────85

3 〈ロジックツリー〉を作る────88
オリジナル・フレームワークの作成────88
〈ロジックツリー〉の作り方とコツ────95

事例5　企業が太るケース1「営業利益を増やす」——97
　　　事例6　企業が太るケース2「企業価値を高める」——99
　4　フレームワークで〈ロジックツリー〉を学ぶ——99
　　　財務分析のROAツリー——101
　　　間接費削減プログラム——101
　　　コーザリティ分析——105

> 演習4　ボーナスの使い方を考える——110
> 演習5　活動時間を分析する——112
> 演習6　ユーザーにとっての商品価値を高める——114

第3章 プロセス編〈ソリューション・システム〉

〈ソリューション・システム〉のプロセスを再現する——118

1　課題を設定する

　1　主要課題の設定——何かと比較する——126
　2　個別課題の設定——背後のメカニズムを考察する——127

2　解決策の仮説を立てる

　1　個別解決策はコントロール可能なものになっているか——132
　2　総合解決策は全体の資源配分を考えているか——134

3　解決策を検証・評価する

　1　個別解決策の検証——ファクト・ベースでチェックする——137
　2　総合解決策の評価——ハードとソフトの両面から判断する——139

4 〈ソリューション・システム〉シートを使う

事例7 「体重が増えた」という現象に対する解決策を立案する————145
主要課題の設定————145
個別課題の設定————146
個別課題に対する個別解決策づくり————147
主要課題に対する総合解決策づくり————147
個別解決策の検証————148
総合解決策の評価————150
事例8 OEM事業の今後の方向性を決める————151

第4章
実践編 〈ソリューション・システム〉活用の現場

1 事業課題を設定する

1. 大手家庭用品メーカーS社の問題を洗い出す————158
2. 問題となる現象を分析する————160
3. 事業課題を設定する————165
4. 解の方向性を探る————166
5. セールスシステムをリ・デザインする————168

> ワンポイントレッスン1　チャートやグラフで経営を考えるクセをつける————157
> ワンポイントレッスン2　シェア分析：問題は市場のカバー率か、あるいは
> 　　　　　　　　　　　　競合とバッティングしたときの総合力の差か？————164
> ワンポイントレッスン3　パレート分析：「20-80」のルールは
> 　　　　　　　　　　　　生じていないか？————170

2 〈ソリューション・システム〉で新商品の導入を図る

1. 「新商品」と市場の相性を考える————172

2　販売チャネルを「街の雑貨屋」にしない———173
　3　新商品づくりのプロセスを追う———174
　　　ステップ①：顧客との相性———174
　　　ステップ②：商品との相性———175
　　　ステップ③：販売チャネルとの相性———176
　　　ステップ④：収益への貢献度———176
　4　最初の仮説は「NO GO」だった———177
　5　仮説づくりはインタビューから始める———179
　6　2回目の仮説は「GO」に変わった———181
　7　情報収集と分析を行う———183
　8　3C（市場／競合／自社）で分析する———186
　　　市場（Customer）分析———186
　　　競合（Competitor）分析———190
　　　自社（Company）分析———191

　　ワンポイントレッスン4　問題解決のためのインタビューのコツ———180
　　ワンポイントレッスン5　分析に自らの思考の付加価値を加えているか？———185
　　ワンポイントレッスン6　CS・CE分析：顧客にとっての価値を高めているか？———189
　　ワンポイントレッスン7　付加価値分析：自社の価値を生み出す源泉はどこか？———192

3　解決策を実行する

　1　協力メーカーを絞り込む———195
　2　商品をユーザーの目線でチェックする———197
　3　「GO」への障壁が発生する———201
　4　前進のくさびを打つ———202
　5　テスト販売に挑む———205

　　ワンポイントレッスン8　価格分析：「価格弾性値曲線」と「マークアップ方式」———199

あとがき———207

第1章
思考編

<ゼロベース思考>
<仮説思考>

＜ゼロベース思考＞と＜仮説思考＞は、問題解決にあたっての２つの重要な基本的思考である（図1－1）。＜ゼロベース思考＞とは文字どおり「ゼロベースで物事を考える＝『既成の枠』を取り外す」ということ、＜仮説思考＞とは「常にその時点での結論を持ってアクションを起こす」ということだ。

　こうやって文字にすると「なんだ、そんな簡単なこと」と思うかもしれない。しかし、「わかること」と「実行できること」は大いに違う。さらに「わかること」「実行できること」と「結果がうまくいくこと」の間には、もっと大きな溝がある（図1－2）。ビジネスの現場では、結果がうまくいかなければバリューはない、とまず心得るべきだ。ビジネスを成功に導く＝「結果がうまくいく」ための思考が、＜ゼロベース思考＞と＜仮説思考＞である。

　これは、起業家のための成功の条件と言い換えることもできる。コンサルティング活動の中でお会いする「成功したベンチャー創業者」の方々にも共通していえる、「成功のための基本条件」である。特にこの乱戦模様の日本経済において、新たなチャンスを勝ち取るためのビジネスマンの必須条件といえる。

　私は常に、この２つの思考態度をベースに、ビジネスに取り組んできた。２つの思考態度がどのように私の行動に影響を与えたか、まずその実例を紹介しよう。

＜ゼロベース思考＞＜仮説思考＞を実践する

　Ｓ社はアメリカに本社を持つ大手家庭用品メーカーである。プラスチック保存容器を筆頭にキッチン用品を扱っている。日本に上陸したのは数十年前。日本人にとっては初めての「ホームパーティ」というユニークな販売システムにより、またたくまに主婦の間に広がった。Ｓ社のプラスチック保存容器は、密封性に優れた高品質で高価格な商品。ホームパーティではデモンストレーターの主婦が商品の使い方を実演しながら、高付加価値を付けて販売している。

　それから長い年月が経って、技術革新や生活水準の向上などさまざまな理由により、プラスチック保存容器はＳ社の専売商品ではなくなり、もっと価格も安く、近所のスーパーで簡単に買える商品になっていった。それでもＳ社は存

図1-1 ビジネスを成功に導くための2つの思考

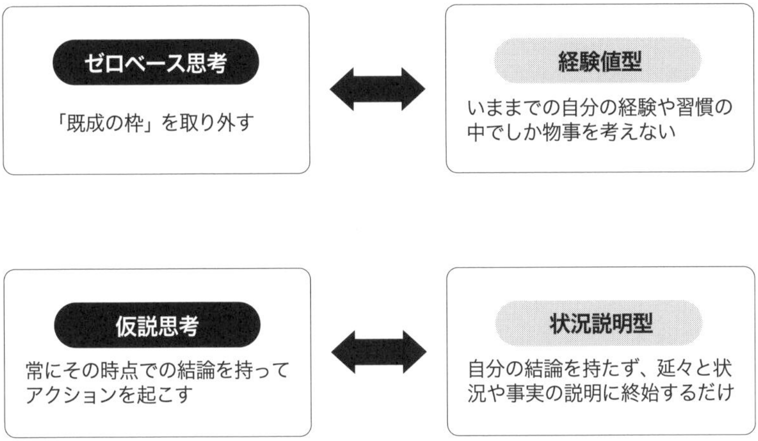

ゼロベース思考		経験値型
「既成の枠」を取り外す		いままでの自分の経験や習慣の中でしか物事を考えない
仮説思考		状況説明型
常にその時点での結論を持ってアクションを起こす		自分の結論を持たず、延々と状況や事実の説明に終始するだけ

図1-2 ビジネスでは、結果がうまくいかなければバリューはない。
しかし、「わかること」と「実行できること」の間にも大きな溝がある。

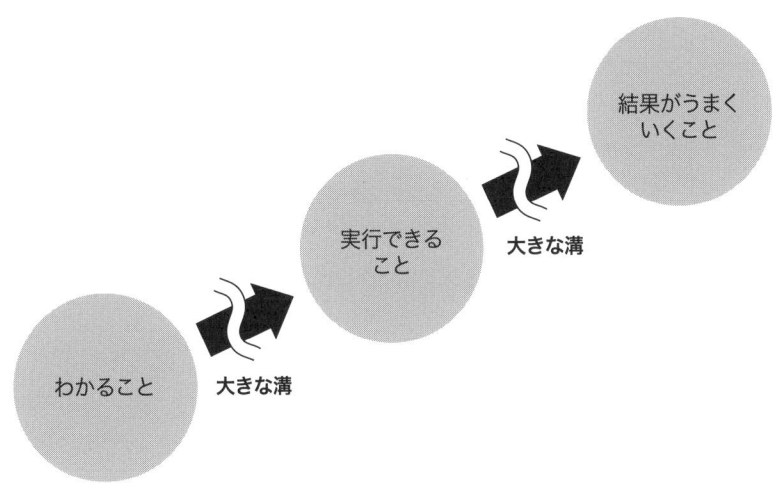

在するし、ホームパーティ方式の販売員たちも存在する。ただし、数十年にわたる昔からの「慣習」という枠組みが、この会社にも商品にも、販売システムにものしかかり、あれほど日本の主婦を魅了した商品も、競争と時代の変化の中で、もはや色あせてしまっている。

　この状況は、決してS社という1企業だけに当てはまるものではない。事業規模や業種・業態などさまざまな違いはあったとしても、新興のベンチャー企業を除けば、歴史を持つ企業には大いに当てはまる状況だ。いや、企業だけではない。日本国そのものが置かれている現在の閉塞状況は、まさしくこのS社の状況と酷似しているといっても過言ではない。我々を取り巻く環境が大きく変化する中、従来の枠組みにしがみついていては将来が見えないし、新たな成長などありえない。まさにパラダイム・カタストロフィーに直面しているのだ。

　画期的に市場参入を果たした商品が、いつのまにか競合が多数参入してきて強みがなくなっていたり、非常にユニークな販売システムであったものが、時代に合わなくなっているのに気がつかずに古くなってしまう。そして気がついたときには環境が激変している……といったことは、いずれの企業においても商品・サービスやチャネル、そして組織にも何かしら当てはまる。特に一度成功を収めるとその上にあぐらをかき、過去の強みが現在の弱みになっていることにも気づかず、次第に時代から取り残されていくケースは往々にして見受けられる。こうしたことが構造的に生じやすいのは、当然のことだ。なぜなら、過去に成功し、実績のある人が企業のトップに選ばれるのだから。

　たとえ、あぐらをかいているつもりはなくとも、成功したパターンを変えることには勇気がいる。しかも、失敗してからでは遅いのである。成功しているうちにこそ、常に新しい芽を探し続けなければ、パラダイム・カタストロフィーに突然直面することになる。大改革を行い、来る新時代を目指すなどと旗印を掲げている企業もあるが、フタを開けてみると旧態依然とした企業体質からちっとも変わっていないところのほうが多い。

　私がS社に招かれたのも、この「旗印」のためであった。私は、ゼネラル・ディレクター（経営会議メンバー兼事業開発本部長）として2つの大きな使命を帯びて経営に参画した。1つは、プラスチックの保存容器だけではすでに限界に達していた売上げの低迷を打破するための、第2の柱となるべき新商品の開

発。もう1つは、ホームパーティを中心とした販売システムの全面的改革であった。

　私はまず会社全体の診断を行った。私が断行すべき改革は、商品と販売システムだけでよいのか。いまの事態に陥った根本的原因は、どこにあるのか。診断の結果、改革に立ちふさがる最も大きな壁は、S社のすべてに染み込んだ数十年間の既成概念だということがわかった。

　企業の中で新規事業がなかなか育たないという話をよく耳にする。その理由はさまざまであるが、トップのリーダーシップ（もちろんこれは最低要件だが）がいかに優れていたとしても、その企業の体質をまったく無視した新規事業は育ちにくい。土壌が違うのにむりやり新種の苗を植えても、育たずにすぐ枯れてしまうのは当然だ。かといって、土壌にとらわれすぎて苗を探しても、それまでの苗とあまりに同種すぎて新規性がなくなり、独立した種として存在できない＝新たな成長につながらないのである。

　ビジネスの現場では、白と黒では決着をつけられず、グレーゾーンの中で効果的な打ち手を見いださなければならないことが多い。しかしそのグレーは、色鮮やかなグレーでなければならない。既成概念を打破しながら色鮮やかなグレーを見いだすために、私が最も心がけたのが＜ゼロベース思考＞と＜仮説思考＞であった。

● ──── 既成概念を打破する商品を創り出す

　私が新商品開発で手がけたものの1つに「A-SLIM（仮名）」というポット型浄水器がある（**図1-3**）。本体の構造は、上部の浄水フィルターと下部のポットから構成されている。上部の浄水フィルター部は、ある大手設備機器メーカーH社との共同開発によるもので、下部のポット部は、S社の数十年以上にわたるロングラン商品「S-LINE（仮名）」の金型をそっくりそのまま活用している。

　つまり、過去の資源（金型というモノ）を生かしながら、保存容器ではないまったく新しいカテゴリーの商品ができあがったのだ。また、「浄水器」として見ても、日本の浄水器市場で大多数を占める東レのトレビーノや三菱レイヨンのクリンスイといった「蛇口直結型」とは一線を画した「ポット型」という

図1-3 ポット型浄水器「A-SLIM」

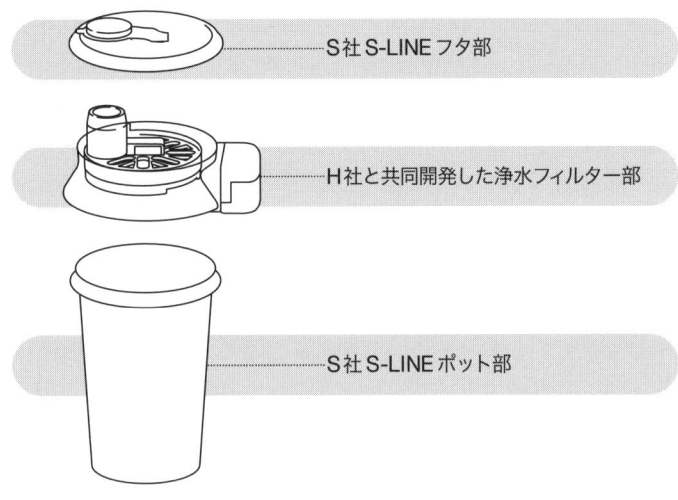

- S社 S-LINEフタ部
- H社と共同開発した浄水フィルター部
- S社 S-LINEポット部

形態をとることで、小売店頭での競争から一歩抜け出すことができた。いまでこそ、この「ポット型」浄水器は、BRITA、パナソニック、三菱レイヨン、東レなどで数多く販売されているが、当時はほとんど認知されていなかった。このポット型浄水器はそのまま冷蔵庫にポンと入れられるので、冷たくおいしく、しかも安全な水がいつでも飲めるというわけだ。そのユニークな開発コンセプトと売上貢献実績から、後にアメリカ本社のCEO（最高経営責任者）からイノベーション・アウォードをいただいた。

　開発に先駆けて私の心を悩ませたのは、S社の基幹商品に対するこだわり、つまり「非常に密封性のある保存容器を作り出す製造技術の価値へのこだわり」であった。このこだわりは、本社、工場、販売員からロイヤルティの高いユーザーに至るまで、すべての人間の心理を支配していた。このこだわりに固執しすぎては、従来の商品から一歩も抜け出せない。

　そこで私は既存の商品を使いながら、なんとか別の商品に仕立てることはできないか、と考えることにした。この出発点に立つことは、まさに重要であった。というのも、それまでに数限りなく新商品企画をトップに提出したのだが、

前述の「こだわり」からトップが抜け出せなかったからである。頭の中ではわかっていても、最後の意思決定が心情的にできないのである。とはいっても、何か新しい商品を導入したいという気持ちも捨てられない。たしかに業績から考えても、「出さねばならぬ」状況であった。そこで、「Ｓ社の商品は保存容器である」という既成概念を取り払い、ゼロベースで「単なるプラスチック商品」としてとらえ直した。

　この２つの違いを、さほど重要ではないと思われる方がいたら、それはその人がメーカーの現場を知らないからといえるだろう。外から見ると「さほど重要ではない」「そんなことは、はなから当たり前だ」と思われるポイントが、中にいるとまったく気がつかない、あるいは気がついていても変えられない、変える方法が見つからないということが非常に多いのだ。

　私は、Ｓ社の「密封性の高い保存容器」を「単なるパーツ」として扱い、別の価値を作り上げることにした。その別の価値とは何か。その答えがポット型浄水器であった。プラスチック容器部分には自社の既存の金型を使いながら、その上にろ過式の浄水器を取り付けたのである。この浄水器部分は、ユニークな電子制菌フィルター方式の蛇口直結型浄水器を製造販売している、大手設備機器メーカーＨ社が共同開発に携わってくれた。

　では、なぜ蛇口直結型ではなくポット型を選択したのか。その理由の１つは前述の「自社のテクノロジーを使う」ためであったが、もう１つの理由は、現在の販売システムがホームパーティによるダイレクト・セリングのみというＳ社のチャネルにあった。当時、浄水器市場は東レや三菱レイヨンといった大手の寡占状態にあり、さらに大小さまざまなメーカーが参入して、価格競争も非常に激しい状況になっていた。また、ダイレクト・セリング市場でもアムウェイやダスキンの市場参入の噂があり、顧客ニーズが非常に高い一方で、競争の激しいカテゴリーであった。そこで、小売店頭での価格競争に巻き込まれず、かつホームパーティなどで売りやすい商品は何かと考えたとき、この「ポット型浄水器」の仮説に行き着いたのである。

　その過程では「浄水器市場は参入しにくい」「開発費がかかりすぎる」など、さまざまなハードルがあった。しかも、開発予算はないに等しかった。会社側は新規事業に力を入れると言いながらも、サラリーマン社長ではよくあること

だが、実際に話が具体的になり始めたとたん、新規事業にまわす金はないと言う。それでもあきらめずに共同開発先にかなりのコスト負担をしてもらいながら、なんとか開発にこぎつけた。さらに、それでも市場導入に尻込みするトップを説得するため、アジア地区を統括する香港パシフィック本部のマーケティング担当責任者を直接、説得しに出かけた。

このA-SLIMの市場導入は、「古い体質への挑戦」であり、「古い体質との融合」であり、もちろん「新しいものへのチャレンジ」であった。

このA-SLIMの開発ストーリーから読み取ってほしいことは、既成概念を打破するには＜ゼロベース思考＞と＜仮説思考＞が非常に重要な思考態度だということである。

次に、この２つの思考態度について詳しく説明しよう。

1 ＜ゼロベース思考＞
「既成の枠」を取り外す

　＜ゼロベース思考＞とは、「既成の枠」を取り外して考えるということである。胸に手を当てて考えてみるといい。ビジネスの現場にはいつもさまざまな枠がある。問題を解決しようとするときに、いつもと同じ枠の中で考えていたり、あるいは他人の作った枠を意識しすぎてはいないか。また、目に見えない枠にとらわれて、いつのまにかできないと思い込んだりしていないか。そのような枠組みの中で解を見つけようとしても限界がある。

　ビジネスを取り巻く環境の変化が少ない時代や、企業が急成長している時期であれば、既成の枠の中で精一杯頑張ることが、むしろ企業の成長に直結していた。しかし、環境変化の激しい時代にあっては、「既成の枠」の中に有効な解はないと考えたほうがいい。既成概念や将来的に緩和・変化の予想される諸々の規制、また自部門の中でしか解を考えなくなってしまう部門の壁。そうしたものをとりあえず外して考えてみることが大事なのだ。

　この＜ゼロベース思考＞のポイントは、

- **自分の狭い枠の中で否定に走らない**
- **顧客にとっての価値を考える**

である。以上２つのポイントをこれから説明する。

1 自分の狭い枠の中で否定に走らない

　＜ゼロベース思考＞の妨げになるのは「既存の枠」だ。その中でも一番のタガは、自分自身だ。自分で狭い枠を設定して否定に走ってはいけない。

論理学の仮想の世界では、全体の集合が明確に定義されていれば、その中の構成要素としてノックアウト・ファクター（これがダメなら何をやっても絶対にダメという要素）を何か１つ見いだせば、物事を否定するのは比較的容易である。日常生活やビジネスにおいて考える枠や対象を恣意的に狭くしたために、相手に「やはりダメですね」とノックアウト・ファクターもどきを指摘され、自分では何か変だな、どうも抜けがありそうだと感じながらも、「やはりダメか」と釈然としないままに引き下がった経験はないだろうか。自分の狭い視野の範囲内で否定的要素がたまたま大きく見えるために、つい全体も否定的に見てしまうというのは、だれにもよくあることだ。

　特にビジネスの現場ではいろいろなことが複雑に絡み合っているため、初めから簡単には全体像が見えない、あるいは定義できない場合が多い。そのとき、現状の枠のまま収束させてしまうのかどうか。そこが、＜ゼロベース思考＞で考えられるか、既存の枠に執着するかの分岐点になる（図１－４）。

「解決は難しい」と最初から既存の枠で考える従来どおりの思考では、小さな枠の範囲内で限定的に考えてしまうため、枠の外にある解決策を見落としたり、

図1-4｜ゼロベース思考の原点

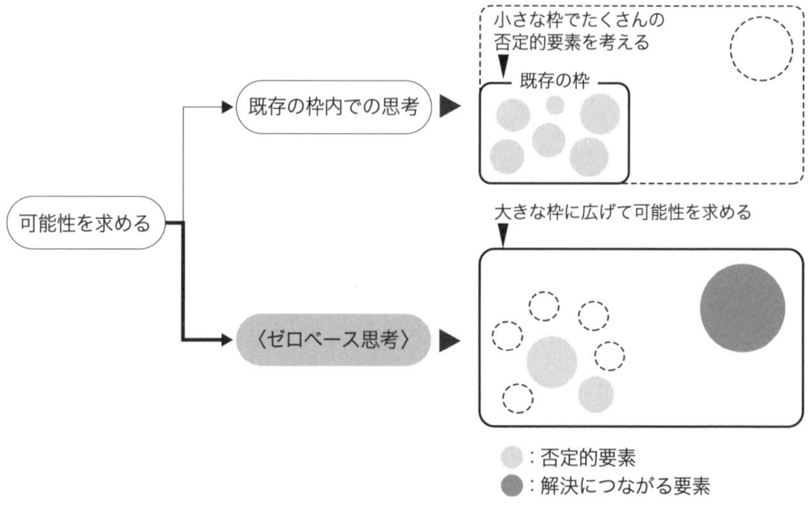

可能性を求める
　├─ 既存の枠内での思考　▶　小さな枠でたくさんの否定的要素を考える／既存の枠
　└─〈ゼロベース思考〉　▶　大きな枠に広げて可能性を求める

○：否定的要素
●：解決につながる要素

最悪の場合は、重箱の隅をつつくように、枠の中の否定的要素を列挙し始める。一方、もしかしたら枠の外に解決の可能性があるのではと考える＜ゼロベース思考＞では、自分の狭い枠を越えて考えようとするため、解決策を見いだす可能性が高まる。従来の枠の外の可能性にチャレンジする前向きさという意味では、＜ゼロベース思考＞にはポジティブ・メンタリティに通ずるものがある。

　もしいま、ビジネス上の課題を何かしら抱えているとしたら、「この課題を解決するための具体策はある」という前提で、ゼロベースから考えてみてはいかがだろうか。もちろん、作業に使うエネルギーの量は、比較にならないぐらい大きくなる。しかし、最終的に成功を目指すには、ビジネスマンの最低要件として、この＜ゼロベース思考＞を実践すべきである。

2 顧客にとっての価値を考える

　＜ゼロベース思考＞で考えろと言われてもなかなか難しい、と思う人に対して考え方のコツを挙げるとすれば、「顧客にとっての価値を考える」ということだ。顧客とは商品を買ってくれるユーザーのことだけではなく、人事部や総務部であれば顧客は社員全体を指すし、情報システム部門でいえばシステムを利用する社員全員を指す。したがって、仕事をしている人間には必ず顧客が存在する。顧客のいないビジネスマンがいたとすると、その人は企業や社会に対して何の価値も生み出していないことになる。

　知らず知らずのうちに自分の立場や自部門の立場、あるいは自社の立場だけで問題をとらえる習慣がついてしまうと、「既成のタガ」から抜けられなくなってしまう。だから「顧客にとっての価値を考える」ことが大事なのだ。中には「いつもそう考えるようにしている」と言う方も多いだろう。しかし、顧客の立場から考えてはいても、実行段階で既成のタガを外せないことが多い。ビジネスの現場では、実行して初めて問題が解決する。したがって、実行段階でも既成のタガを外せなければまったく意味がない。

　多くの創業者がなぜビジネスを立ち上げることに成功したのか。それは、ユニークな商品、画期的な技術、特徴のある販売システムをベースにビジネスを

展開するにあたり、自分自身が開発者、生産者であると同時に、非常に考え抜いたユーザーでもあったからだ。つまり、考えたことを実行に移す段階においても、きちんと「顧客にとっての価値」を考え、貫くことができていたのだ。そして、顧客にとっての価値を十分に考え抜いたからこそ、詳細なマーケット・リサーチなど行わなくても成功したのだ。

　大企業になってしまうと、これがなかなかできない。なぜかというと、組織的に、開発、生産、営業、マーケティングと機能分化するうえに、規模の拡大に伴って管理階層が重層化し、それに比例して消費者との距離が遠くなるからだ。そのため、消費者の実態が意思決定者に届きにくくなってしまう。昨今グループ・インタビューなどが盛んに行われているのもそのためだ。しかし、せっかく消費者の生の声を吸い上げても、意思決定者にそれがダイレクトに伝わらない。途中の段階で「既成のタガ」から抜けられず、結局、生の声を実行段階で生かせないのでは、まったく意味がない。

　＜ゼロベース思考＞は、ニュービジネスを立ち上げようとするベンチャー企業であろうと、主力事業が変化への対応にさらされている既存の大企業であろ

図1-5　ゼロベース思考

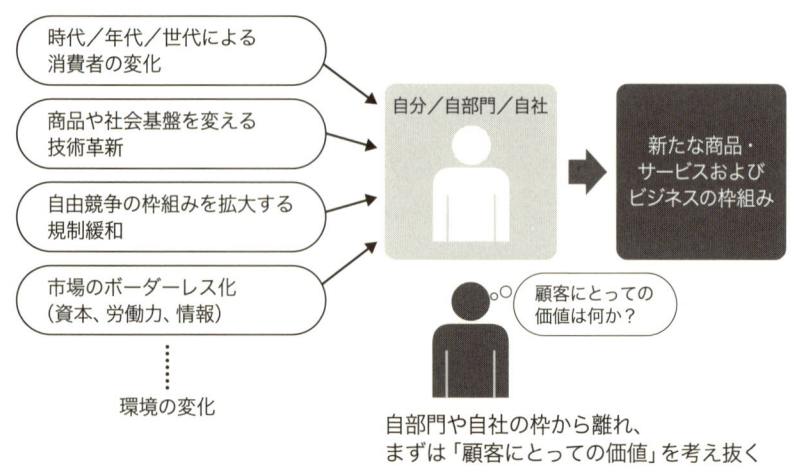

うと、パラダイム・カタストロフィーを超えるために、すべての企業に求められる思考態度である。大きなビジネス環境の変化をチャンスとして柔軟にとらえることができる企業は成長し、できない企業は没落するという構図が明確になっている。

ビジネスにおける＜ゼロベース思考＞とは、アートの世界のようにひらめきや直感に頼るまったくのゼロからの発想を必ずしも意味しない。自部門や自社の既成の枠から離れ「顧客にとっての価値」を考え抜くことができれば、そのビジネスは成功する（**図1-5**）。

それでは＜ゼロベース思考＞で成功した事例をいくつか見てみよう。

事例1　消費者の行動変化を加速させる決断

スペインのアパレルメーカー　ザラは、全世界73ヵ国で約1500店舗を展開している。競合他社の多くがSCM（サプライ・チェーン・マネジメント）をアウトソーシングしている中、ザラは徹底的な自前主義を貫く。全商品のデザイン、流通を自らが管理し、製造のアウトソーシングの割合も他社に比べて格段に小さい。また店舗の大半も直営店という垂直統合方式である。

経営不振にあえぐ同業他社を尻目に、2010年現在で売上高と利益は年間10～20％のペースで成長を持続している。

各商品を小ロットで生産、流通させているため、店頭には1デザイン当たり少数の商品しか陳列しない。従来であれば機会損失ととらえられてしまう在庫切れを、むしろ奨励している点が大きな特徴である。その結果として、顧客は購入機会が限られていることを知り、頻繁に来店し好みの服を探す。欲しい商品が在庫切れであれば、積極的にいまある商品を購入する。そのため、ある店舗での来店回数は、競合店が年間平均で4回のところ年間平均17回に及ぶという。そして、この来店率の高さが広告費の抑制にもつながる良循環を実現している。

また、商品のライフサイクルが短く不確実性の高い市場では、現有資産は少ないほうがよいという常識を覆し、商品の約半分を自社工場で製造し、組織全体の柔軟性や自由度を高めている。

しかし、1つ1つを取り上げて見ると、決して目新しい施策ではない。それにもかかわらず、「従来とは違い……」「……の慣行を破り」「……の常識を覆し」などと表現されることが多いのは、ザラがビジネス・システム全体を徹底的に＜ゼロベース思考＞で構想し、そのとおりのオペレーションを現場で徹底しているからである。

そして、何より顧客と製造の間のコミュニケーションがスムーズかつスピーディであることだ。そのことが、消費者の行動・意識変化を的確にとらえ、行動変容を促し、収益も顧客満足度も高い企業を作り上げる中核エンジンになっている。

日本全国どこでも当たり前になった「ドトールコーヒーショップ」も＜ゼロベース思考＞で成功した例だ。従来の喫茶店では1杯500円もするうえ、店によって味のバラツキが大きいコーヒーを、当初1杯150円という画期的な価格で、しかもおいしいコーヒーを提供した。いまでは1店舗当たり、1日数百人から1000人以上もの来客を誇る。これはまさしく、外飲コーヒー・ビジネスの概念を根底から大きく変えたといっても過言ではない。

この場合の＜ゼロベース思考＞は何か。喫茶店に1日数百人も、1000人以上も入るということなどありえない。だから単価を低くすることなどできないと考える「既成の枠組み」を取り払い、消費者の行動を考え抜いたことにある。そしてもう1つ。1日に1000杯以上もフレッシュなコーヒーをその場で瞬時に供給するマシーンなどないという日本国内の枠を、海外の非常に優れたコーヒー・マシーンの導入により乗り越えたことだ。この海外の技術革新の力によって、従来は到底考えられなかった1日1000杯以上の高品質コーヒーの安定供給が可能になったのだ。

いまでは人々は知らない街に行っても、黄色に黒のドトールコーヒーのサインを探すという。それはおいしいコーヒーが安く、手早く、そして、気兼ねせずに飲めることを知っているからである。そして、このドトール・コンセプトがまるで輸出されたかのような現象が、その後、海外でも起きた。アメリカのシアトルを発祥地とするスターバックスコーヒー、シアトルズベストコーヒーそしてタリーズコーヒーの全米フランチャイズ展開に代表されるように、アメ

リカでも新たなコーヒー外飲市場が急激に拡大した。

そして再度、これらスターバックスコーヒーやタリーズコーヒーのコンセプトが日本に輸入され、またたくまに日本全国をカバーした。価格帯的には、ドトールコーヒーと喫茶室「ルノアール」など旧来の喫茶店とのちょうど中間に位置するが、店構えはおしゃれでエスプレッソ・テイストのさまざまな種類のコーヒーが飲め、消費者に「格好いい自分」を意識させる情緒的価値に大きく訴求するコンセプトで成功している。

一方、これはアメリカからの直輸入コンセプトであるが、ドミノ、ピザーラに代表される宅配ピザは、「おいしいピザを家庭で作るのは大変、だけどピザを食べたい」という消費者のニーズに、「デリバリー」という従来の出前とは異なる配達システムで新たな価値を付加し、またたくまに2000億円以上の新しい市場を作り上げた。

この場合の＜ゼロベース思考＞とは何か。宅配ピザの「デリバリー」が出前と根本的に違うのは、宅配専門であるため30分以内と時間が正確、後片づけの手間が省ける（容器は使い捨て）、対応がスマートという点である。

また収益面では、宅配専門であるため路面通行量の多い一等地に店を構える必要性がまったくなく、ジャイロと呼ばれるバイクの駐車場さえ確保できれば人通りの少ない裏通りでかまわない。したがって、異常に高い店舗の権利金や豪華な内装費に頭を悩ませる必要もなく、完全にローコスト運営に徹した「生産工場」化を図ったことが重要な点である。「出前」という既成の概念を「デリバリー」という言葉に置き換えたことで、まったく新しい市場とビジネスの仕組みを作り上げることに成功した。

事例2 ── 技術革新を消費者の目でとらえる

シャープは、液晶技術をビデオ、液晶モニタや液晶テレビ、ザウルス、携帯電話等へと幅広く応用し、躍進の原動力とした。そのベースとなったテクノロジーは、かつて非常に価格競争の激しかった電卓市場をカシオとともに勝ち残る中で磨き上げたものだ。これを、消費者の視点から見たときにどう生かせ

のか、消費者にとっての価値は何か、自社の保有技術と組み合わせたときにどんな商品が考えられるのか、と徹底して追求したことに成功の要因があった。

そして、デジタル放送が主流となる現在、「液晶のシャープ」と言われるほどの地位を築き上げた。元はといえば、液晶＝電卓という枠組みを取り払い、液晶そのものを＜ゼロベース思考＞でとらえ直し、事業展開の中核技術としてキーデバイス化したことが、今日の一流企業としてのシャープを作り上げたといってもよい。

シャープの基本姿勢は、「オンリーワンを積み重ねてナンバーワンになる」ということだ。常に消費者目線に立った商品開発を徹底的に行い、そしてサービスへとつなげるシステムが確立されている。シャープは2010年1月に、"オンリーワンで社会を変革してゆく"という企業姿勢をより鮮明に表すため、スローガンを「目指してる、未来がちがう。」に変えた。新しいスローガンは、既存の枠にとらわれない「オンリーワン」という考えのもと、液晶をはじめ、ソーラー、LED、プラズマクラスターといった新しい基幹技術を柱に、人々の暮らしや社会に貢献する企業姿勢を表している。

そしていま、シャープは「環境先進企業」としてのブランド形成を目指している。液晶という「省エネ」製品にとどまらず、太陽電池というエネルギーを作り出す「創エネ」製品に力を注ぎ、グローバルでしのぎを削っている。

消費者そして生活者の目線でとらえて技術革新を進めてきたシャープは、いま、そして未来の社会にとって有意義な商品を展開していくに違いない。

技術革新で顕著な例といえば、日本の冬を変えたとまでいわれるユニクロのヒット商品、ヒートテックだろう。これは東レと、ユニクロを展開するファーストリテイリングの戦略的パートナーシップの成果として2007年に登場し、大ヒットした。

背景には、2001年度の東レの赤字転落がある。当時、東レは危機からの脱出を掲げた経営計画NT21を策定し、New Value Creatorへの転換を掲げた。「ものづくり」から顧客や消費者が求める「新しいサービス」「新しい生産・流通の仕組み」づくりを標榜し、量販店等の小売企業との共同開発を推進し、アパレル製品部門を強化するというのだ。それがユニクロとの戦略的パートナーシ

ップの構築につながり、ユニクロの販売現場から上がってくる販売・顧客情報をもとに、東レが消費者ニーズを素材開発に直結させ、ヒートテックとして結実した。

ヒートテックは、体から出る水蒸気を吸収することにより素材自らが発熱し、それを保持することで温かさを保つという画期的商品だ。従来、女性用の下着には「ババシャツ」、男性用には「ももひき」などのあったか下着は存在していた。そこで、「ババシャツ」と言われないオシャレな商品をいかにして出すかがポイントだった。しかし、それではどこまでいっても「オシャレなババシャツ」の範疇から出ない。

それに対しヒートテックは、技術革新に裏づけされたことにより、カジュアルで野暮ったくないまったく新しいポジショニングを確立した。さらに、抗菌やドライ、保湿などの機能性の改善や、Tシャツ、タートルネックなど種類のバリエーション、ファッション性を追求することで、第2弾、第3弾とヒートテックの開発が進んだ。たとえば男性用は温かさを保ちながらドライ性を高める「ヒートテックプラス」など、消費者のニーズを的確にとらえた技術革新と商品開発を進めた。

"先端材料を創出する"ことを研究・技術開発の方針とする東レと、"あらゆる人が良いカジュアルを着られるようにする"ことを消費・生活者の視点から徹底追求するユニクロが、＜ゼロベース思考＞により従来の枠組みにとらわれず、素材開発から販売までのビジネス・システム全体をデザインし、新たな価値の創造に成功したのだ。

3 時代が＜ゼロベース思考＞を求めている

経済学の理論上は、「規制のない自由経済が最も効率的な経済システム」である。各種税制や規制といったものは社会的公正の視点を政策的に加えたもので、理論的にはベストではないが現実的にはベストと考えられるという意味での、セカンド・ベスト・ソリューション（2番目にベストな解決策）である。

日本も戦後の経済復興時代には、公共経済のインフラ整備や国民の最低生活

の保障、そして経済格差の均一化のために、各種税制や諸々の規制を設定せざるをえなかった。しかし、時代の変化に伴って生活水準が向上するに従い、その役割・必要性が低下してきた。また、インターネットのような情報技術とそのインフラが整備されて、情報の流れがボーダーレスかつスピードアップすると、ますますヒト、モノ、カネといった経営資源自体が国境を越えて加速度的に流動化するようになる。

　お金が世の中を流通するスピードが上がれば上がるほど経済が活気づくということを表すマネー・マルチプライヤー（貨幣乗数）という経済用語があるが、飛躍的に重要性が増したのは、インフォメーション・マルチプライヤー（情報乗数）である。マネー・マルチプライヤーと同じ概念でそう名付けた。この概念が重要なのは、情報の流通スピードが上がるほど、一次的にはまず経済が活性化する。そして二次的には、表面的にGDPが上がるだけでなく、その水面下では土地や人といった比較的流動化しにくい経営資源も、情報が完全に流動化してしまえば相対的には流動化（仮想的に自由に動いている）している状況に等しくなるということだ。

　これは結果として、従来の「規制」や「既成」そして、しがみつく「寄生」までをも否応なく突き崩す作用を持つ。そして自由経済化の不可逆の流れは、いっそう早められることになる。したがって、情報の流動化が加速度的に進行する現在、「規制」や「既成」の枠を外して、あらためて「消費者にとっての価値は何か」を考え、ビジネスへの意味合いをとらえ直すことがますます重要性を増す。

　たとえば、戦後の許認可制度の中で保護されてきた米の販売免許も、登録制へという自由化の流れの中で流通チャネルは激変し、量販店、スーパーで安く購入できるようになった。そのほうが明らかに、消費者にとって便利である。また、ガソリンスタンドの参入規制も「特石法」が1996年に撤廃され、スタンド新設にあたって石油元売りの供給証明も不要になった。消防法の改正によりセルフスタンド式の解禁もあり、従来のスタンドの系列は崩れ、商社やスーパー等の異業種参入により流通再編が起きた。その結果、非効率経営のスタンドの転廃業は加速され、消費者にとってはようやく少しはガソリンが安く買えるようになったが、一方、街角のガソリンスタンドは激減した。こうした顧客

にとっての価値を高める流れは、不可逆の流れだ。

　このような規制緩和は、食料品、ビールといった消費財から、保険・金融商品に至るまで、あらゆる業種・業態やチャネルで生じた。特に公共性が高く、規制＝国家による保護が強い業界ほど、いままでまったく改善の努力をする必要のなかったそれぞれ固有の「利益方程式」が、ガラガラと音を立てて崩れ始めた。こうした企業の多くはいままで、問題を解決する習慣のないぬるま湯に浸っていたため、体質的に解決策志向ではない。したがって、新たな問題解決をスピーディに行わないと、今後激化する競争からは完全に脱落するだろう。

　さらに、単なる規制緩和に加えて、医療業界では、高齢化社会への急激な移行に伴って財政的に破綻した状況を打開するために、医薬分業、診療報酬の定額制、後発薬の促進、また患者自身の負担部分を増やす混合診療への動きなど、国はあの手この手の規制の変更・修正を計画・実施している。2010年現在の国の考え方としては、国民医療費と介護費の合計額が、GDPの10％を超えないこととしているようだ。

　たとえば診療報酬の定額制への移行ひとつとっても、これまでの医師が診察し処方箋を出せば自動的に利益が上がる出来高型の「プロフィット・センター」から、薬剤費を極力抑え入院日数も短くしなければ利益が生み出せない治療費の上限が押さえられた「コスト・センター」への180度の転換を意味する。

　こうした動きは、当然、後発薬の採用にも拍車をかける。さらに、いままで医師からしかもらえなかった薬の中でも薬効が弱く危険性の少ない胃腸薬などが、大衆薬として薬局でも買えるスイッチOTC化が積極的に推し進められると、旧来型の開業医の約半分は不要になる可能性もある。そうすると、開業医の競争が厳しくなり、腕の立つ医師とダメな医師が明確に選別される。したがって、開業医は今後、地域医療圏の中で、病院の専門医や薬剤師、介護福祉士などコ・メディカルとの緊密な医療連携が求められる。そして、単に診察をして処方箋を出すだけの医師ではなく、家族全員の"かかりつけ医"としていかに幅広い年齢層や多種多様な疾患に24時間対応できる、ネットワーク化された総合医としての真のホームドクターに変身できるかが問われる。

　これらは、国民の医療負担を少しでも低減するために保険制度の抜本的見直しを伴うもので、必然的な動きだ。この市場構造の変化に伴い、医薬品メーカ

ーの開発・営業体制や卸の機能、そして医師と患者の関わり方に至るまで、すべての関係者を巻き込む形で業界内の利益配分のあり方も含め、ドラスティックに変化せざるをえない状況になっている。

　したがって、規制の枠内で既得権益を享受していた大企業ほど、従来の強みをすぐには変えられず、それが変化についていけない弱みや足かせになってしまうわけだ。こうした規制緩和や変化にどう対応するかは、企業にとって死活問題になり、＜ゼロベース思考＞によるシナリオづくりがますます重要になるのである。

2 ＜仮説思考＞
常にその時点での結論を持ってアクションを起こす

　＜仮説思考＞とは、限られた時間、限られた情報しかなくとも、必ずその時点での結論を持ち、実行に移すということである。とにかく早く結論を出して、早く実行に移す。そして、その結果を早く検証して次のステップにつなげていく。刻々と変化する現代においては、このスピードが命運を分ける。時間をかけて緻密な分析によって精度を高めようとするよりも、ざっくりでもいいから短時間であるレベルの結論を出し、アクションに結び付けることが重要なのだ。ベター・ソリューションでもかまわない。なぜなら変化の激しい現代では、検討を重ねているうちに前提条件が180度転換するようなことはいくらでもあるからだ。そうした事態に陥らないために、この＜仮説思考＞が必要なのだ。

　＜仮説思考＞のポイントは、

- アクションに結び付く結論を常に持つ──結論の仮説
- 結論に導く背後の理由やメカニズムを考える──理由の仮説
- 「ベスト」を考えるよりも「ベター」を実行する──スピードを重視

である。以上３つのポイントをこれから説明する。

1 アクションに結び付く結論を常に持つ

　まず結論を出せと言われても……と戸惑うはずだ。状況がよくわからなければ結論なんか出せないとか、当てずっぽうしか言えないなどと思うはずだ。しかし、最初は当てずっぽうでもよい。とにかく、何がなんでも結論を出すことが仮説思考の始まりだ。

図1-6 「A事業は利益額が大で、B事業は急成長」
ではSO WHAT？ 結論は「B事業への資源の集中」

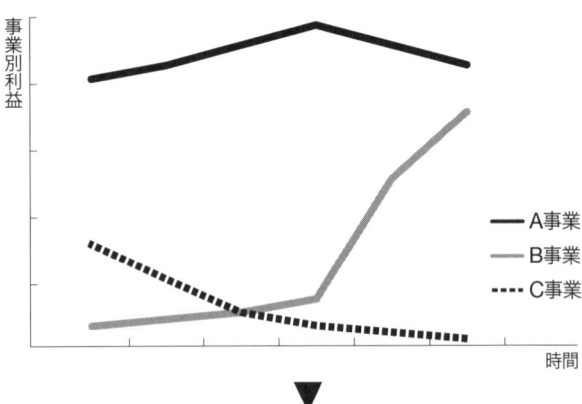

現時点での結論

C事業は撤退。A事業は現状保持のための必要最小限の資源投入とし、あらゆる経営資源をB事業に集中投下。

検証事項

● A市場は成熟し、今後の成長は望めない
● B市場は成長が始まったばかりだが、将来性が大きい
　・B市場は5年後に1000億円を超す成長市場
　・B市場での技術的優位性は当面維持可能
　・B市場での成功の鍵は、早期のチャネル確立
　・B事業への資金と優秀な人材の投入が不可欠
● C市場は衰退。将来性なし

そして出した結論に対して、SO WHAT？（だから何なの）を繰り返す。たとえば図1－6のグラフを見ると、A事業は利益は大きいが横ばい、B事業は急激に利益が拡大、C事業は収益性が悪化、という状況である。この程度はグラフを見ればだれでも言えるだろう。しかし、この場合「A事業は利益額が大で、B事業は急成長」ではSO WHAT？である。だからどうするのか、具体的アクションに結び付く方向性を考えるのだ。SO WHAT？を繰り返せば「Cは撤退。Aは現状保持のための必要最小限の資源投入とし、あらゆる経営資源をBに集中投下する」が現時点での結論として出てくる。そして、必要があれば、A市場は成熟してしまってもう成長は望めないのか、B市場は本当に将来性の高い成長市場なのか、C市場は衰退市場なのかを検証すればよいのだ。

　SO WHAT？を繰り返す意味は、いまある状況を分析したとき、なんとかアクションに結び付く結論を出すためである。たとえば、「体重が増えた」という現象があったとする。SO WHAT？を考える。何でもなければただの無駄話で終わる。しかし、ちょっとでも気になっていることがあれば、「体重が増えて血圧も上がりやすくなった」。すると、SO WHAT？で「痩せないと健康によくない」。ここでもSO WHAT？を繰り返して、「運動をする」。それでもしつこくSO WHAT？を繰り返して、「スポーツクラブへ週3回行く」と具体的なアクションレベルにまで落とし込む（図1－7）。

　例をもう1つ。「北海道地区でのセールスが極端に落ちてきた」という現象に対しては、SO WHAT？を何度も繰り返して、たとえば「北海道地区に優秀なセールスマンを優先的に配置し、同時に販売促進費用を北海道に重点的にまわす」という具体的なものでなければならない。単なるコインの裏返しの解決策として「北海道地区のセールスを上げろ」と北海道地区のセールスマンが言われても、それではすぐに何のアクションもとれないし、いわんや何の結果にもつながらない。

　最初は的を外しても、常にアクションに結び付く結論を持つということを心がけると、確実に精度は上がる。そして、ビジネス上の自己実現率は確実に向上するはずだ。経営コンサルタント会社の新人コンサルタントはまず、SO WHAT？の嵐のような質問攻めを乗り切らなければならない。結論を言えない人に対して私がよく行う質問は、「理由や理屈は忘れていいから、とにかく

図1-7 現時点での結論(仮説)とは、右へ行くのか左へ行くのかのアクションに結び付く戦略的判断をいう。単なる状況の分析や解説は、ビジネスの現場では意味を持たない。

単なる状況の分析／解説

A. 体重が増えた
B. 北海道地区でのセールスが極端に落ちてきた
C. X商品は、技術的優位性およびコスト競争力に欠け、利益が確保できない
D. Y事業は国内生産ではコスト競争力がないが、中国での生産にすれば高マージンの確保が可能

SO WHAT?
だから何なの?

現時点での結論

A. スポーツクラブへ週3回行く
B. 北海道地区に優秀なセールスマンを配置、同時に販売促進費用を増やす
C. X事業の撤収
D. Y事業の全面中国移管

現時点での結論が
- 的を外さない
- 部分解ではない

このようにするには、この訓練を日常で繰り返すしかない。初めはズレてもかまわないから、結論を出すこと

図1-8

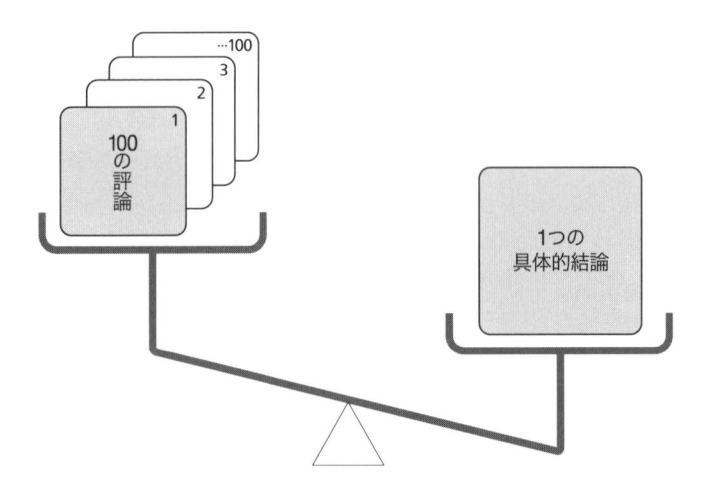

100の評論 / 1つの具体的結論

何がいちばん言いたいの？　何をすればいいの？」である。そして、思いつきでも相手がアクションに結び付くような結論を言うと、矢継ぎ早に「どうしてそう思うの？」と理由や理屈を尋ねる。「理由や理屈を整理して結論を述べよ」と三段論法式の聞き方をすると黙り込んでしまう場合でも、このように初めに結論から聞くと、けっこう何かしら言えるものだ。試してみるといい。ビジネスの現場では1つの具体的結論が100の評論に勝ることを肝に銘じてほしい（図1－8）。

2 結論に導く背後の理由やメカニズムを考える

　＜仮説思考＞の第一歩は、まず「何がなんでも結論を出すこと」だと述べた。この結論を出す習慣がついたなら、次に心がけることは「背後の理由やメカニズムを考える」ことだ。背後の理由やメカニズムとは、問題となっている、あるいは将来問題になるだろうと思われる現象を作り出す、仕組みや構造のことである。

　SO WHAT？をしつこく繰り返して実行可能なアクションに結び付く結論を出すように心がけていると、結果的に背後の理由やメカニズムが把握できるようになっている。言い換えれば、背後の仕組みや構造が把握できていなければ結論が出せないことに気づくだろう。この2つの関係は、鶏と卵の関係だ。「何がなんでもその時点での結論」を持とうとすると、その問題の背景にはどういうメカニズムが働いているのか、どういう枠組みで問題を考えるのか、なぜそういう枠組みでとらえたのかという理由を自然に考えるようになる。そうすれば、実行した後にもし結果が違っていても、背後の理由やメカニズムがわかっているから、軌道修正は容易にできる。また実行する前に、必要であればその枠組みの中で要と思われるものの裏を取ることもできる。

　結論を持って背後の理由やメカニズムを把握するというアプローチは、英語圏の人間にとっては馴染みやすいだろう。彼らは常にこう話す。「I think（私はこう思う）、because（なぜなら……）」。小さい子供でも「I like her（結論）、because she is beautiful（理由）」と話す。まさに＜仮説思考＞と同じ論理体系

が文法に使われ、小さなときから当たり前のように使われている。ところが日本語はそうはなっていない。起承転結の流れの中ではどうしても結論が最後にくるために、最悪の場合時間切れになり、結論にたどり着かないまま議論が終わってしまう。それどころか、話しているうちに横道にそれてしまい、何を言おうとしていたのか忘れてしまうといったことも多々ある。

昨今、アメリカ流プレゼンテーション手法が日本でもかなり取り入れられ、あらたまったプレゼンテーションの際には、この「結論を先に。後から理由をきちんと述べる」というピラミッド型の表現スタイルも取り入れられている。しかし、肝心なのはプレゼンテーションのテクニックではなく、日頃からそういう思考法を自分の頭に取り入れてビジネスの現場に向かうことなのだ。

演習例1
家庭用殺虫剤への新規参入の結論を出す

「家庭用ゴキブリ殺虫剤の年間市場を10分以内に推定せよ」という課題を、家庭用ゴキブリ殺虫剤市場への参入を今後検討するための予備分析として与えられたらどうするか？

（方法1）ゴキブリ殺虫剤の市場規模に関する調査資料を探索する
（方法2）自分で市場規模を推定する

調査時間が十分にあって、確立された成熟市場だとすれば、(1)の方法により、ネット検索、データベースや新聞等の記事検索、または調査会社への問い合わせにより簡単に調べることができる。しかし、10分以内という時間的制約があったり、あるいは成長が始まったばかりで市場データがないような場合には、(2)の「自分で推定」せざるをえない。このようなケースが頻繁にあるとは限らないが、このようなときこそ＜仮説思考＞が有効である。ざっくり推定してみよう。

＜推定例＞
最も簡単な方法は、市場規模＝１世帯当たりの年間利用金額×カバー世帯

数により推定する方法だ。全国5000万世帯として、独身世帯やゴキブリがあまりいないと想定される北の地方の世帯もすべて含めて考える。捕獲器からベイト剤、燻煙剤、エアゾール剤に至るまで、あらゆるタイプの殺虫剤を使ったとしても１世帯当たり年間2000円にはならないと推定する。なぜならベイト剤（ゴキブリの好むエサに殺虫成分を入れて出没する場所に置き、これを食べたゴキブリが中毒を起こして死ぬ）を１ヵ月に４個使ったとして、50円×４個×12ヵ月＝2400円／年となるわけだから、冬場を考えたとしても2000円程度かと思われる。とすると、

　　最大　2000円／世帯×5000万世帯＝1000億円

の市場となる。

　とはいっても、5000万世帯すべてが使用するというのは考えられない。ファミリー世帯が需要の中心とすると、全世帯の中でのファミリーが占める割合は何％ぐらいか。これも推定すると……。

　１世帯というとだいたい４人が平均と思われるが、よく新聞などで発表されている平均世帯数は３人。世の中４人家族か１人暮らしのどちらかに限定すると、３人＝４人×ｘ％＋１人×（100－ｘ）％となり、これを解くと、ファミリー世帯率は約70％となる。このうち、北の地域や新しいマンションなどではゴキブリがあまり発生しないので使用しないとし、使用する世帯の割合をファミリー世帯の半分の50％と仮定する。70％×50％＝35％、つまり、全世帯の約３分の１の1700万世帯が使用世帯と推定される。

　さらに、殺虫剤の年間使用金額を推定する。エアゾールタイプは約500円。これはそれほどなくなるものでもないから年間１本と仮定。ベイト剤タイプは50円／個。夏場を中心として約６ヵ月使用。１ヵ月に４個使用すると考えると、50円×４個×６ヵ月＝1200円。エアゾールの500円を足すと1700円。約2000円である。

　先ほどの世帯数1700万世帯とこの金額2000円／世帯を掛け合わせると、

　　平均 2000円／世帯×1700万世帯＝340億円

という数字が推定される。

そして、戸建てでも機密性の高いサッシが利用され、都市部では鉄筋の中層・高層マンション化により次第に殺虫剤が使われなくなってきている現状を考えると、現時点でのアクションに結び付く結論は、

「家庭用ゴキブリ殺虫剤市場は340億円程度の成熟市場で成長の見込みが低く、新規参入を検討するほど市場に魅力はない」

となる。

　このように数字をあれこれいじって考えていくと、いずれにしてもオーダー的には数百億円程度の市場規模ということが推定される。実際に某調査会社の調査資料によれば、ゴキブリ殺虫剤市場は、エアゾール・捕獲器・燻煙／燻蒸剤・ベイト剤など合わせて約108億円（2008年度小売ベース）の衰退市場だそうだ。
　340億円と108億円では大きな差があると見るか、数値オーダー的にほぼいい線いっているととらえるか、見解の相違は出そうである。しかし、重要なことは、情報と時間が限定された状況下でも考え抜けば一応の結論を出すことは可能であること、そして、その時点での結論を出すこと自体が、後にさらに考えを深め、より良い解決策を出すことに結び付いているということだ。
　この「その時点での結論を出す」ということが、すなわち＜仮説思考＞である。結論と背後の理由やメカニズムが、鶏と卵の関係であることが理解されたと思う。
　限られた状況下で考えるからざっくりでよいといっても、そこでどう仮説づけるかは、どれだけ背後の枠組みを全体観を持って自分なりに考えられるかということにかかってくる。ちなみに、ビジネスマンを対象にした問題解決のある研修で、私が生徒にこの問題を解かせたときに出てきた市場規模に関する仮説を紹介しよう。

Aグループ　5000万世帯×50％（利用シーズン）×75％（利用世帯）
　　　　　×25個×捕獲器300円／個＝1400億円
Bグループ　5000万世帯×50％（利用シーズン）×2個×12回
　　　　　×ベイト剤50円／個＝300億円

> Cグループ　スプレー　5000万世帯×90％（利用世帯）×0.3本／年
> 　　　　　　×200円＝27億円
> 　　　　　置きタイプ　5000万世帯×80％（利用世帯）×6個／年
> 　　　　　×捕獲器100円／個＝240億円
> 　　　　　合計267億円
> Dグループ　世帯数→5000万世帯×70％（利用世帯）＝3500万世帯
> 　　　　　単価→捕獲器500円／個
> 　　　　　頻度→年1回：30％、年4回：60％、年12回：10％
> 　　　　　とすると、683億円

　それぞれのグループごとに、使う殺虫剤の種類や単価、また世帯特徴や季節性、住宅の都市化を利用世帯数に反映させている。そして、それぞれのグループごとに異なる背後の利用メカニズム（枠組み）の把握があってこのような数字になった。このように4グループでまったく異なる数字だ。しかし、どの数字がいちばん実際の数字に近いかということが大事なのではない。どういう利用実態の枠組みを設定して数字をはじき出したのかという、背後のメカニズムの把握が大事なのだ。もしも考える根拠が希薄で不安のある数字があれば、そこだけを簡単に検証してもう一度推定すれば、格段に精度は上がるはずだ。

　背後の理由やメカニズムに関する仮説が非常に納得のいくものであっても、その仮説に基づいて導き出した数字が実際の数字よりも多い額が出てしまったとしたら、それは仮説が間違っているのかもしれない。しかし、市場がまだ発展途上であれば、はじき出した数字は本当はそこまで行けるポテンシャル市場かもしれない。とすると、実際に企業が十分に市場をカバーしていない、あるいは確実にユーザーにアプローチしていないということだ。その場合は、企業にとってはアップサイドの利益を得る機会を失うこと、つまり機会損失を招いていると推測される。

　また、逆もありうる。根拠の薄いバラ色に膨れ上がった数字に踊らされて市場に参入したものの、市場がまったく立ち上がらない、あるいは市場規模自体が想定より一桁小さい場合がそうだ。そうなると、市場の魅力度を見込んで行ったさまざまな投資がまったく回収されないどころか、最後には撤退という最

悪の事態に陥り、企業は大きなダウンサイドのリスクを負うことになる。

> 演習例2

自転車市場への新規参入の結論を出す

「日本国内における自転車の年間市場を推定し、新規参入の是非に関する結論を出しなさい」。もちろん今回も10分以内。「自転車といってもいろいろあるし、それぞれの具体的データがないと……」「いったいどの自転車の話なのか決まってないと……」というエクスキューズはなしである。漠然として結論が出せないならば、漠然としていると思う状況を1つ1つ数字で具体的に仮定して結論を出すのだ。

＜推定例＞

自転車に乗る人は小学生から60歳までと仮定する。平均寿命80歳、各年齢の人口が同じ数だとすると、自転車に乗る人たちはだいたい50／80強である。日本人の全人口が1億3000万人。1人1台とすると、

1億3000万人×5／8＝8125万人

6年に1回買い替えると予想して、

市場規模　8125万人×1回／6年＝1350万台

よって自転車の年間販売台数は1350万台と推定される。
平均価格を1万5000円とすると、

1.5万円×1350万台＝2025億円

が市場規模となる。

少子高齢化により子供の数は減るが、元気なお年寄りが増加するうえ、電動アシスト自転車の普及により、60歳以上でも自転車に乗る人が増える可能性が高い。また、健康志向や環境意識の高まりなどによって自動車利用が減り、自転車に乗る人が増えるだろうと考えると、現時点の結論は、

「自転車市場は市場性を評価すると新規参入を検討する価値は十分にある。それにあたっては電動アシスト自転車の普及版も視野に入れた市場を考えるべきである」

となる。

別の推定例を考えよう。
まず年代別の購入・買い替え頻度から考える。

- 幼稚園児から小学生（3～12歳）は、背も伸びることから3年で買い替えると推定すると1年以内に購入する確率は$1/3$。同様に、
- 中学生～大学生(13～22歳)は5年で買い替えるとすると購入確率は$1/5$。
- 社会人（23～60歳）は10年で買い替えるとすると購入確率は$1/10$。
- 高齢者（61～80歳）は買い替えをしないから購入確率は0。

年代別の人口分布が均一、平均寿命80歳として、それぞれの年代の人数に1年以内に購入確率を掛けたものを足し上げると、

$$\{(10×1/3)+(10×1/5)+(38×1/10)+(20×0)\}×(1億3000万÷80)＝1480万台$$

自転車の年間販売台数は1480万台と推定される。
したがって、市場規模は、

$$1.5万円×1480万台＝2220億円$$

となる。

自転車市場のセグメントを考えると、ママチャリと呼ばれる一般的自転車、子供用自転車、電動アシスト自転車、そしてロードバイク、マウンテンバイクなどと、昨今では市場の広がりも考えられる。また、ガソリン代の高騰やエコ意識の向上など利用者増加の要因も大きく、高付加価値セグメントである電動アシスト自転車やロードバイク、マウンテンバイクが増加する可能性もある。これらの自転車は価格も一桁は違う。

したがって、

> 「自転車市場は市場性を評価すると新規参入を検討する価値は十分にある。自転車市場を細分化し、高付加価値セグメントをメインターゲットに市場参入すべきである」

という結論もありうる。

　背後のメカニズムを把握して、現時点での結論を持つということがどういうことか、わかったことと思う。「10分以内に回答せよ」と言われれば、やむをえずでも、とにかくだれもが「結論を出す」。そのためには、一般家庭ではゴキブリ殺虫剤をどれくらい使用するのか、数種類の殺虫剤の位置づけをどうとらえるのか、市場は日本全国に広がっているのか等々を推測しながら殺虫剤の市場メカニズムを考えようとするだろう。考えないと答えが出てこないのだ。自転車の例も同じである。

　結論を出す過程でとりあえず推定した数字が、もし違っていることが後でわかったり、あるいは数字に自信が持てなかったら、そこの数字だけを調べて計算し直せばよいのだ。まったくゼロから調べるよりも、そのほうが効率的である。こうすれば、一応出した結論に基づいてアクションプランを立て、同時に裏を取るというように、分析とアクションを同時並行で進められる。

3 「ベスト」を考えるよりも「ベター」を実行する

　背後の理由やメカニズムを同時に把握しながら結論を出す。しかし、どの時点を結論として具体的実行に移していけばよいのかという疑問がつきまとう。それは、とにかく実行に移せるレベルでの結論ということなのだが、その場合、実行することにより、いまよりもベターな状況が想定されれば、とにかく実行に移すことを考えればよい。実行した人の勝ち、と思っていい。
　なぜかというと、まず、ビジネスの現場には絶対的正解はありえないからだ。数学の方程式の問題であれば、異なる正解が2つも3つもあるということはあ

りえない。だが、環境の変化が激しく、競合の打ち手も日々変化するビジネスの現場では1つだけの正解などないし、まずは競合のベスト・プラクティスをベンチマーキングしてからなどと、マーケット・リーダーの表面的な動きばかりを意識しすぎては、どこかで足元をすくわれる。

　現在の置かれている状況に何か問題があるとすれば、ベストは難しくても、何かしらベターな解決策は必ずあるものだ。さらに、「ベターな解決策」であればだれでも考えられるはずだ。ベターな解決策を見つけたらすぐに実行すればよいのである（**図1-9**）。そして、どんどん軌道修正すればよい。

　ベストな策というものは、追いかければ追いかけるほど時間もかかるし、行き詰まることが多い。「もっともっと」を連発しているうちに、ベストが見つからないまま時間だけが過ぎ、前に戻ってベター案を採用しようとしても時すでに遅し、というケースもある。ベター案を実行に移そうと思ったら「ベストではないんですが……」などと躊躇してはいけない。もしそのベター案を批判する人がいたら、その人にもっと優れた代案を出してもらえばいい。

　コンサルタントの場合は、プロジェクトチームを組んで短期間で状況分析を

図1-9｜時間が経てば環境も変わる…BESTを考えるよりBETTERを実行する

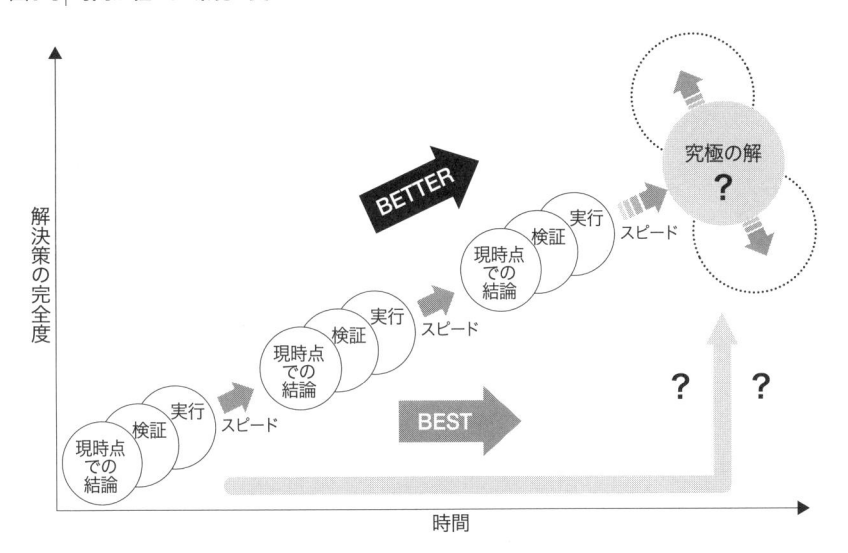

こなし、クライアント企業に対して「ベスト・ソリューション」を提供するのが仕事である。ところが実際に企業の実行部門の責任者になって現場を動かしながら問題解決を図ってみると、面白いことがわかる。ベターな解決策でも現場を動かし始めると、じっくりとベスト案を求めて分析するよりも、精度の高い、すぐに役立つ情報が自動的に入ってくるのだ。したがって、結果的には成果に到達する時間が短縮されるだけでなく、成果自体も当初の期待値を上回り、一石二鳥となる。GEのジャック・ウェルチ前会長の言う「走りながら解決する」というのは、企業活動を止めて問題を解決するわけにはいかないというよりも、むしろ走りながら解決したほうが非常に効率的で、良い結果が出やすいということを言っているのだ。

　アメリカのある消費財企業が日本市場に本格参入し始めたころ、日本企業の商品数とその開発スピードについていけない事態が起きたことがある。日本企業はかなり当てずっぽうに近い面もあったのだが、どんどん商品を出す。数撃ちゃ当たるの論理でとにかく出してしまう。そして、どれかがうまくいくとそれをスピーディに改良し、消費者ニーズに合わせてしまう。いわゆる、ショットガン・アプローチをとっていた。一方アメリカ企業は、商品開発の教科書的アプローチ。消費者の精緻な市場調査から始まって、きめの細かい市場のセグメンテーション、そして最後はモニター調査、テスト販売と、ステップ・バイ・ステップのアプローチである。やっとの思いで自社の商品を市場導入したころには、時すでに遅しで市場の決着がついてしまっていた。そればかりか、日本企業はさらに違う新商品群を出しているではないか。このアメリカ企業がとった、じっくりと狙いを定めたスナイパー・アプローチ（狙撃型）も、狙いを定めている間にターゲットが競合の手に渡っていては後の祭りである。この企業はこの失敗から日本市場での戦い方を学習し、調査・開発のプロセスを極端に短縮化してマーケティング体制を立て直した。その後の結果は、言うまでもなくアメリカ企業の勝ち。なぜなら、アメリカ企業はスピードと精度を兼ね備えた、自己誘導型ミサイル・アプローチに変えたからだ。

　要するに＜仮説思考＞の重要なポイントは、解決できる可能性を必ず頭の片隅に残しながら、ベターな解決策が見えたらすぐに実行に移してみることである。成功した創業者が何年か後に、その完成された理念と素晴らしい事業コン

セプトを体系づけて講演することはよくあるが、明確な事業コンセプトのほとんどは必ずしも初めにありきではなく、試行錯誤と現場での実践の中から生まれている。つまり、大成功したビジネスマンでさえ、ベストが本当に見えたのは最後の最後ということだ。

◉——情報収集に時間を使いすぎない

「ベスト」を考えるより「ベター」を実行する、を実践に結び付けていくときに忘れてはいけないことを、１つ付け加えておく。それは情報収集に時間を取りすぎるなということだ。自然科学や社会科学の分野では、現象を究明し、理論化する際に必ずこの＜仮説思考＞を用いる。仮説に基づいてデータを集め、検証する。しかしビジネスの分野で用いる＜仮説思考＞の場合は、集める情報量は自然科学や社会科学と同じではない。なぜなら、前述したようにビジネスの現場に絶対的正解はないからだ。言い換えれば、時間と環境が変化するに従い、刻一刻と解決策も変化する（ミサイルの標的が思わぬところへ移動してしまう）からだ。そうした状況の中では、ただやみくもに延々と情報を集めて分析して

図1-10｜思考と情報のパラドックス

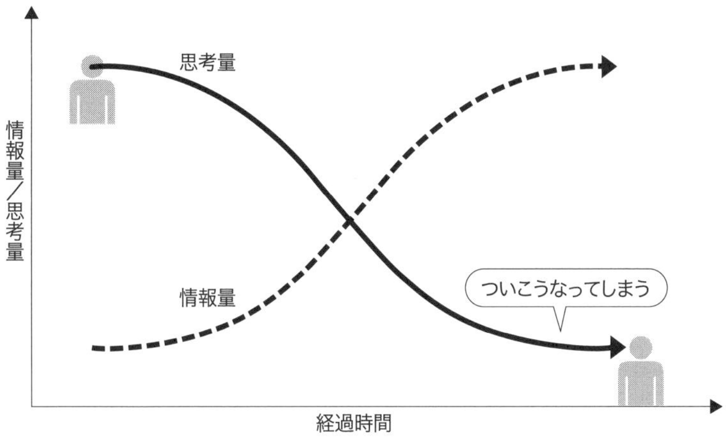
思考量
情報量／思考量
情報量
ついこうなってしまう
経過時間

も、結論を出したときには世の中が変わっているということになりかねない。また、情報収集を始めるとついはまり込んでしまい、考えることに時間を使わない、あるいは使う時間がなくなってしまうことになりがちだ、ということも忘れてはいけない。「思考と情報のパラドックス」である（図1−10）。

　いまの世の中、情報を集めようとすればいくらでも集められる。ところが集め始めると、つい収集自体が自己目的化してしまう。山のように玉石入り混じった情報を集めてはみたものの、整理しきれないうえ、考えが足りないためにまったく結論に至らず、「さらに検討を要する」という結論に陥ることが多い。それでは、SO WHAT？ということになってしまう。そして、集めた情報はただの紙屑となり、まったくの時間の無駄に終わる。ビジネスで必要なのはまず右か左かの方向性なのだ。6割レベルの情報が集まったら、とにかく一度、方向性の判断を行うべきだ。しかし、昔成功したからといって、まったく状況分析のないまま、過去の経験値に頼る判断はもちろん論外である（図1−11）。

　このように、ビジネスの現場ではその時点における結論を持ち、検証・実行というプロセスを素早く小刻みに繰り返すと、柔軟に状況の変化に対応できる

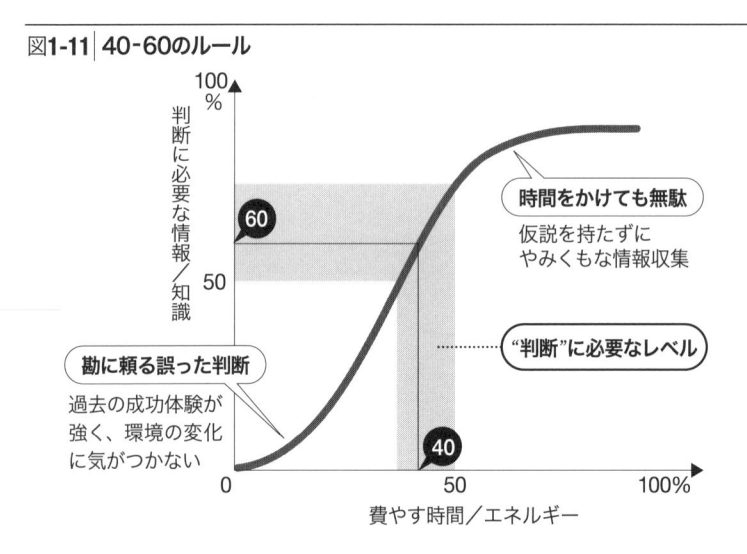

図1-11　40-60のルール

必要なのは右か左かの方向性…6割レベルの情報量での判断

ため、無駄な情報収集はかなり抑えられる。実際、仮説を持って検証・実行すると、より精度の高い情報がより楽に集まるため、効率はかなり高まる。一方、初めに結論を持たずに状況の説明から始めると、SO WHAT？という質問に対して、さらに検討いたしますという答弁になりやすく、決定ができないままに終わってしまうことになる。

　とにかく、限られた時間、限られた情報であっても、常にSO WHAT？を自問自答し、具体的結論＝仮説を持つように心がけることが大事だ。初めに結論を言って人を説得しようとすると、結論の後に十分な理由を述べなければ相手は納得しない。そして、結論が陳腐であれば次の行動に結び付かない。＜仮説思考＞のポイントは初めにアクションに結び付く結論を言い、その結論に導く理由を説明できればそれでよいのだ。

第2章
技術編

＜MECE（ミッシー）＞
＜ロジックツリー＞

＜MECE（ミッシー）＞と＜ロジックツリー＞は、問題を解決する過程で問題の原因を追求したり、解決策を考えるときに、思考の広がりと深さを論理的に押さえるための基本的な技術である。第1章の2つの思考が問題解決のための基本態度とすると、この第2章の2つの技術は問題解決のための基本スキルといえる。

　＜MECE＞という言葉は聞いたことがないかもしれないが、原因を考えるときに「ほかには原因が考えられないだろうか」とか「解決策をダブって考えていないだろうか」などと、だれもが意識していることだ。それが＜MECE＞の原点である。そして、問題の原因や解決策を考えるときに、それを箇条書きにしていく人もいるかもしれないが、四角や円の中に言葉を書き入れて矢印でフローチャートを作ったり、ツリー状に整理して考えたりすることがあるだろう。それが＜ロジックツリー＞の初歩なのだ。

　＜MECE＞と＜ロジックツリー＞は、だれもが普段何げなくやっていることを、意識してシステマティックに行うための技術だ。限られた時間の中で問題を解決する際に非常に汎用性が高く、あらゆるビジネスの現場で応用の利く基本技術だと理解してほしい。そして、いったん習得すれば出来合いのフレームワークを使わなくても、それぞれのビジネスの現場にいちばんフィットする、オリジナルの問題解決フレームワークを作ることができる。

　そこで、成熟市場といわれながらも1987年にアサヒビールが出した「スーパードライ」によって業界の構図が大きく塗り変えられたビール業界を題材に、戦略の立案・実施の面で＜MECE＞と＜ロジックツリー＞の重要性を考えてみよう。このときアサヒ・スーパードライの商品戦略がいったいどこから出てきたのか、そしてどのように実行されたのかを＜MECE＞と＜ロジックツリー＞で推察する。

＜MECE＞＜ロジックツリー＞を応用する

● ── 市場／競合／自社のとらえ方に大きなモレはないか

　ビールは、製法によって2つのカテゴリーに大別される。熱処理を施したビ

ール（以前のキリンラガービールがその代表例）と非加熱処理の生ビールである。スーパードライの出現前は、製造後も品質の安定を図るために熱処理により酵母の動きを止める製法が主流であった。しかし、三十数年前には10％にも満たなかった生ビールが、ラガー党にとっては大事件となる1996年のキリン・ラガービールの生ビール化により現在はほぼ100％となった。このビール市場の変化を決定的に方向づけたのが、アサヒのスーパードライであった。

戦略を考えるうえで、市場（顧客）、競合、自社の3つの動きを「モレ」なくカバーし、深くとらえることがいかに大切か、さらに戦略を実行するうえで「広がり」を押さえ「具体化」することがいかに重要か、スーパードライの誕生と躍進の背景を追いながら考えてみる。

市場（顧客）

まず市場（顧客）に関しては、1975年頃にはビール需要は飽和点に達し、その後も酒税の増税に伴う値上げや、嗜好の多様化によるワインや焼酎ブームの影響で、ビール市場はすっかり成熟してしまったというのが一般的な見方であった。

しかしながら、もう一歩消費者レベルで掘り下げてみると、実態はかなり地殻変動が起きていたことがわかる。というのは、消費者の嗜好や行動様式の変化によって、「生化」や「缶化」といった構造的変化はすでに進行していた。1980年代の半ばには、生化率は50％近くになっていたし、缶化率も年々高まっていたのだ。このような消費者の構造変化が進む中で、従来のラガーや当時の生ビールでは十分に満足できない「ドライな生」を求める消費者ニーズが、まさに水面に浮上しようとしていた。

競合

一方、スーパードライの出現前の競合状況は、業界全体が「成熟市場」という、何をしても大きな変化はないだろうという「既成の枠」にはまり込んでいたために、飲料・食品の本質である「味」からはかけ離れたところで競争が終始繰り広げられていた。

面白いネーミングや奇抜なデザインのパッケージからピヨピヨと音が出る容器に至るまで、容器戦争と呼ばれたこれらの競争は、きわめて表面的なものだ

った。また、およそビールのイメージからはかけ離れた奇抜な広告表現はたしかに面白いが完全にSO WHAT？で、ビールを飲んでみよう、あるいは試してみようという、人間の素直な意識への働きかけとはまったく別のものであった。

どのメーカーも、他社が新たに仕掛ければとりあえずは受動的に対応するため、すべてがあっというまに1色に同化してしまい、消費者にとってはただ騒々しいだけで、競争があってもないような状況に映っていた。そして、当時のアサヒビールも、そうした業界の慣習に黙々と追随していただけであった。

自社

そうした中で、アサヒビールの自社の状況はというと、じりじりとシェアを落とし続け、1985年には9.6％の一桁台にまで落ち込み、「夕日ビール」とまで呼ばれていた。それでも、抜本的な打ち手の見えない手詰まり状態のまま、製造コストを下げるために二流の原材料でビールを造っては、無理に販売チャネルに押し込んでいた。そのため、流通在庫がダブついて店頭には日付けの古い、おいしくないビールが並んでいたのである。

要するに、スーパードライ誕生前のアサヒビールは、市場（顧客）／競合／自社のとらえ方という面では、まず、市場（顧客）の見方は他のメーカーの「右にならえ」式のきわめて表層的なものでしかなく、消費者の「生化」や「缶化」といった構造変化の兆しを見落としていた。さらに、表面的な競合の動きに振り回されながら、自社の経営資源に余裕がない状況下では、高品質な原材料の使用もままならず、本当においしいビールを消費者に提供できないという悪循環にはまり込んでいたといえる。

この悪循環を完全に断ち切るために、アサヒビールが真っ向からチャレンジしたのが、消費者に「最高の味」のビールを提供することであった。それが、スーパードライの「フレッシュ・ローテーション」革命である（**図2-1**）。樋口廣太郎会長（当時）の「前例がない。だからやる！」という発想のもとに誕生したドライビールは、既存のビール市場を＜ゼロベース思考＞でとらえ直し、同時に若い商品開発担当者の＜仮説思考＞を尊重し、取り入れたのが起点となっている。

「コクがあってキレがあるドライな」生ビールという新たなコンセプトは、成

図2-1 | スーパードライの「フレッシュ・ローテーション」革命

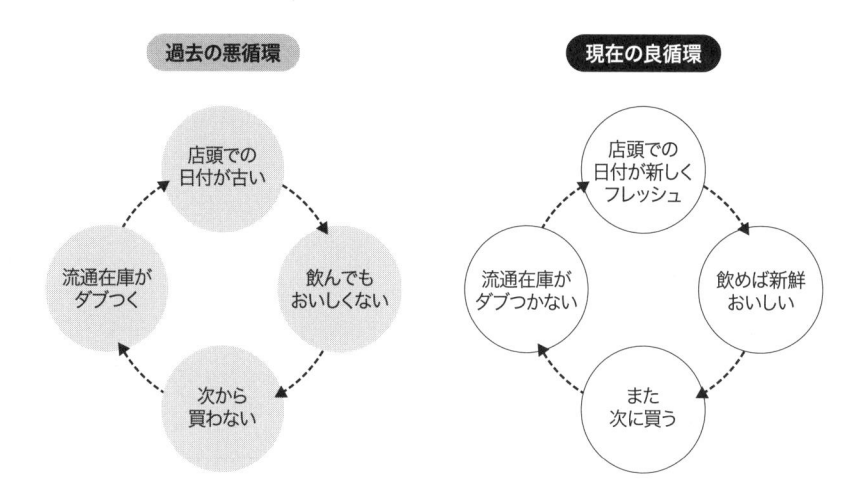

過去の悪循環
- 店頭での日付が古い
- 飲んでもおいしくない
- 次から買わない
- 流通在庫がダブつく

現在の良循環
- 店頭での日付が新しくフレッシュ
- 飲めば新鮮おいしい
- また次に買う
- 流通在庫がダブつかない

　熟したと一般的に思われていたビール市場の中にありながら、地殻変動によって生じていた大きな消費者の「モレ」をクリアにとらえたのだ。言い換えれば、従来のラガーや生ビールでは満足できない消費者ニーズに、正面からダイレクトに応えたのが、アサヒのスーパードライであった。そして、アサヒビールは日本のビールを、「保存」飲料から「生鮮」飲料に完全に変えてしまった。
　アサヒのスーパードライ旋風にあわてたビール各社は、まずスーパードライの完全コピー商品、〇〇ドライを出した。しかし、各社が二番煎じの〇〇ドライのプロモーションに拍車をかければかけるほど、勢いづくのは消費者の「味」を本質的にとらえたスーパードライだけ。各社とも〇〇ドライへのプロモーション効果が跳ね返ってこないばかりか、キリンの「ラガー」やサッポロの「黒ラベル」といった主力商品自体もシェアを落としていった。スーパードライに経営資源を集中投下したアサヒビールに比べ、各社ともスーパードライに振り回されるばかりで、主力商品に対する資源投入量が相対的に低下していたのだ。
　企業経営において、自分の目線と同じ高さでいちばんよく見えて気になるのが競合の動きであり、いちばん不安や不満を持つのが自社の業績だろう。そし

て、いちばん遠く見落としがちなのが市場の動きだ。しかし、アサヒのスーパードライの第2の創業ストーリーが我々に示唆するものは、戦略は消費者が支配する、ということである。成熟市場であろうと、市場（顧客）への深い洞察から新たなビジネスの種は生まれるということだ。市場（顧客）の動きをとらえ、「顧客にとっての価値」を考えることを忘れてはならない。

●───計画は緻密に具体化し、実践は徹底する

次に、アサヒビールがスーパードライを市場展開するためにとった主要な打ち手を考察する。アサヒビールはスーパードライ戦略の基本を、「おいしい生ビールを消費者に提供する」ことに置いた。そのためには、「いいものを作る」「いいものを伝える」「いいものを維持する」の3つの要件を具体的に実行しなければならない。

第1に、「いいものを作る」ために商品開発と生産の面からアサヒビールが実行したことは何か。商品開発上は、ビール市場が生化に移行する中で依然としてモレている消費者にフォーカスし、「軽くて喉越しがいいドライ」な生ビールを開発したことだ。そして、スーパードライの商品化にあたって生産工場に対して求めたのは、従来の原価管理を徹底して安く作ることではなく、「最高の原材料を使って、品質のいいビール」を生産することだった。作っても売れない悪循環の中で、工場までもが収益に過敏になるあまり、いいものを作ることがいつのまにかナンバーワンの製造基準ではなくなっていた。

第2に、「いいものを伝える」ために酒販店と消費者とのコミュニケーションでアサヒビールが実行したことは何か。まず、消費者に対しては商品を伝えるために全国規模で100万人の試飲会を実施したり、営業利益をすべてつぎ込むほどの大々的なTVコマーシャルや熱気球を使った広告キャンペーンを展開した。また、酒販店に対しては、スーパードライのフレッシュ・ローテーションによって、今後は古いビールを扱わないことを徹底して伝えるインナー・キャンペーンを展開した。

第3に、「いいものを維持する」ためにアサヒビールが徹底したことは何か。これは、商品戦略そのものの中核をなすものであるが、「フレッシュ・ローテーション」の徹底である。ビールの鮮度は、直射日光と振動と時間によって劣

化が進む。以前は、店頭に並ぶまでに2週間も3週間もかかったうえ、3ヵ月経っても古いビールが店頭に置かれていた。それを、工場から店頭まで8日以内に商品を届け、3ヵ月経ったビールは店頭に置かないようにした。それが「フレッシュ・ローテーション」の要だ。

これは、生産、物流、卸、酒販店そして社員すべてを巻き込む大変な作業であり、それを徹底するのは並大抵の努力ではなかった。社長を筆頭に社員全員が古いビールを店頭から買い上げ、当初4億8000万円の回収予算が、軽く10億円を超えた。さらに、酒販店レベルでの鮮度をチェックしながら商品のクレーム情報や売上げ推移を本社にフィードバックするために、業界初の「マーケットレディー」を採用し、きめ細かく現場に対応した。

このように、アサヒビールは「おいしい生ビールを消費者に提供する」ことを実現するために、アサヒビール独自の戦略展開の中で、緻密に実行案を練り、それを徹底したのだ（図2−2）。その後、「スーパーイースト」や「Z」で試行錯誤を繰り返しながらも着実に実力をつけ、1996年にはドライとは異なるカテゴリーの「黒生」もヒットし、1985年に9.6％だったアサヒビールのシェ

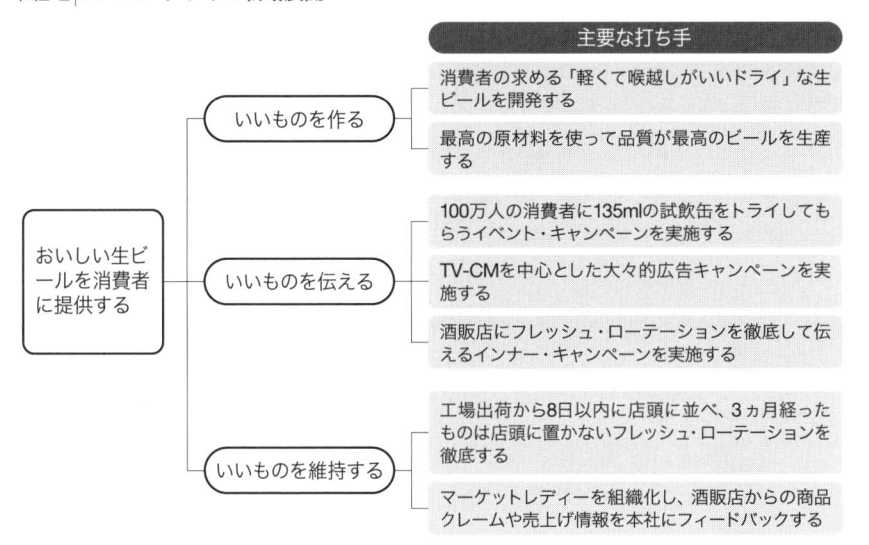

図2-2｜スーパードライの戦略展開

おいしい生ビールを消費者に提供する		主要な打ち手
	いいものを作る	消費者の求める「軽くて喉越しがいいドライ」な生ビールを開発する
		最高の原材料を使って品質が最高のビールを生産する
	いいものを伝える	100万人の消費者に135mlの試飲缶をトライしてもらうイベント・キャンペーンを実施する
		TV-CMを中心とした大々的広告キャンペーンを実施する
		酒販店にフレッシュ・ローテーションを徹底して伝えるインナー・キャンペーンを実施する
	いいものを維持する	工場出荷から8日以内に店頭に並べ、3ヵ月経ったものは店頭に置かないフレッシュ・ローテーションを徹底する
		マーケットレディーを組織化し、酒販店からの商品クレームや売上げ情報を本社にフィードバックする

図2-3 | アサヒビールのシェア

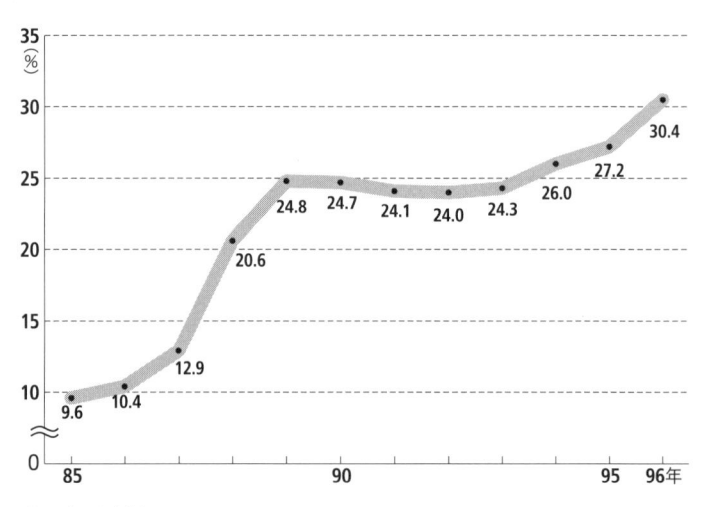

(グラフ: 1985年9.6%、1986年10.4%、1987年12.9%、1988年20.6%、1989年24.8%、1990年24.7%、1991年24.1%、1992年24.0%、1993年24.3%、1994年26.0%、1995年27.2%、1996年30.4%)

資料:アサヒビール広報

アは、10年間で約3倍になった。成熟市場と呼ばれていたビール業界は、アサヒビールによって競合の構図が大幅に書き換えられたが、その後も発泡酒、第3のビールなど地殻変動は続いている(**図2-3**)。

このアサヒビールのスーパードライ戦略から読み取れることは、市場(顧客)/競合/自社の広がりの中で大きな「モレ」をなくしながら状況を深くとらえることがいかに重要か、また、戦略を実行するにあたっては「広がり」を押さえながら「具体性」のある実行策を徹底することがいかに重要か、ということである。

それでは、解決策や戦略を練り上げるうえで重要な考え方である＜MECE＞と＜ロジックツリー＞について詳細に説明しよう。

注)『前例がない。だからやる！』(樋口廣太郎著:実業之日本社刊、1996年)を一部参照

1 ＜MECE＞
モレはないかダブリはないかをチェックする

　＜MECE＞とは、Mutually Exclusive Collectively Exhaustiveの略である。日本語に直訳すると、「それぞれが重複することなく、全体集合としてはモレがない」という意味である。これを、経営コンサルティング会社マッキンゼーでは「ミッシー」と呼んでいる。実はこの＜MECE＞という概念は、全体として「モレなしかつダブリなし」というきわめて単純な集合に関する概念だが、ビジネスにおいては非常に重要な考え方である（**図2－4**）。

　まずは、簡単な例をもとに＜MECE＞の考え方を理解するためのウォーミングアップから始めよう（**図2－5**）。

＜ダブリはないが**モ･レ･**＞

　たとえば、企業の資金調達方法としては、株式増資や長・短期銀行借入がある。それ以外にも普通社債、転換社債やワラント債等のさまざまな社債も考えられる。もし、企業の財務戦略の中でそれらすべてについて検討されないまま、ほんの一部の資金調達方法についてのみ検討がなされ、偏った結論が出されたとする。そのために失敗に終わったり、あるいは表面上は失敗とは見なされなくても、検討されなかった方法で、実はもっと良い結果が出せた可能性があったとしよう。これでは財務担当役員も財務部長も失格ということになる。

＜モレはないが**ダ･ブ･リ･**＞

　医薬品メーカーの営業本部長が、自社の営業部隊のエリア配置を計画したとする。その配置にあたって、個人医院、一般病院と大学病院に営業部隊を分けたうえに、さらに公立病院の営業部隊も別にしたとする。しかし、一般病院や大学病院にも公立病院があるわけで、これでは別々の営業マンが同じ病院に営業することになる。したがって市場のカバーに大幅な重複を起こしており、き

図2-4 〈MECE(ミッシー)〉=「モレなしかつダブリなし」

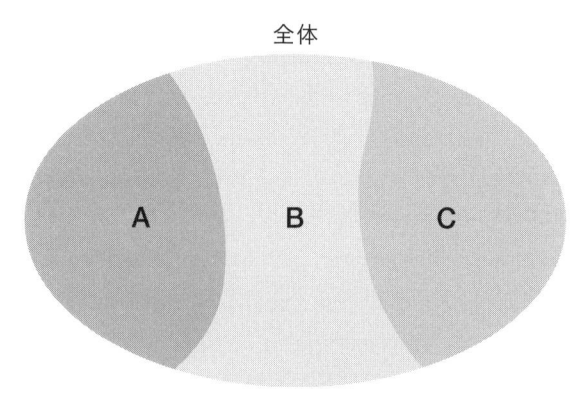

全体

A　B　C

〈MECE※(ミッシー)〉とは「それぞれが重複することなく、全体集合としてはモレがない」という集合の考え方

※MECE＝**M**utually **E**xclusive **C**ollectively **E**xhaustive

図2-5

❶「ダブリはないがモレ」………▶ 普通社債
　　　　　　　　　　　　　　　転換社債
　　資金調達　　　　　　　　　ワラント債
　　　　　　　　　　　　　　　　︙
　株式増資　銀行借入　　　　　のモレ

❷「モレはないがダブリ」………▶ 公立病院の
　　　　　　　　　　　　　　　ダブリ
　　医家向薬品市場
　個人医院　一般病院　公立病院　大学病院

❸「モレもダブリもある」………▶ 切り口が異なり
　　　　　　　　　　　　　　　重複しているうえ、
　　車の販売チャネル　　　　　モレも生じている
　四駆　3ナンバー車　セダン

「モレなし かつ ダブリなし」

食品・飲料の流通形態

| 常温 | チルド(冷蔵) | 冷凍 |

注)保温レベルにより流通が異なる。最近は0〜−1.5℃の氷温域保存による配送も実施されている。

わめて非効率的なエリア分けということになる。これもまた、営業本部長としては失格である。

　＜モレもダブリもある＞
　車の販売チャネルで考えてみよう。もし自社が軽自動車、大・中・小型乗用車からＲＶ仕様の四駆やスポーツカーも含めたフルラインの商品を揃えていたとする。まさか、販売チャネルをセダンと四駆と３ナンバー車に分けるようなマーケターはいないと思う。これでは大モレ、大ダブリのチャネル分けになってしまい、軽自動車やスポーツカーの販売チャネルがないうえに、３ナンバー車がセダンと四駆チャネルと重なってしまい、効率が悪い。

　＜モレなしかつダブリなし＞
　食品・飲料の流通形態は、保温レベルによって異なる。それは、常温、チルド、冷凍ルートと、モレもダブリもなく分かれる。たとえば、全国に外食レストランを展開する企業が、あらゆる食材・飲料を自社の直営店に供給するためには、これらの異なる流通形態をうまく組み合わせて全国へ配送することになる。したがって、物流担当責任者はこれらの地域ごとの組み合わせを最も効率よく設計しなければならない。

　これらはきわめて単純な例ではあるが、ビジネス上はこのように、モレがあると的外れになったり、ダブリがあると非効率的になるようなケースがゴマンとある。読者の周りでも日常茶飯事ではないだろうか。
　会議の席で、Ａさんは的を外したモレのある考えをとうとうと述べ、Ｂさんは反論としてＡさんの瑣末な部分をとらえてダブリのある意見を延々と述べる。切り口のレベルが異なるため、同じことを言っているようで意見がまったくかみ合わないが、それがなぜなのか当人たちも、聞いている人たちにもわからない。よく整理してみると、モレとダブリのせいで、肝心な話に触れずに、瑣末な論点で話し合いがずれたまま長引き、無駄に時間を使ってしまったというようなことがある。

1 ＜MECE＞をビジネスで使いこなす

「モレなしかつダブリなし」という集合の単純な考え方である＜MECE＞が、なぜそれほど重要なのか。それは、企業のトップであろうと生産や販売の最前線で頑張っている新人であろうと、立場に関係なく、それぞれの目標を達成するために必要なヒト・モノ・カネの経営資源や時間に制限があるからだ。そして、商品・サービスの受け手となる顧客が存在する限りは、競合相手に比べより効果的に、かつ効率的に自社の商品・サービスを顧客に提供することが競争力の源泉になるからだ。つまり、経営資源に制限がある限り、大きなモレや大きなダブリはビジネスの効果・効率を著しく阻害するということだ。

＜MECE＞を活用するうえでのポイントを整理すると、次の３つになる。

- モレによって的を外していないか？
- ダブリによって効率を阻害していないか？
- ＜MECE＞でとらえ、最後に優先順位をつけているか？

● ── モレによって的を外していないか？

まず、モレの問題を考える。前述の資金調達の例からもわかるように、さまざまなビジネス上の課題を考える際には、できるだけモレを出さないように、＜ゼロベース思考＞で物事を大きくとらえることから始めるべきだ。解決策や問題の原因を究明するときに重要な要素を見落としていては、どんなに緻密な分析やアクションプランを立ててもしょせん的外れでは意味がない（**図２−６**）。資源の無駄はなんとか回復できたとしても、使った時間は戻らないからだ。

ビール業界から「モレ」の例を１つ。アサヒのスーパードライの出現にあわてたビール各社は、「ドライな生」を求める消費者の大きなセグメント（かたまり）を見落とす一方で、容器戦争の延長で表面的な新商品開発ラッシュに走った。当時、キリンだけでも一時は20以上のブランドを擁し、ビール市場は新商品で百花繚乱、新ブランドが乱立していた。

図2-6｜モレの問題

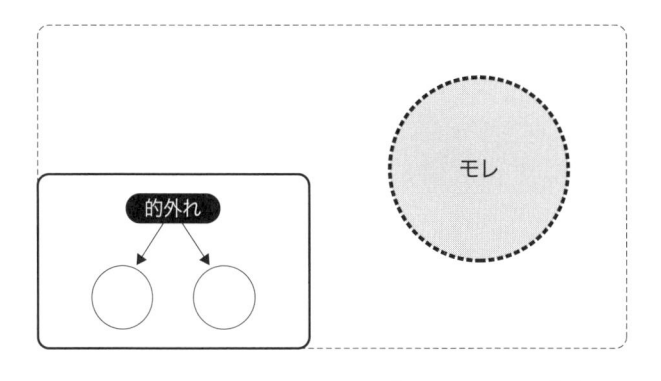

| こんな場合に注意 | ・既存の枠に対するこだわりが強い
・細かい項目を網羅しているうちに十分な気がして、大きい押さえを外す
・切り口が違っていて、モレを見落とす |

　そこでは＜MECE＞の観点から2つの大きな問題が生じていた。1つは、もちろん「ドライな生」を求める消費者の構造変化を根本的に見落としていたという市場のとらえ方の問題。もう1つは、乱立する新商品開発に経営資源を分散させてしまい、本来の主力商品であるキリンの「ラガー」、サッポロの「黒ラベル」、そしてサントリーの「モルツ」への資源投入量が相対的に低下してしまったと推定される、資源配分の問題だ。つまり、消費者のとらえ方に大きなモレがあったうえ、一方では主力商品への資源配分上のモレも同時に起こしてしまい、その結果各社とも大幅にシェアを落としていったのである。

●── ダブリによって効率を阻害していないか？

　次に、ダブリの問題を考える。前述の医薬品メーカーの、ダブリを起こしている営業マンの配置例はもちろん問題外である。しかし、ダブリによって起こる資源配分の非効率は、ビジネスの現場をよく観察すればおそらくどの企業でも何かしら生じているはずだ。野球でいえば、ライト・センター間のヒットを恐れるあまり、3人で守るべき外野にいつのまにか5人の選手がいるという状

図2-7 | ダブリの問題

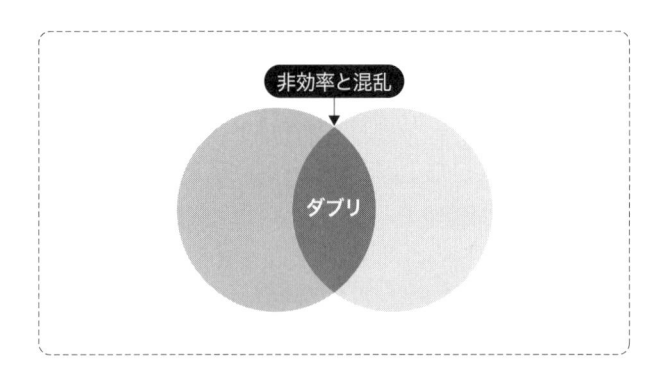

非効率と混乱

ダブリ

こんな場合に注意
- 習慣的にダブリが気にならない
- 意図的に強化のためにダブらせたつもりが混乱を招く結果になる
- 違う切り口なのでダブっていないと思っていた

態にあたる。野球の場合は、これで鉄壁の守備ができればOKかもしれないが、ビジネスではそうはいかない。というのは、資源配分上単に効率が悪くなるだけでなく、ダブリが生じていると受け手に対して混乱を与える場合があるからだ（図2−7）。

　ビール業界の例を続けよう。ビールが製法によって２つのカテゴリーに分かれることは、先ほど述べた。しかし、キリンビールは1996年にキリンラガービールの生ビール化に踏み切った。そのため、従来は熱処理の「キリンラガービール」と非加熱処理の「一番搾り」にターゲットもポジショニングも明確に分かれていたものが、生ビールに一本化されてしまった。

　ここには、明らかにダブリの問題とモレの問題がある。まずダブリに関しては、どちらも生になったことにより、それぞれが少なくとも生カテゴリーで競合（カニバライゼーション）し、トータルの売上げを下げていないかどうかがポイントになる。生ビールというカテゴリーの中で、「一番搾り」的生ビールと「ラガービール」的生ビールを求める消費者層や飲用シーンがそれぞれ大きく異なれば問題は小さいが、もしも大きく重なる場合は、資源の非効率と消費

者の混乱を起こしていることになる。また、モレの問題としては、「ラガービール」の生化により、独特なコクのあるラガービールを好む頑固なラガー党には、もはやキリンのラガービールが飲めなくなってしまったことだ。

ビール全体の生化が進行するなかで、「一番搾り」ではアサヒの「スーパードライ」に十分に対抗できず、こうした打ち手を生の強化策として放ったと推察できる。しかし、その根本的原因は、「一番搾り」を大型定番商品にまで育てながらも、結局はラガーに代わるナンバーワンのスター商品にまで育てられなかったキリンビールの、過去の強み（ラガー神話）の限界にあるともいえる。キリンビールのこの一見対症療法にも見える意図的ダブリが、緻密な計算の上での生ビールの全面的な強化として機能すればよかったが、うまく機能しなかったために、資源の非効率とキリンビール・ファンにとっての商品・コミュニケーションの混乱という、ダブルパンチを受けることになった。

●───＜MECE＞でとらえ、最後に優先順位をつけているか？

最後に重要なのは、物事を大きく＜MECE＞でとらえられるようになったら、必ずメリハリ＝優先順位をつけることだ。どんなに＜MECE＞になっていても、すべてをカバーした網羅的な解決策やメッセージは、何も言っていないのと同じことである。

特に＜MECE＞が重要性を増すのは、戦略を立案するときだ。なぜなら戦略の目的は「企業としての目指すべき方向に対して、いかに効率的かつ効果的な経営資源（ヒト・モノ・カネ）の配分を行い、競合との差別化を図りながら自社にとって優位な状況を継続するか」に尽きるからだ。つまり、貴重な経営資源の配分にあたっては、できるだけモレやダブリを最小限に抑えながら優先順位をつけることが、企業の意思決定者にとって肝要となる（**図2−8**）。この資源配分そのものが、戦略といってもいいくらいだ。ビジネス書に戦争の例が多いのは、各前線への戦力配分が、要するに戦略だからである。

戦略の方向性や資源配分にモレやダブリがあると、経営会議の場で必ず、あれはどうしたという指摘がトップから飛んでくるはずだ。なぜなら、CEO（最高経営責任者）の頭の中は常に＜MECE＞だからだ。よく「うちの社長は突然、突拍子もないことを言って困る」という社員の発言を聞くことがあるが、突然

のアイデアのように見えても、それは＜MECE＞のプロセスの中から最終的に資源配分を考えて優先順位をつけ、結論づけたものなのだ。

　戦略を＜MECE＞でとらえたつもりが、資源配分の視点による優先順位づけが完全に欠如していたために失敗した例を紹介しよう。マツダがバブル経済の真っただ中の1991年に達成した、フルライン・フルカバレッジ体制である。従来のマツダ車中心の「マツダ」「アンフィニ」とフォード車の「オートラマ」に加え、欧州車チャネルの「ユーノス」、軽自動車を中心とした「オートザム」の5チャネル体制ができあがったのとほぼ同時にバブルがはじけ、1992年に自動車市場全体が7.2％減と落ち込む中で、マツダは12.9％減と惨憺たる結果になってしまった。

　たとえば、「センティア」と「MS9」は兄弟車であるが、チャネルごとにブランドを変え、各チャネル専売を保ち、車種もチャネルも市場に対して見事なまでに＜MECE＞にしたが失敗した。それはなぜか？　原因はただ1つ。商品とチャネルと市場に対して＜MECE＞のつもりでも、業界5位のマツダの限られた経営資源（ヒト・モノ・カネ）が完全に分散してしまい、セグメント化さ

図2-8 優先順位の問題

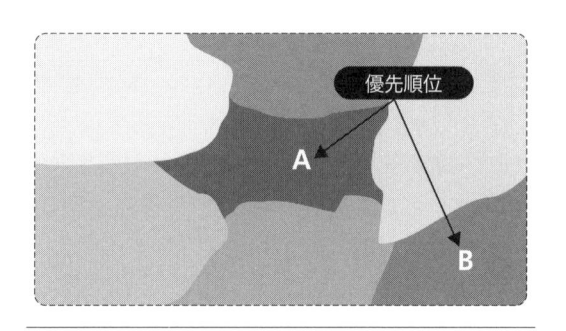

こんな場合に注意	・よく考えるとすべてが重要に見える ・他人に指摘されるうちに、基準が曖昧なため選択項目が増えてしまう ・資源配分の最終目的をいつのまにか見失い、〈MECE〉にすることを自己目的化してしまう

れた各市場での資源投入量が競合よりも小さくなり、競争力を失ってしまったからだ。当時、車好きを自認する人でも、いったい何台の車をマツダ車として認知していただろうか。

このように、軽自動車を含め9車種しかなかったラインナップを、5つのチャネルに振り分けるという無理な販売多チャネル化の失敗は、マツダのブランドを大きく傷つけ、経営を危機に陥れることとなった。その結果、マツダは1993年度から3年間連続して大幅な赤字決算となった。1990年には142万台を記録した年間生産台数も、1995年度には77万台とほぼ半減してしまったのだ。

こうして深刻な経営不振に陥ったマツダは1996年、アメリカのフォード・モーターの傘下に入り、フォードから送り込まれる経営陣によって経営再建が図られることとなった。彼らがまず取り組んだことは、増えすぎた車種の整理と販売チャネルの簡素化であった。同時に、堕ちたブランドを再構築することが最大かつ緊急の課題であった。1996年6月に社長に就任したフォード出身のヘンリー・ウォレス氏も、マツダのアイデンティティを確立することが自分の使命であるとメディアに語っている。社内では「マツダらしさとは何か」「マツダのDNAとは何か」という議論が延々と繰り返されたという。

そこから見いだされたのは、マツダの強みはやはり、高性能のロータリーエンジンを開発する技術力であり、スポーツカーづくりへの現場の情熱であるという、マツダの持つ潜在価値へのフォーカスであった。スポーツカーとは、走る楽しさをどこまでも追求し体現する車である。スポーツカーづくりに長けているマツダには、この走る楽しさを実現するエンジンと足まわりに関する優れた技術があった。そこで、ブランド名、商品名ともに一新し、全面的に刷新したモデルを開発するという方針を決定・断行した。

そうして生まれたのが、新中型セダン「アテンザ」、新小型車「アクセラ」、新コンパクトカー「デミオ」であった。この3モデルの成功に加え、新しいロータリーエンジンを搭載した4ドア・4シーターカー「RX－8」の登場が、マツダのブランド再生を決定づけた。2003年度は連結売上高2兆9161億円、営業利益は702億円と過去10年で最高の営業利益を上げ、負債も大幅に圧縮している。

80年代後半のバブル期に無理な拡大路線をとり、総花的なイメージの拡散

によって固定ファンを失いブランドに傷を負ったマツダだったが、自分たちの原点である高い技術力と「走り」へのこだわりに立ち戻り、そこにマツダらしさを見いだすとともに商品ラインナップを大胆に絞り、このコンセプトをすべての車に背負わせることで見事に巻き返しに成功したのである。

　このように＜MECE＞は網羅性を追求するための分解ツールとしては強力だが、その先の経営資源配分の優先順位づけに失敗すれば意味がない。＜MECE＞で熟考した後は、その意味合いをとらえ、最後に優先順位づけを行うことを決して忘れてはならない。

2 フレームワークで＜MECE＞を学ぶ

　世の中でフレームワークと呼ばれているものは、多くがこの＜MECE＞の応用である。なぜなら、フレームワークとは問題を解決するために原因を追求したり、解決策を考えるときの骨格や構造そのものであり、構成する軸にモレや

図2-9 ｜ 3C+1Cの概念

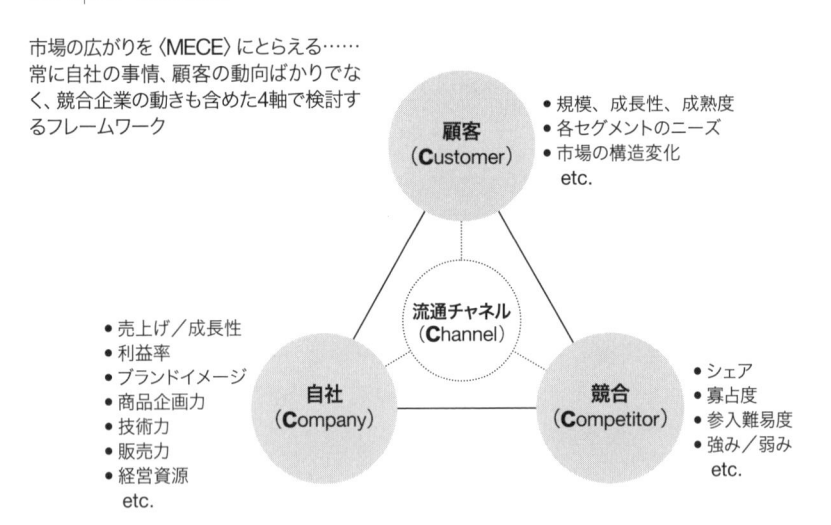

市場の広がりを〈MECE〉にとらえる……
常に自社の事情、顧客の動向ばかりでなく、競合企業の動向も含めた4軸で検討するフレームワーク

顧客（Customer）
- 規模、成長性、成熟度
- 各セグメントのニーズ
- 市場の構造変化
etc.

流通チャネル（Channel）

自社（Company）
- 売上げ／成長性
- 利益率
- ブランドイメージ
- 商品企画力
- 技術力
- 販売力
- 経営資源
etc.

競合（Competitor）
- シェア
- 寡占度
- 参入難易度
- 強み／弱み
etc.

ダブリがあっては役に立たないからだ。これから紹介するフレームワークも、すべてこの＜MECE＞の考え方に基づくものだ。

●──3C+1C

戦略策定にあたり、分析の基本となるのが、「３Ｃ＋１Ｃ」のフレームワークである（図2－9）。それぞれのCは、顧客（Customer）、競合（Competitor）、自社（Company）、および流通チャネル（Channel）を指す。１Ｃを加えているのは、メーカーであれば必ず流通チャネルも考えなければならないからだが、自社が流通チャネルそのものの販売会社であれば３Ｃでカバーされる。

だいたいの企業が、とにかく気になってよく観察しているのは、競合の動きだ。そして、灯台下暗しなのが自社の強みである。人間もそうだが、自分の弱みはだれもが認知し、評論家になるが、強みはなかなか自分では見えない場合が多い。また、企業によって状況把握の格差が大きく、概してあまりよく見えていないのが顧客である。流通チャネルに関しては、直接の顧客であり、またその変化が激しい現状では、否が応でも敏感にならざるをえない。

理論的に考えれば、競合相手を見なくても、顧客をしっかりととらえた戦略を常にとっていれば、競合に負けるはずはない。戦略を難しく考える必要はない。顧客にとっての価値を考え抜き、自社の強みを徹底して活かしながら、最後に資源配分にメリハリを利かせることだ。戦略は単純明快なほどいい。なぜなら、しょせんは人間が行うことであり、あまり複雑で難しいと実行が困難になるからだ。

●──ビジネス・システム

製品・サービスが開発されてから市場に出るまでの付加価値の流れを時間軸で＜MECE＞に整理したフレームワークを、マッキンゼー社では、ビジネス・システムとかバリュー・デリバリー・システムと呼んでいる（図2－10）。業種・業態によって項目や並ぶ順序が異なるが、自社の強み・弱みや競合の強み・弱みを全体観を持って把握し、自社の課題を抽出するときに使うと重宝である。

また、＜ゼロベース思考＞で「顧客にとっての最大の価値を提供する」視点で自社のビジネスの流れを見直すと、現状とのギャップが明確になる。

図2-10 ビジネス・システム※の概念

付加価値を生み出す流れを時間軸で〈MECE〉にとらえる……
自社の現状を競合と比較して把握するときに便利

	研究	開発	調達	生産	広告・宣伝	流通	販売	保守・サービス
自社の 強み・弱み								
競合の 強み・弱み								

※業種、業態によって項目や順序が異なる。バリューチェーンやバリュー・デリバリー・システムともいう。

図2-11 マーケティングの4P

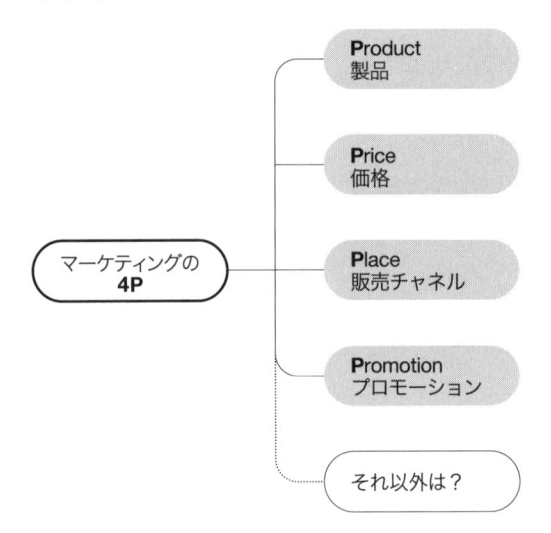

マーケティングの **4P**
- **P**roduct 製品
- **P**rice 価格
- **P**lace 販売チャネル
- **P**romotion プロモーション
- それ以外は？

どのようなビジネスであっても、付加価値を生み出している限りはこのビジネス・システムを定義することができる。自社のビジネス・システムはどうなっているか、顧客の視点から付加価値の流れを整理してみるとよい。

●――マーケティングの4P

どのマーケティングの教科書にも出てくるのがマーケティングの4Pだ（図2－11）。これはマーケティングの要素を4つのP（Product、Price、Place、Promotion）で＜MECE＞に整理したもの。それぞれは、製品、価格、販売チャネル、プロモーションといったマーケティングを考えるうえでの重要な要素である。1960年代に整理されたものであるが、今日のビジネス環境にあってもこの考え方は踏襲されている。

＜MECE＞はこのように普遍的であるものもあれば、時代や環境によって変化していくものもある。新たな切り口はないかと常に考えていく必要がある。

●――事業ポートフォリオ

図2－12は、事業の位置づけを考えるときに使うBCG（Boston Consulting Group）の事業ポートフォリオである。X軸に相対マーケットシェア、Y軸に市場成長率をとって各事業をプロットし、資源配分を考えるときに使う。たとえば、相対マーケットシェアが高く、市場成長率が高い事業Aはスターになり、資源投入を惜しむなということになる。また、相対マーケットシェアは高いが、市場成長率が低い事業Bは金のなる木であり、効率化を徹底するということになる。

マトリックス型のフレームワークは、このようにX軸、Y軸を選択し、それぞれの象限が＜MECE＞になるようにすればいくらでも考えられる。ただし、X軸、Y軸は、それぞれが独立した相互に影響の受けない軸（切り口）を選ぶことが重要である。このBCGの事業ポートフォリオも、軸のとり方を市場規模、売上成長率や収益率に変化させると意味合いが変わってくる。たとえば、自社のデータだけでも、X軸に各事業ごとの利益率をとり、Y軸に売上成長率をとれば、同様の位置づけを試みることが可能だ。

図2-12 BCGの事業ポートフォリオ

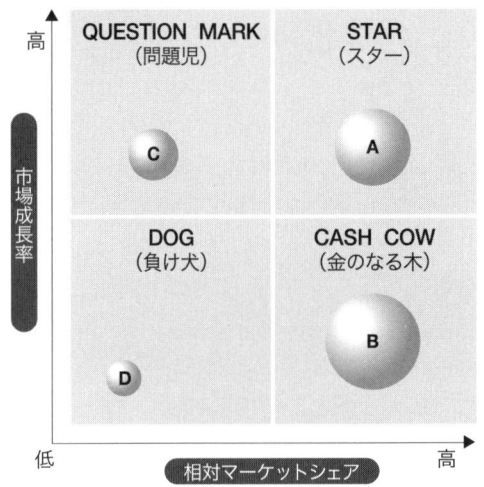

縦軸：市場成長率（低〜高）
横軸：相対マーケットシェア（低〜高）

- QUESTION MARK（問題児）：C
- STAR（スター）：A
- DOG（負け犬）：D
- CASH COW（金のなる木）：B

注）球の大きさは事業の売上規模

　これで＜MECE＞とは、ビジネスの基本ロジックであり、ビジネスマンの基本スキルであることが理解できたであろう。要するに、考えるプロセスにおいてはできるだけ物事を＜MECE＞にとらえる。しかし実行に移す段階では、優先順位＝メリハリをつけるということだ。

　1つ付け加えると、＜MECE＞のプロセスは、優秀な人であれば頭の中で瞬時にできてしまうかもしれないが、できれば最初は紙に書いて訓練をしたほうがよい。

演習 1　商品の売り場配置に問題はないか

　まず身近な例として、小売店頭での商品の売り場配置と＜MECE＞の問題を考えよう。
　食品スーパーの売り場は＜MECE＞の事例の宝庫だ。野菜売り場、精肉売り場、魚介売り場、乾物類売り場、調味料売り場、飲料売り場……。スーパーの経営者は、限られたスペースをいかに有効的に使い、たくさんの商品を陳列・販売するかということを第一義に考えてきた。しかし、歴史的には各食品のコーナーは、卸業者に陳列を丸投げされてきたという。
　ところが、昨今の売り場は少し様相が違ってきている。キャベツが旬の時期にはキャベツのかたわらに回鍋肉（豚肉とキャベツの辛味噌炒め）の素が置かれたり、精肉売り場の冷蔵ケースのわきに焼肉のタレが陳列されたり、鍋のシーズンには、鍋のスープの種類に合わせて野菜を組み合わせて並べたり……、といった陳列をよく見かける。もちろん、回鍋肉の素や焼肉のタレ、鍋のスープは調味料コーナーにも置いてあるし、特売対象商品であれば、棚のエンドや特売コーナーにも置かれている。
　＜MECE＞でいえば、店舗内での完全なダブリである。どちらにも必ず置いてあれば消費者にとっては便利だし、店の立場から見ても、大量に需要が見込まれるのであれば販売機会の最大化を図るうえで重要である。しかし、陳列スペースを重複させることになり限られたスペースに無駄が生じるうえ、ほかにそのスペースを使ってより売れる商品があれば、販売上の機会損失が発生することになる。
　このような関連販売（クロス・マーチャンダイジング）には、2つの意味合いがある。たとえば鮮魚売り場の刺身コーナーにチューブ入りわさびが置かれているのは、消費者の買い忘れを喚起することであるから、販売ロスを防ぐという意味が大きいが、陳列スペースの無駄という側面も否定できない。
　しかし、りんごの販売コーナーにアップルパイのシートとシナモンが置かれていたらどうだろう。りんごを買いに来た客は、自分が食べるだけのりん

ごを3個しか買わないかもしれない。ところが、アップルパイのシートとシナモンを見たことで、それまではまったく考えてもみなかった「アップルパイを作ろう」という発想がわき、そのまま食べる3個と、アップルパイ用の3個の、計6個のりんご、加えてアップルパイのシート、シナモンを購入することもありうる。つまり、新たなニーズを喚起するわけだ。この場合は、消費者のニーズが高まるような陳列スペースの効果的ダブリであったということだ。

　このような現象は他の商品でも数多く見受けられる。この商品配置に関するモレやダブリは、スペースの無駄からくる販売の機会損失や消費者の混乱も招く。しかし一方では、意図的にダブリを起こすことで、消費者にとっての利便性を強化し、販売機会の増加につながる場合もある。アルコール0.00％の「キリンフリー」が、従来のビールコーナーに置いていないスーパーがある。さて、あなたならどのような、陳列、棚取りをするだろうか？

　限られたスペースで販売効率の最大化を図っているCVS（コンビニエンス・ストア）は、CVSのメインユーザーのニーズの高い商品をモレがないように

図-1

CDショップの商品配置

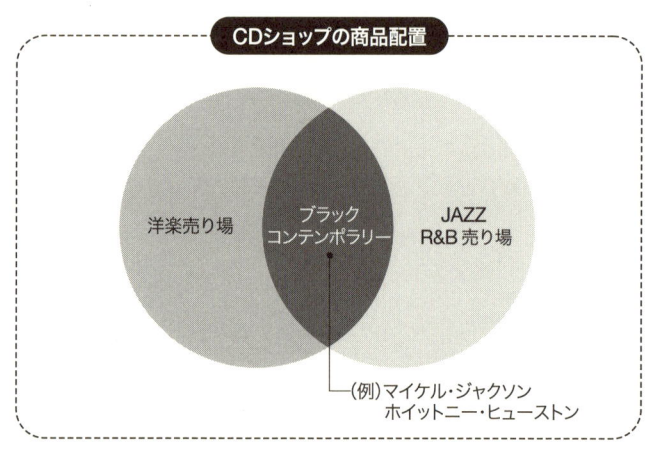

洋楽売り場　　ブラックコンテンポラリー　　JAZZ R&B 売り場

（例）マイケル・ジャクソン
　　　ホイットニー・ヒューストン

- 必ずどちらの売り場にも置いてあれば顧客にとって便利
- 両方に置いてあったり、置いてなかったりすると顧客が探せず混乱する
- 重複陳列はスペースの無駄

選択し、陳列スペースにはまったく商品のダブリがないように配慮し、POS情報により取扱商品の売上貢献度による徹底した優先順位づけを行っている。つまり、CVSは限られた売り場面積における商品の取り扱い方としては、きわめて＜MECE＞の考え方に準拠しているといえる。

　そこで、小売店頭における商品の売り場配置に関する事例を考えてみてほしい。前述したように、モレもダブリもない状態を良しとするか、あるいは、販売上意図的なダブリがあえて必要なのか、その理由はなぜなのか、思いついた事例を自分ならばどのように変更すべきと考えるのか、じっくり考えてほしい。**図−1**は、あるCDショップの商品配置の例である。このようにダブリを生じさせることがユーザーにとって便利なことなのか、あるいはかえって不便なのか。販売側から見ると販売強化につながっているのか、あるいは単なる陳列スペースの無駄に終わってしまうのか、さらにはネットからのダウンロードに年々市場を奪われている現在、ネットをも含めたまったく新しい関連販売の方法はないのかを考えるのだ。まずはこのようなダブリが生じている売り場配置に関する＜MECE＞の図を作ることから始めてほしい。

演習2 ビジネス・システムで顧客への提供価値をチェックする

　付加価値を生み出す流れを時間軸で＜MECE＞にとらえたものがビジネス・システムである。これを送り手である企業側からではなく、商品・サービスの受け手である顧客の視点からとらえることが、ますます重要になる。

　図－2は都内にある付加価値の高い歯科医の患者に対するサービスの流れを、患者の視点から整理したものである。普通の歯科医と比べると格段にサービス内容が優れていることがわかる。このように、どのようなビジネスでもその商品・サービスによって付加価値が生じている限りは、顧客にとってのサービス提供の流れを整理することが可能である。

　まず最初に自社、自部門、あるいは自分が提供しているサービスの流れを、歯科医のサービスの流れを参考に、いくつかの項目に分解する。このとき、サービスの項目が＜MECE＞になっているかどうか注意すること。そして現状について書き出していってほしい。次に、競合の状況と比較しながら、ベストと考えられるビジネス・システムを考える。そして現状とベストな場合とのギャップを明らかにし、今後の取り組み課題を抽出してほしい。総務・経理やシステム部門であっても顧客は存在するし、複数の異なる種類の顧客がいる場合は何通りかのビジネス・システムを作成できる。それにより今後の課題が抽出できるだけでなく、サービスの流れをどういう項目に分解するかを考えることは、ビジネスを考えるうえで非常に重要な訓練になる。

　ビジネス・システムに沿ったギャップ分析を実行プランに反映させるうえで重要なポイントを1つ挙げておく。それは、分析した結果それぞれのギャップを埋めるように手を打つべきか、あるいはギャップよりも自社の相対的強みをさらに徹底・強化するように手を打つべきかという点だ。トップ企業であれば、ギャップを1つ1つ丹念につぶしていくことが競争優位の持続につながるかもしれないが、経営資源で劣る下位企業が黙々とギャップを埋め続けても勝算の見込みはない。市場・競合の中での自社の位置づけが異なれば、A社とB社に同様のギャップがあったとしても打ち手はまったく異なる。

図-2 | 顧客の視点から見た歯科医のビジネス・システム

	診療申込	診療方針打ち合わせ	治療	衛生指導	支払い	アフター・フォロー
普通の歯科医	●予約をしても待たされる	●事前の打ち合わせもなく一方的な治療 ●長期的視点で考えない	●1本の歯の治療のために何度も通う必要がある	●なし	●現金のみ	●なし
差別化された付加価値の高い歯科医	●緊急度に応じて柔軟に対応してくれる ●希望に沿った予約を受け付け、待ち時間がない	●長期的視点から患者の予算(保険の利用も含め、納得できる診療方針を立て、合意する	●衛生面に配慮したスピーディで時間効率のよい治療 ●緊張感をほぐすための工夫(イス・環境音楽・ビデオ)	●歯科衛生士により、本人の生活習慣に合わせた予防的指導をしてくれる	●現金、クレジットカードおよび分割の支払い方法が選べる	●定期的に検診の案内通知が来る

〈MECE(ミッシー)〉〈ロジックツリー〉

演習3 3C+1Cで自社の課題を把握する

　戦略策定の基本である3C+1C（顧客、競合、自社、流通チャネル）は、＜MECE＞の1つのフレームワークである。戦略策定にあたっては、この3C+1Cの分析から始まる。**図-3**は、ある中堅消費財メーカーの現状を3Cのフレームワークで分析したものだ。このメーカーは直販ルートで販売しているため、+1Cの流通は自社に含まれる。この3Cで分析しながらSO WHAT？（だから何なの）を考え仮説を立てると、このメーカーの今後の課題が「新技術導入に経営資源をシフトし新商品を開発すれば、新たな成長を図ることは可能か？」にあることが浮き彫りになる。

　このようにビジネスを取り巻く環境変化が激しい中では、常にこの3C+1Cの枠で問題をとらえ、アクションに結び付くように今後の課題を抽出していかなければならない。

　そこで、自社の経営／事業課題を3C+1Cの枠組みでとらえ、今後の取り組み課題に関する仮説を作ってみよう。

図-3 ある消費財メーカーの3C

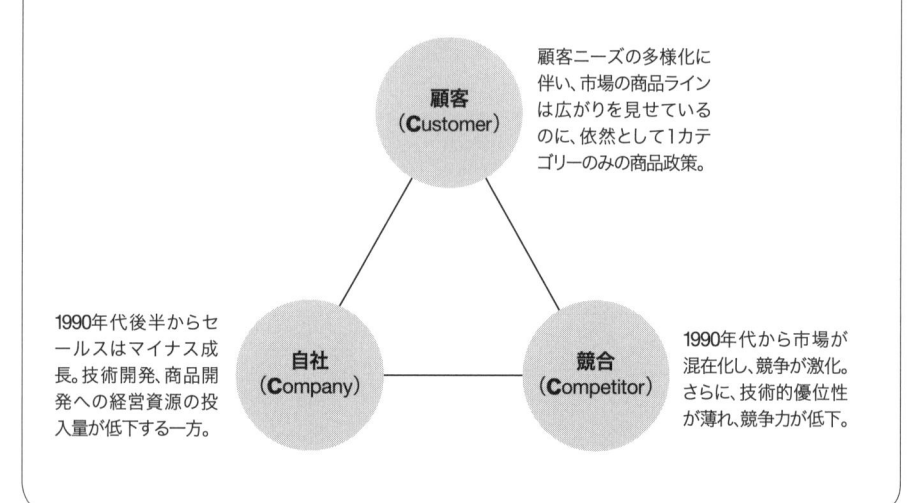

顧客（Customer）：顧客ニーズの多様化に伴い、市場の商品ラインは広がりを見せているのに、依然として1カテゴリーのみの商品政策。

自社（Company）：1990年代後半からセールスはマイナス成長。技術開発、商品開発への経営資源の投入量が低下する一方。

競合（Competitor）：1990年代から市場が混在化し、競争が激化。さらに、技術的優位性が薄れ、競争力が低下。

2 ＜ロジックツリー＞
限られた時間の中で広がりと深さを押さえる

＜ロジックツリー＊＞とは、問題の原因を深掘りしたり、解決策を具体化するときに、限られた時間の中で広がりと深さを追求するのに役立つ技術である（図2－13）。

文字どおり、「ロジック」とは論理であり、「ツリー」とは葉の生い繁った木という意味だ。主要課題の原因や解決策を＜MECE＞の考え方に基づいて、ツリー状に論理的に分解・整理する方法である。

単なる根拠のないアイデア出しとは違って、具体的な解決策＝「ツリー」の

＊マッキンゼー社では＜ロジックツリー＞と呼んでいる。

図2-13 〈ロジックツリー〉の考え方

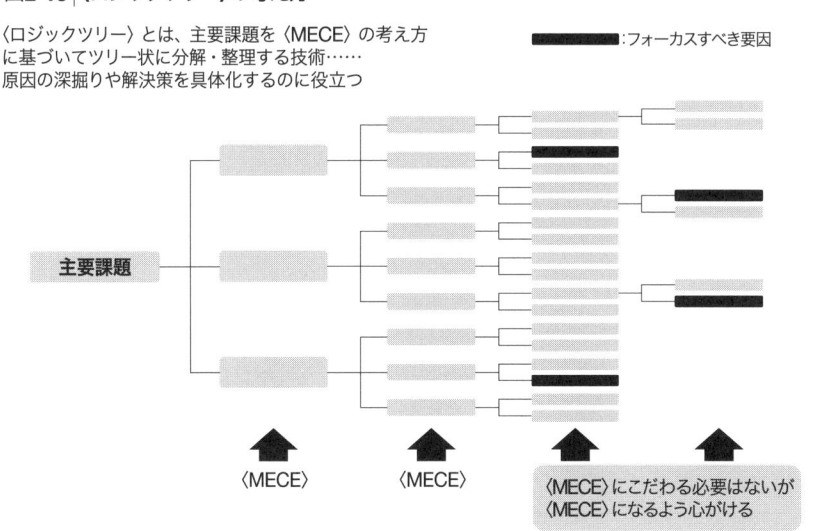

〈ロジックツリー〉とは、主要課題を〈MECE〉の考え方に基づいてツリー状に分解・整理する技術……原因の深掘りや解決策を具体化するのに役立つ

■：フォーカスすべき要因

〈MECE〉　〈MECE〉　〈MECE〉にこだわる必要はないが〈MECE〉になるよう心がける

葉が「ロジック」という因果関係で結ばれているから、問題を必ず解決に導くことができる。

箇条書きは＜ロジックツリー＞の初歩であるが、＜ロジックツリー＞は次の3つの点で優れている（**図2-14**）。

- モレやダブリを未然にチェックできる
- 原因・解決策を具体的に落とし込める
- 各内容の因果関係を明らかにできる

特に世の中にある既存のフレームワークが適用できないときや、独自の問題解決には威力を発揮する。シンプルだが、きわめて汎用的かつ実践的な問題解決の技術だ。

人は問題に直面して解決策を考えようとするとき、まずその原因を追求する。しかし、いろいろな原因が考えられるのに、その広がりや深さを押さえずに、単なる思いつきだけで手を打つとどうなるか。どんなに立派で緻密な解決策を練り上げても、的が外れれば無駄に終わる。そして、間違って実行するとさら

図2-14　箇条書きと〈ロジックツリー〉の違い

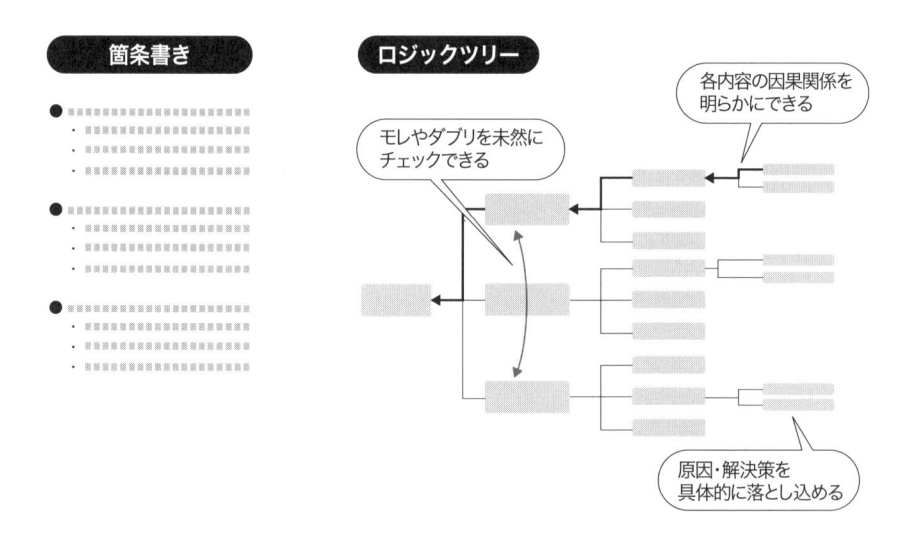

に余分な時間と資源(ヒト・モノ・カネ)を使う羽目に陥る。ビジネスの現場では、このタイムラグが致命傷になる。＜ロジックツリー＞はこのような問題の原因を追求したり、解決策を具体化するプロセスにおいて、的を外さないようにするための技術なのだ。

1 ＜ロジックツリー＞で原因を追求する

　問題を解決するときに、根っこにある具体的原因を突き止めれば、半分は解決策の目処が立ってきたといってもよい。実際、この具体的原因が解明されないまま、表面的な現象を追いかけて対症療法をいくら施しても、その場の一時しのぎにしかならない。しかし、そうした提案書や事業計画書をよく見かける。
　＜ロジックツリー＞を使って、この根っこの原因を突き止めるには、とにかくWHY？（どうして）を自問自答し続けることだ（**図2-15**）。
　「主力商品Aのシェアが下がっている」という問題があったとしよう。原因を

図2-15 原因追求の〈ロジックツリー〉

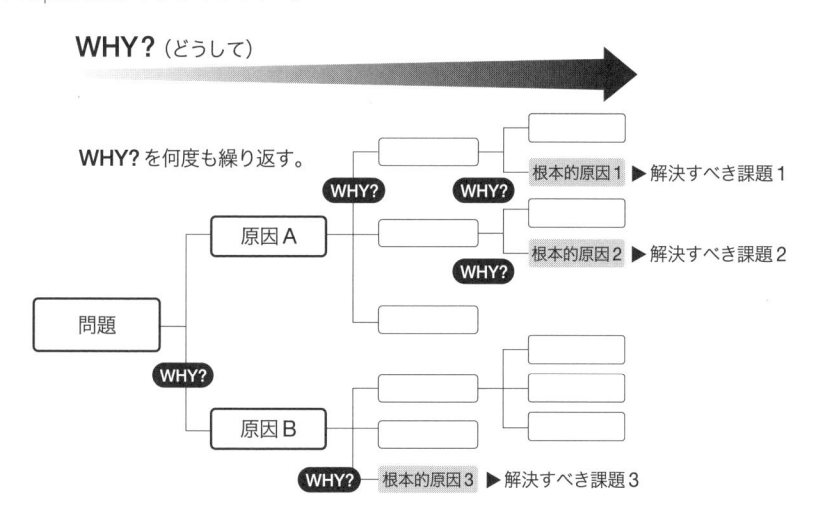

追求して解決策を出さなければならない。このとき、思い込みで「営業力が問題だ。営業を強化しろ」という解決策を出したらどうなるか。本当に営業力に問題があったならば、結果オーライになるかもしれない。しかし、本当は商品自体に問題があるとしたら、これはまったく的外れな解決策になる（**図2−16**）。これでは、1年経ってもシェアは回復しない。なぜシェアが下がっているのか、真の原因を突き止めるためには、まずWHY？を考え続けなければならない。

たとえば、
- 市場が完全に成熟し、市場自体が縮小している
- 消費者ニーズがシフトし、当初想定したターゲット市場が消えつつある
- 競合商品Xの商品力が商品Aよりも高く、商品Xの売上げが大幅に伸びている
- 他メーカーの新規市場参入が激しい
- 当社の広告・販促費シェアが売上シェアよりもかなり少ない
- 商品Aへのマーケティング・コストを前年比より大幅に下げた

図2-16 │「広がり」を押さえないと的外れ

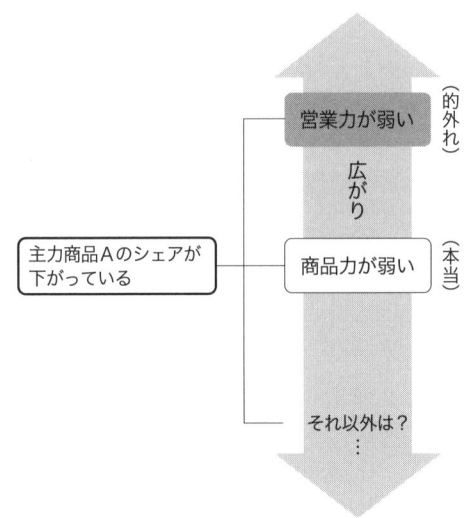

- 自社の新商品Bと商品Aがカニバライゼーション（社内競合）を起こしている

等々。ほかにも原因はさまざまに考えられる。

一方、「主力商品Aのシェアが下がっている」のが、たとえ営業力の問題であるとしても、原因を深掘りしないままに「営業力を強化しろ」と号令をかけても、具体性がなければ現場では実行できない（**図2-17**）。そこでシェア低下の原因を深掘りし、全国各地域を比較した結果「主力商品Aの首都圏でのシェアの下落が著しい」ことがわかったとする。さらにWHY？により、「新規顧客がカバーされず営業マンも開拓に積極的でない」こともわかったとする。それでもさらに、WHY？を続けて「新規顧客の営業評価がリピート顧客の営業評価と同じで、苦労しても割が合わない」という具合に真相を究明する。

このレベルまで深掘りができてくれば、解決策の方向性も見えてくる。そしてここまでくれば、この真相の裏返しの解「新規顧客開拓時の売上評価率の重みをリピート顧客の2倍にする」でも、とりあえず解決策として通用するかもしれない。

図2-17｜「深さ」が十分でないとアクションに反映されない

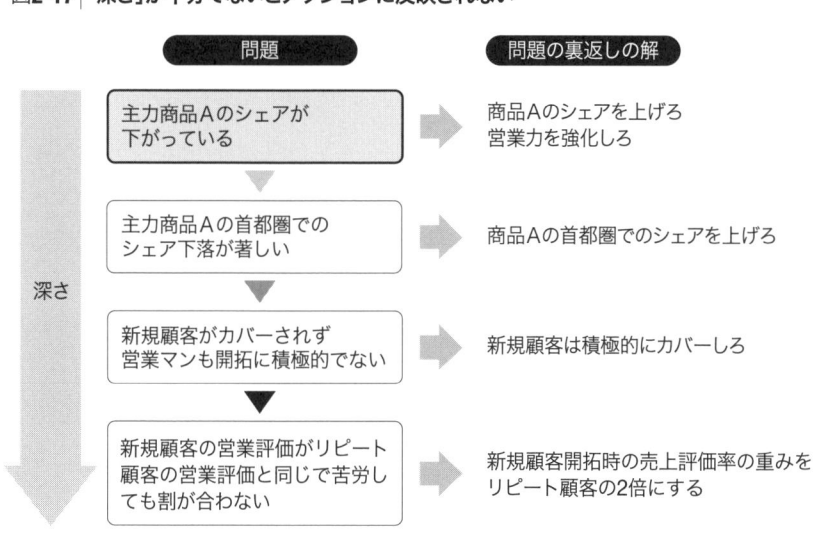

深さ	問題	問題の裏返しの解
	主力商品Aのシェアが下がっている	商品Aのシェアを上げろ 営業力を強化しろ
	主力商品Aの首都圏でのシェア下落が著しい	商品Aの首都圏でのシェアを上げろ
	新規顧客がカバーされず営業マンも開拓に積極的でない	新規顧客は積極的にカバーしろ
	新規顧客の営業評価がリピート顧客の営業評価と同じで苦労しても割が合わない	新規顧客開拓時の売上評価率の重みをリピート顧客の2倍にする

しかし、原因追求のレベルが浅ければ、問題の裏返しの解は単なるスローガンにしかならず、とても解決策とは呼べない。こうして真相が解明されてきたら次は、解決策具体化の＜ロジックツリー＞によりいろいろな解決策のオプションを考えなければならない。たとえばこのケースでは、「新規顧客営業部隊とリピート顧客営業部隊を分離する」や「新規顧客開拓の具体的達成目標数値を与える」など、前記の原因の裏返しの解である「新規顧客開拓時の売上評価率の重みをリピート顧客の２倍にする」以外にも、解決策がいろいろと考えられるはずだ。

このように、原因の広がりが押さえきれなかったり（モレやダブリ）、原因追求の深さが足りないまま、背後の構造を論理的に詰めきれずに思いつきで手を打つと、打ち手が的外れになってしまうのである。

事例3 — 営業マンの生産性低下の原因を追求する

ある医薬品メーカーで「営業マン１人当たりの主力商品Ａの売上生産性が下がっている」という問題がある。早速、原因追求の＜ロジックツリー＞を用いて原因を解明する（図２−18）。営業マン１人当たりの売上生産性とは、売上高を営業マンの数で割ったものである。営業マンの数が変化していなければ、主力商品Ａの売上げ低下が問題だ。まず初めに売上げ低下のWHY？を考えて、３つの関連要素に分解する。

医薬品の営業ルートは、個人医院を担当する医薬品卸営業ルートと、病院、大学病院を担当するメーカーの営業ルートに、大きく二分される。メーカーの営業はMR（Medical Representative）と呼ばれ、主に病院、大学病院を担当する。また、医薬品卸が個人医院を主に担当する、という具合にテリトリー分けがなされているのが通常だ。営業以外の要素としては、商品力そのものがある。

したがって、考えられる原因は、「個人医院を担当する医薬品卸の営業力の低下」「病院、大学病院を担当するメーカーの営業力の低下」と「主力商品Ａの商品力そのものの低下」の３つに分けられる。

さらに、商品力の要因は、対象市場の成長性と競合商品との商品力（薬効）の差に分解されるから、「商品力そのものの低下」の原因追求では「対象市場

図2-18 | 原因追求の〈ロジックツリー〉

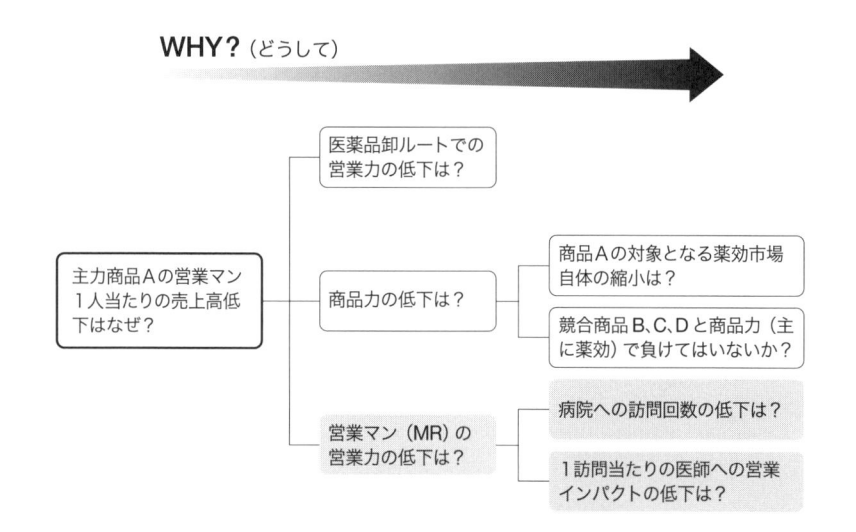

WHY？（どうして）

```
主力商品Aの営業マン     ┌─ 医薬品卸ルートでの
1人当たりの売上高低 ────┤   営業力の低下は？
下はなぜ？              │
                        ├─ 商品力の低下は？ ──┬─ 商品Aの対象となる薬効市場
                        │                     │   自体の縮小は？
                        │                     └─ 競合商品B、C、Dと商品力（主
                        │                         に薬効）で負けてはいないか？
                        └─ 営業マン（MR）の ──┬─ 病院への訪問回数の低下は？
                            営業力の低下は？   └─ 1訪問当たりの医師への営業
                                                  インパクトの低下は？
```

が縮小していないか」と「競合品に薬効差で負けていないか」を解明する必要がある。

　また、メーカーの営業マン（MR）の営業力は、病院への訪問回数と1回の訪問当たりの薬の購買決定権を持つ医者や薬局への営業インパクトに分解されるから、「病院、大学病院を担当するメーカーの営業力の低下」の問題では、「病院への訪問回数が低下していないか」と「医師や薬局への営業インパクトが低下していないか」を解明する必要がある。医薬品業界の場合は、分析のためのデータベースが充実しているため、こうした分析は比較的容易である。

　この医薬品メーカーの場合、原因追求の＜ロジックツリー＞により分析を始める前は、「主力商品Aはもう古くなってきて、競合商品のB、C、Dには勝てない」というインタビュー・コメントを社内の責任者からかなり聞かされた。しかし、考えられる原因について精緻に分析したところ、対象市場は成長していた。商品の薬効も＜ロジックツリー＞でさらに分解し、各要素を専門の研究者に比較してもらった結果、競合品との差はなかった。つまり、商品Aには依然として競争力はあったのだ。

医薬品卸ルートを通しての営業力は多少問題はあるものの、最大の原因はメーカー営業マンの訪問回数や営業インパクトの低下で、そのため優れた商品にもかかわらず、かなりの機会損失を起こしていることが明らかになった。この「メーカー営業マンの営業力低下」の問題解決は、次項の解決策具体化の＜ロジックツリー＞で行う。

　このように、原因追求の＜ロジックツリー＞とは、表面化している問題を、WHY？という因果のロジックで、広がりと深さを押さえながらツリー状に具体化することである。

2 ＜ロジックツリー＞で解決策を具体化する

解決策の要件は次の2つである。

- 的を外さないこと
- すぐにアクションに結び付くような具体性があること

　ところが、具体性に欠け、提言されたほうも何をしていいかわからず実行できそうにない、まったく解決策とは呼べない解決策をよく見かける。本社の○○年度事業計画書の「X商品の首都圏でのシェアの奪回」が、西東京営業所の営業マン・レベルでも「X商品の首都圏でのシェアの奪回のため西東京営業所は一丸となって戦う」としか理解されていないとすると、たいしたシェアの向上は望めない。

　＜ロジックツリー＞を使って解決策を具体化するには、SO HOW？（だからどうする）を何度も何度も繰り返して深めていくことが必要になる（**図2－19**）。そして、深められた具体策がロジックの糸でつながれている限り、実行すれば必ず問題解決に結び付く。このSO HOW？の過程では、現在どの企業も実施していない画期的アイデアが出てくる可能性があり、そのアイデアがこのロジックの糸で説明がつけば効果が期待できる。そこが、単なる原因の裏返しの解との違いだ。WHY？で追求された単なる原因の裏返しの解だけでは、こうした解に結び付くアイデアは見落とされてしまう。

図2-19 | 解決策具体化の〈ロジックツリー〉

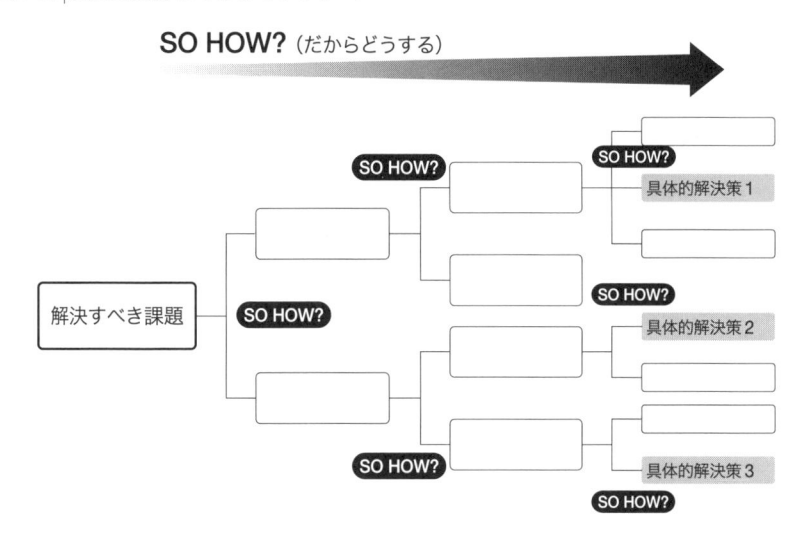

SO HOW?（だからどうする）

```
解決すべき課題 ─ SO HOW? ┬ SO HOW? ┬ SO HOW? ─ 具体的解決策1
                      │          └
                      │          ┌ SO HOW?
                      │          └ ─────── 具体的解決策2
                      └ SO HOW? ┬
                                │
                                └ SO HOW? ─ 具体的解決策3
```

　時間には制限があり、すべての幅とすべての深さを網羅していたらきりがないが、〈ロジックツリー〉により広がりと深さをチェックしながら具体的解決策を追求すると、的を外さずにアクションに結び付く解決策を効率的に導くことができる。

事例4　　　　　営業マンの生産性低下に対する解決策を具体化する

　前述の医薬品メーカーの「営業マン1人当たりの主力商品Aの売上生産性が下がっている」という問題に関して、原因追求の〈ロジックツリー〉で分析した結果、解決すべき課題（根本的原因）は、「営業マン（MR）の営業力低下をどのように改善するか」であることが明確になった。そこで、具体的解決策を〈ロジックツリー〉で考える（**図2−20**）。

　まず、営業マンの営業力を上げるために、SO HOW？により、「効率的な担当のエリア分けを行う」「営業のプロセスを改善する」、そして、「メリハリのある営業マンの評価を行う」の3つの解の方向性を出す。

図2-20 │ 解決策具体化の〈ロジックツリー〉

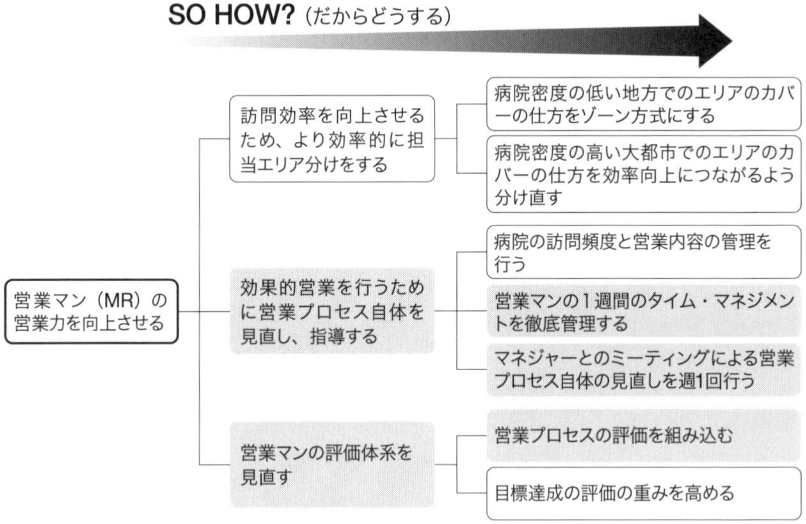

SO HOW? (だからどうする)

- 営業マン（MR）の営業力を向上させる
  - 訪問効率を向上させるため、より効率的に担当エリア分けをする
    - 病院密度の低い地方でのエリアのカバーの仕方をゾーン方式にする
    - 病院密度の高い大都市でのエリアのカバーの仕方を効率向上につながるよう分け直す
  - 効果的営業を行うために営業プロセス自体を見直し、指導する
    - 病院の訪問頻度と営業内容の管理を行う
    - 営業マンの1週間のタイム・マネジメントを徹底管理する
    - マネジャーとのミーティングによる営業プロセス自体の見直しを週1回行う
  - 営業マンの評価体系を見直す
    - 営業プロセスの評価を組み込む
    - 目標達成の評価の重みを高める

　さらに、「担当のエリア分け」は、「病院密度の高い大都市」と「病院密度の低い地方都市」ではカバー体制を変える必要がある（実際は、病院ほどではないが、個人医院もある程度メーカーの営業マンがカバーしており、それも加味する）。

　また、「営業のプロセス」は、自分のテリトリー内の「病院の訪問頻度や営業・情報提供内容の管理」「1週間のスケジュール管理」と「マネジャーとのミーティングによる営業プロセス自体の見直し」を実施する。

　そして、「営業マンの評価」は、営業マンの「プロセス管理に対する評価」と「目標達成に対する評価」を行い、さらに、営業マンのキャリアによってその重みを変える。たとえば、新人営業マンの場合は、営業プロセスに対する評価を100％とし、10年選手は目標達成に対する評価を100％にする。

　こうして解決策を具体化しながら最終的に課題解決への効果を評価したうえで集中的に手直しをしたのは、「営業マンの1週間のタイム・マネジメントを徹底管理する」「マネジャーとのミーティングによる営業プロセス自体の見直しを週1回行う」と「新人への営業プロセスの評価を高める」であった。これらを、さらにSO HOW？を繰り返しながら、解決策具体化の＜ロジックツリ

ー>により、すべての営業マンがアクションがとれるレベルにまで具体化した。

　こうして整理すると、解決策の広がりと深さが打ち出の小槌を振ったかのように現われ、本当にそんなに簡単に＜ロジックツリー＞ができるのかと思われるだろう。たしかに実際は、簡単というわけにはいかない。しかし、優秀な営業マンを数人集めてブレーンストーミングを行えば、材料となるアイデアはいろいろ出てくる。そして、何回か試行錯誤を経て精緻なツリーができあがる。あとはじっくりと、具体的解決策が主要課題を解決するために太いロジックの糸でつながれているかをチェックすればいい。

　むしろ重要なのは、それぞれの解決策の優先順位づけとアクションへの反映度だ。これは、＜ゼロベース思考＞で述べた、顧客の立場になって考えるしかない。この医薬品メーカーの営業体制を立て直すために、私は現場の優秀な営業マン数人とプロジェクトチームをつくり、1ヵ月缶詰になって基本構想を作り上げた。そのとき面白いと思ったのは、彼らが解決策を作り上げていく過程で、彼ら自身が次第に営業マンとしての立場を忘れ、解決策をより複雑化していったことだ。はまってしまったのだ。

　たとえば、営業マンの評価項目に関しては、練りに練って10項目以上を、細かい営業キャリアの階層別に出してきた。そのときの私の質問は、「みなさんは、このプロジェクトが終われば営業の現場にまた戻りますが、この10項目すべてを常に念頭に置きながら営業活動ができますか？」であった。営業現場の行動に反映されない評価基準はまったく意味がない。結局は売上達成目標とプロセス評価の2項目に絞ったが、解決策を作る際の顧客は病院だけではなく、それを実行する営業マン自身であることをいつのまにか忘れてしまったのだ。常に、顧客にとっての価値を貫くというのは、＜ゼロベース思考＞を意識しなければ難しい。

　それでは、どのように＜ロジックツリー＞を作ればよいのかを、次に考えてみよう。

3 ＜ロジックツリー＞を作る

◉── オリジナル・フレームワークの作成

「痩せる（減量する）ための、具体的解決策（たとえば、ジョギングをするという具体策）を考えよ」と言われたら、解決策の＜ロジックツリー＞をどう作るのか（図2−21）。

もちろん、このケースでは、SO HOW？を繰り返していき、それぞれのレベルをできるだけ＜MECE＞になるようにレベルダウンしながら、解決策を具体化する必要がある。そして、それぞれの具体的解決策がロジックの糸でつながっているかをチェックする。

図2−22は、私が行っている問題解決ワークショップでのある生徒の解決策だ。1段目は、「カロリー摂取量を減らす」と「カロリー消費量を増やす」となっている。太る原因から逆に解決策を考えると、一応＜MECE＞風には見え

図2-21 ｜「痩せる」＜ロジックツリー＞を考える

「痩せる」(減量する)ための具体的解決策(たとえばジョギングをするという具体的なもの)をロジックツリーで考えよ。

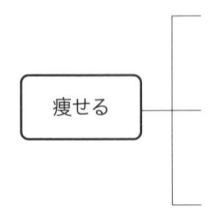

痩せる

図2-22 「痩せる」〈ロジックツリー〉❶

```
                                                ┌─ 寝る前2時間は食べない
                                                ├─ 食事の量を70%に減らす
                              ┌─ 食事からのカロリー摂取量を減らす ─┼─ カロリー計算を行い、カロリーの低いものを食べる
                              │                 └─ 間食をやめる
          ┌─ カロリー摂取量を減らす ─┤
          │                   │                 ┌─ 糖分をとらない
          │                   └─ 飲み物からのカロリー摂取量を減らす ─┤
          │                                     └─ アルコールを飲まない
どうしたら痩せる ─┤
(減量する)ことが    │                                     ┌─ ひと駅分歩く
できるのか?       │                   ┌─ 日常生活で運動量を増やす ─┼─ 階段を利用して運動する
          │                   │                  └─ パワーリスト/アンクルをつけて生活する
          └─ カロリー消費量を増やす ─┤
                              │                  ┌─ ジョギングをする
                              ├─ 運動によるカロリー消費量を増やす ─┼─ エアロビクスを行う
                              │                  └─ エクササイズを行う
                              └─ ???
```

第2章 ● 技術編

〈MECE(ミッシー)〉〈ロジックツリー〉

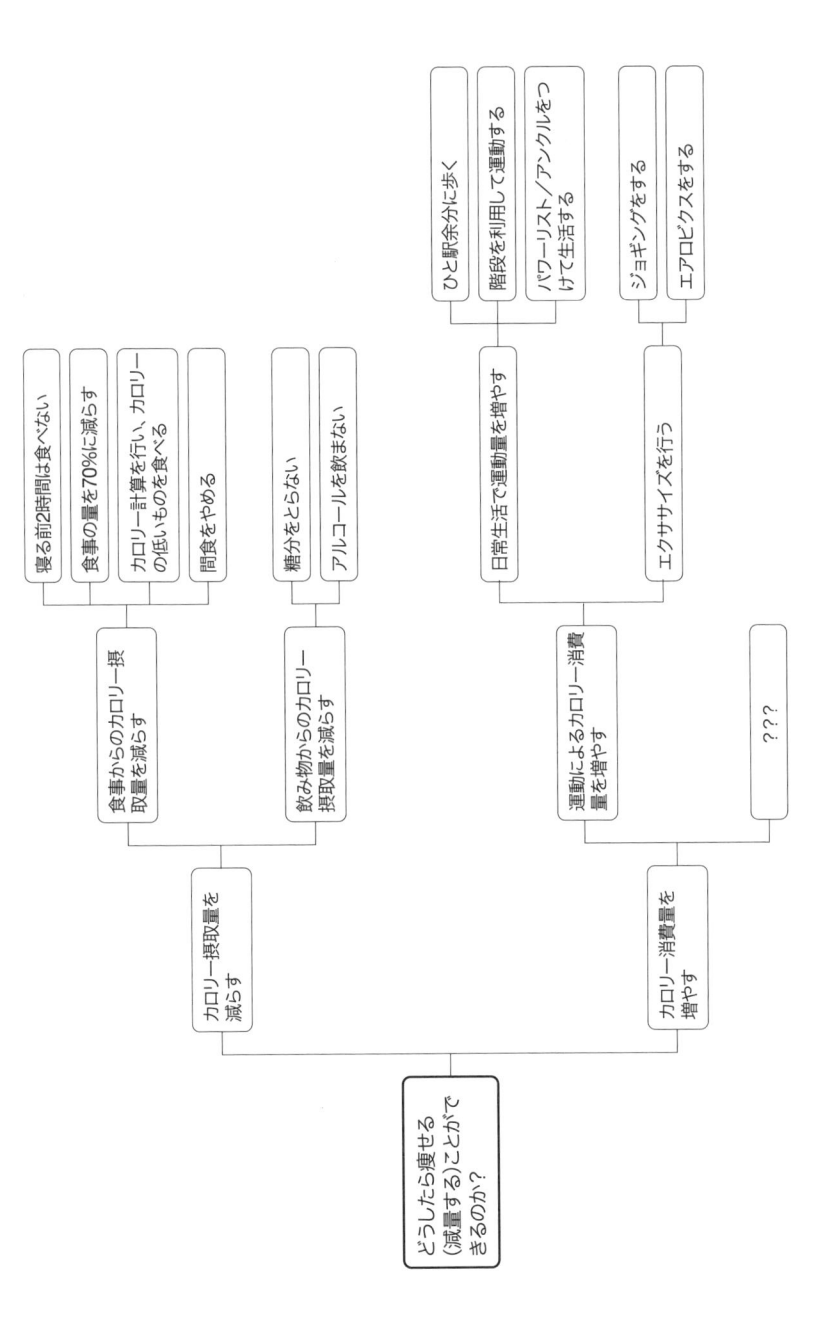

る。2段目ではさらに、「カロリー摂取量を減らす」を、「食事からのカロリー摂取量を減らす」と「飲み物からのカロリー摂取量を減らす」と＜MECE＞に分解している。「カロリー消費量を増やす」に関しては、「運動によるカロリー消費量を増やす」と、ほかにありそうだがどうもそれだけでは＜MECE＞には見えそうもないのか「？？？」をつけている。さらに、3段目、4段目では解決策がより具体化されて、たしかに「ジョギングをする」や「間食をやめる」などの具体策を実行すれば、「痩せる」ことはできそうだ。

　この解決策をたたき台に、他の生徒とブレーンストーミングすると、さらにいろいろな解決策が出てきた。たとえば、「美容整形で脂肪吸引手術を行う」あるいは「筋力トレーニングを行う」といった具合だ。論理的には、たしかにこれらの解決策も効果はありそうだ。

　まず、「美容整形で脂肪吸引手術を行う」のは、どのカテゴリーにも含まれない。しかし、単純に考えれば余分な脂肪や老廃物を直接体から取り除く作業だ。したがって、「カロリー摂取量を減らす」や「カロリー消費量を増やす」と同じレベルで「体内の不要蓄積物を除去する」として1段目に新たに項目を立てた。そして「脂肪を除去する」と「脂肪以外の老廃物を除去する」を、＜MECE＞に分解し、「脂肪を除去する」の1つの具体策として「美容整形で脂肪吸引手術を行う」を位置づけた。

　また、「筋力トレーニングを行う」は、それ自体もたしかにカロリーを消費するので「運動量を増やす」に含まれそうだが、よく議論すると、目的は筋肉を増やして普段や寝ているときの基礎代謝率を上げることにある。したがって、「カロリー消費量を増やす」の次のレベルの2段目を「運動によるカロリー消費量を増やす」と「基礎代謝率の高い体質にする」として「？？？」を置き換え、「基礎代謝率の高い体質にする」の1つの解決策として「筋力トレーニングで筋肉質にする」を位置づける。

　こうして各段の抽象度、具体度のレベルを考えながら、＜MECE＞を心がけた＜ロジックツリー＞（**図2-23**）には新たな「？？？」がいくつか誕生した。

　このくらいできあがってくると、もう一息で「痩せる」フレームワークが完成する。「カロリー消費量を増やす」の次レベルが「運動によるカロリー消費量を増やす」と「基礎代謝率の高い体質にする」の2つあったのに対比して、

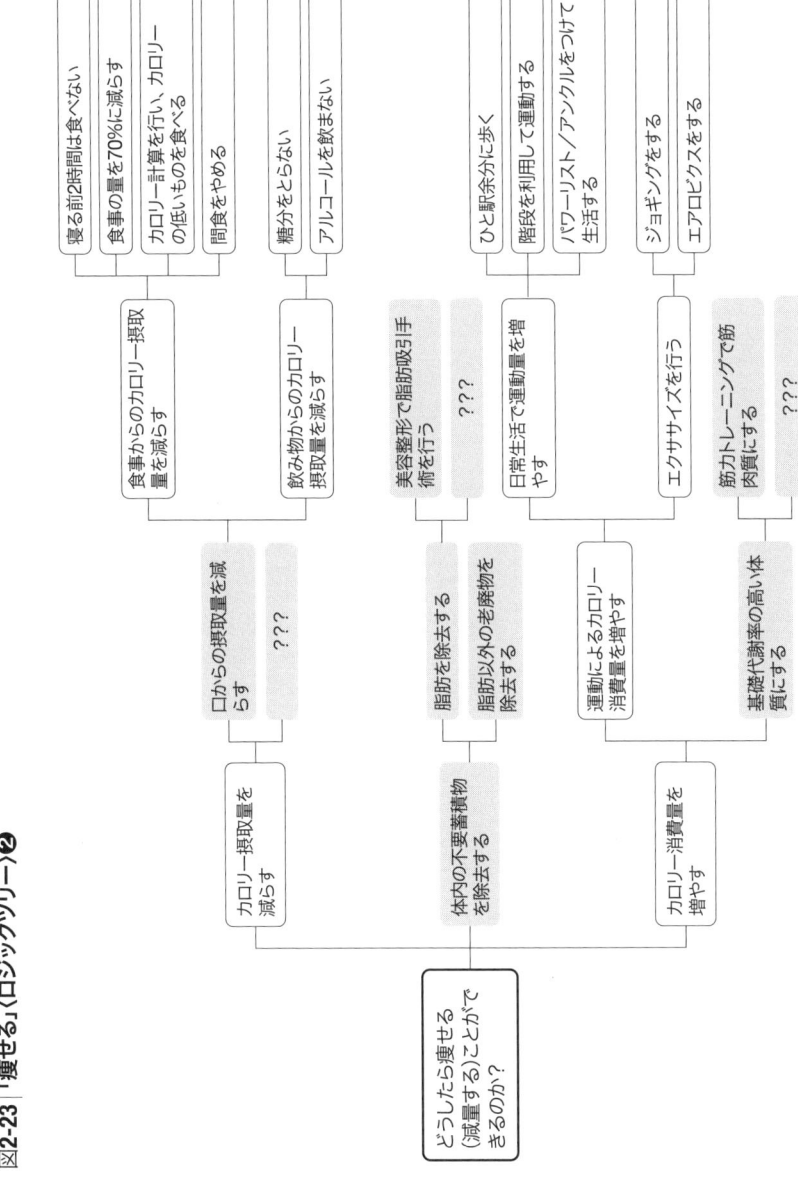

図2-23 | 「痩せる」〈ロジックツリー〉❷

〈MECE（ミッシー）〉〈ロジックツリー〉

```
どうしたら痩せる（減量する）ことができるのか？
├─ カロリー摂取量を減らす
│   └─ 口からの摂取量を減らす
│       ├─ 食事からのカロリー摂取量を減らす
│       │   ├─ 寝る前2時間は食べない
│       │   ├─ 食事の量を70%に減らす
│       │   ├─ カロリー計算を行い、カロリーの低いものを食べる
│       │   └─ 間食をやめる
│       ├─ 飲み物からのカロリー摂取量を減らす
│       │   ├─ 糖分をとらない
│       │   └─ アルコールを飲まない
│       └─ ???
├─ 体内の不要蓄積物を除去する
│   ├─ 脂肪を除去する
│   │   ├─ 美容整形で脂肪吸引手術を行う
│   │   └─ ???
│   └─ 脂肪以外の老廃物を除去する
└─ カロリー消費量を増やす
    ├─ 運動によるカロリー消費量を増やす
    │   ├─ 日常生活で運動量を増やす
    │   │   ├─ ひと駅余分に歩く
    │   │   ├─ 階段を利用して運動する
    │   │   └─ パワーリスト/アンクルをつけて生活する
    │   └─ エクササイズを行う
    │       ├─ ジョギングをする
    │       └─ エアロビクスをする
    └─ 基礎代謝率の高い体質になる
        ├─ 筋力トレーニングで筋肉質になる
        └─ ???
```

第2章 ● 技術編

91

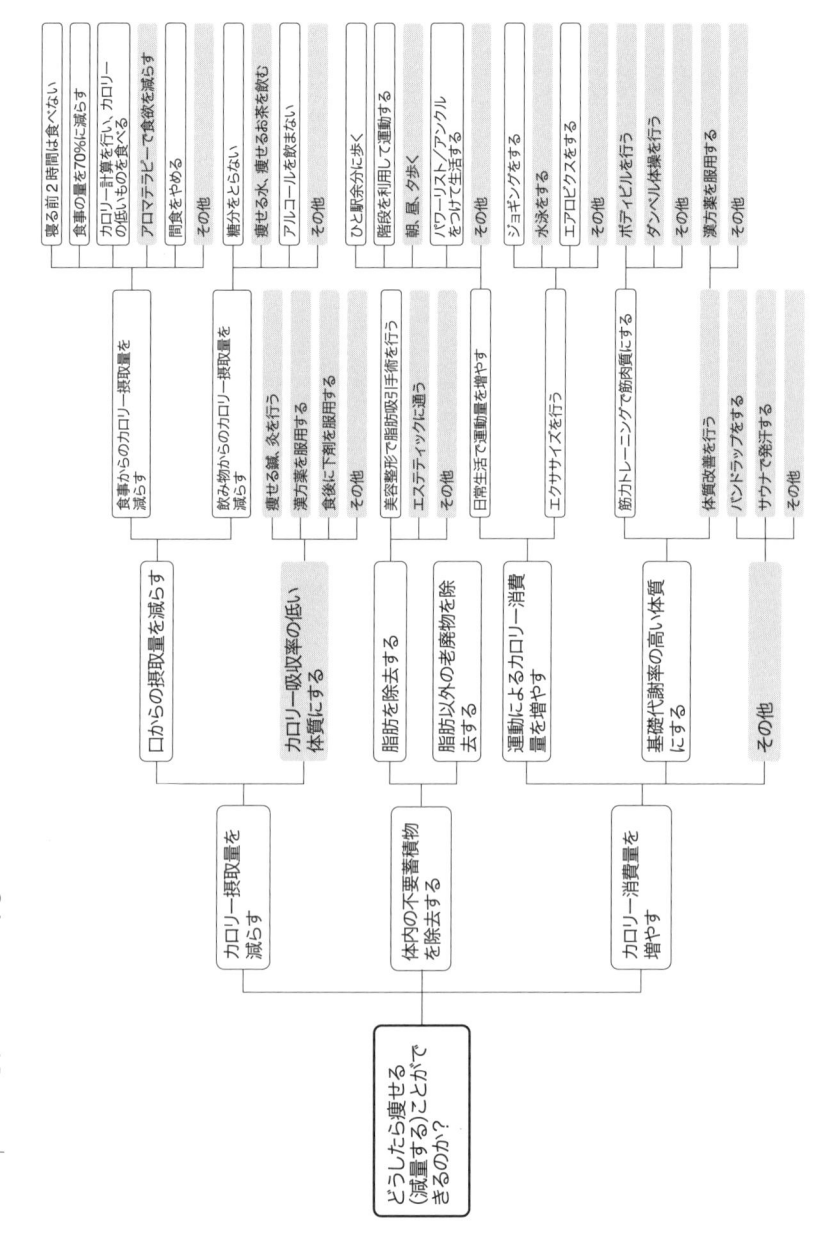

図2-24 | 「痩せる」〈ロジックツリー〉❸

```
どうしたら痩せる(減量する)ことができるのか?
├─ カロリー摂取量を減らす
│   ├─ 口からの摂取量を減らす
│   │   ├─ 食事からのカロリー摂取量を減らす
│   │   │   ├─ 寝る前2時間は食べない
│   │   │   ├─ 食事の量を70%に減らす
│   │   │   ├─ カロリー計算を行い、カロリーの低いものを食べる
│   │   │   ├─ アロマテラピーで食欲を減らす
│   │   │   ├─ 間食をやめる
│   │   │   └─ その他
│   │   └─ 飲み物からのカロリー摂取量を減らす
│   │       ├─ 糖分をとらない
│   │       ├─ 痩せる水、痩せるお茶を飲む
│   │       ├─ アルコールを飲まない
│   │       └─ その他
│   └─ カロリー吸収率の低い体質にする
│       ├─ 痩せる鍼、灸を行う
│       ├─ 漢方薬を服用する
│       ├─ 食後に下剤を服用する
│       └─ その他
├─ 体内の不要廃棄物を除去する
│   ├─ 脂肪を除去する
│   │   ├─ 美容整形で脂肪吸引手術を行う
│   │   ├─ エステティックに通う
│   │   └─ その他
│   └─ 脂肪以外の老廃物を除去する
└─ カロリー消費量を増やす
    ├─ 運動によるカロリー消費量を増やす
    │   ├─ 日常生活で運動量を増やす
    │   │   ├─ ひと駅余分に歩く
    │   │   ├─ 階段を利用して運動する
    │   │   ├─ 朝、昼、夕食パワーリスト/アンクルパワーリストをつけて生活する
    │   │   └─ その他
    │   └─ エクササイズを行う
    │       ├─ ジョギングをする
    │       ├─ 水泳をする
    │       ├─ エアロビクスをする
    │       └─ その他
    ├─ 基礎代謝率の高い体質にする
    │   ├─ 筋力トレーニングで筋肉質にする
    │   ├─ ボディビルを行う
    │   ├─ ダンベル体操を行う
    │   ├─ 漢方薬を服用する
    │   └─ その他
    └─ その他
        ├─ 体質改善を行う
        ├─ バンドラップをする
        ├─ サウナで発汗する
        └─ その他
```

ある受講生が「カロリー摂取量を減らす」も同様に、「口からの摂取量を減らす」と「カロリー吸収率の低い体質にする」に分解できないかと言う。私が、SO HOW？を質問すると、他の生徒が「漢方薬等の薬で吸収率を低下させる体質にする」という記事を読んだことがあるという。こうして、＜MECE＞とSO HOW？を繰り返しながら、新たなくくりや解決策を盛り込み完成した解決策具体化の＜ロジックツリー＞が、**図2−24**である。

整理すると「痩せる」課題を解決するための基本となるオリジナルのフレームワークは**図2−25**であり、これは問題を解決するためのメカニズムを示している。このように「フレームワーク」とは問題を発見したり解決するために役立つ構造を示すものであり、単に箱を並べただけの枠とは本質的に異なる。そして、解決策の具体性とは、**図2−26**のように具体的に実行できるレベルを指し、実行すれば効果が期待できるものでなければならない。

アプローチの切り口には、自力／他力や、即時／短期／中・長期という時間軸、お金をかける／かけないの資金の軸を取り入れることもできる（**図2−27**）。たとえば、自分の嗜好や資金・時間の自由度から〔カロリー消費量を増やすた

図2-25 基本となるフレームワーク

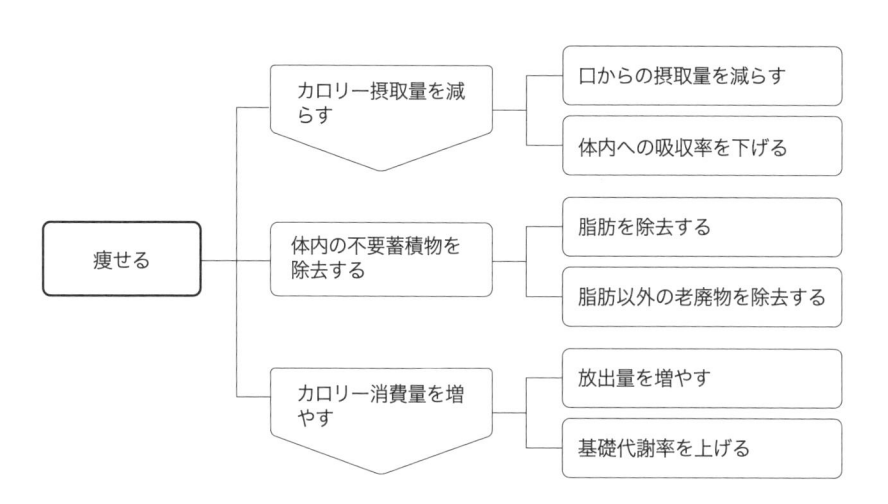

```
             ┌─ カロリー摂取量を減らす ──┬─ 口からの摂取量を減らす
             │                          └─ 体内への吸収率を下げる
             │
  痩せる ────┼─ 体内の不要蓄積物を   ──┬─ 脂肪を除去する
             │   除去する              └─ 脂肪以外の老廃物を除去する
             │
             └─ カロリー消費量を増やす ─┬─ 放出量を増やす
                                        └─ 基礎代謝率を上げる
```

図2-26 | 解決策の具体性

```
                            ┌─ ジョギングをする
                            ├─ エアロバイクをする
   ┌─ エクササイズを行う    ├─ エアロビクスをする
───┤   (有酸素運動を行う)  ├─ アクアビクスをする
   │                        ├─ 水泳をする
   ⋮                        └─ その他
```

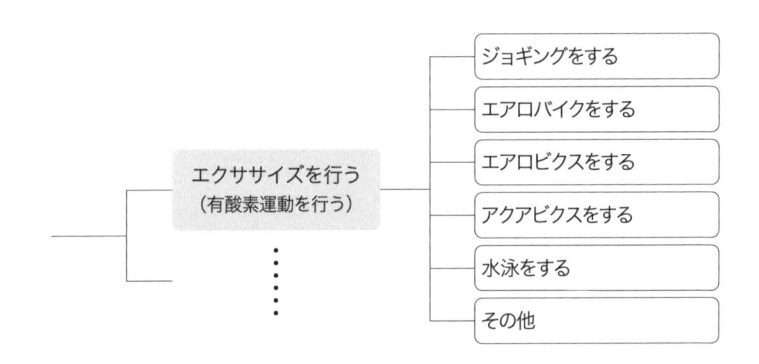

図2-27 | 資源配分に関わる選択要素

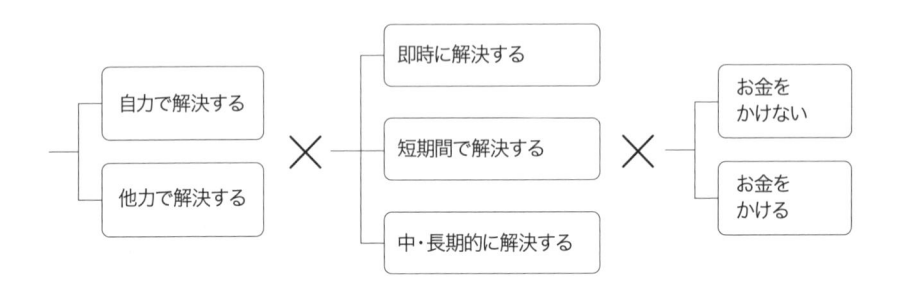

```
┌─ 自力で解決する              ┌─ 即時に解決する              ┌─ お金をかけない
┤                      ×      ├─ 短期間で解決する    ×     ┤
└─ 他力で解決する              └─ 中・長期的に解決する        └─ お金をかける
```

めに運動量を増やす〕×〔自力〕×〔短期間で解決する〕×〔お金をかける〕方法を選択したとする。そうすると具体的解決策は、「エクササイズを行う」＝「フィットネスクラブで有酸素運動を行う」ということになり、たとえばジョギングをする、エアロバイクをする、エアロビクスをする、アクアビクスをする、水泳をするというようなことになる。

実際に資源配分を考えた解決策の立案と評価については、第3章プロセス編の＜ソリューション・システム＞で説明する。

● ＜ロジックツリー＞の作り方とコツ

＜ロジックツリー＞を作る基本は次の3つである。

- 各レベルができるだけ＜MECE＞か
- ツリーの右側が具体的な原因や解決策になっているか
- 具体的な原因や解決策がロジックの因果関係で主要課題にリンクしているか

以上を念頭に置いて何度もトライアル・アンド・エラーを繰り返してみることが重要である。うまくPCのアプリケーションを使うと、この＜ロジックツリー＞の思考がもっととらえやすくなるであろう。追加・修正の簡単にできるソフトもあり、わざわざ書き直さなくても楽にできる。

そのときのコツを「痩せる」解決策のロジックツリーの作成プロセスから抽出すると、以下のようになる。

(1) とにかくまずツリーを紙に書き出す（PCを使用してもよい）
(2) 左から右に行くにしたがって、概念的なものからより具体的内容にする
(3) それぞれの段をできるだけ＜MECE＞にするが、もしモレがありそうならとりあえず「その他？？？」と置いて後で考える（**図2−28**）
(4) 既存の枠に入らなければ、とりあえず新しい枠を作る
(5) それぞれの因果のロジックをチェックする（**図2−29**）
(6) 自分以外の何人かの人にチェックしてもらう

この作成プロセスは、中学理科の教科書にも出てくるH（水素）や、O（酸素）といった元素の発見プロセスに似ている。メンデレーエフという化学者は、い

図2-28

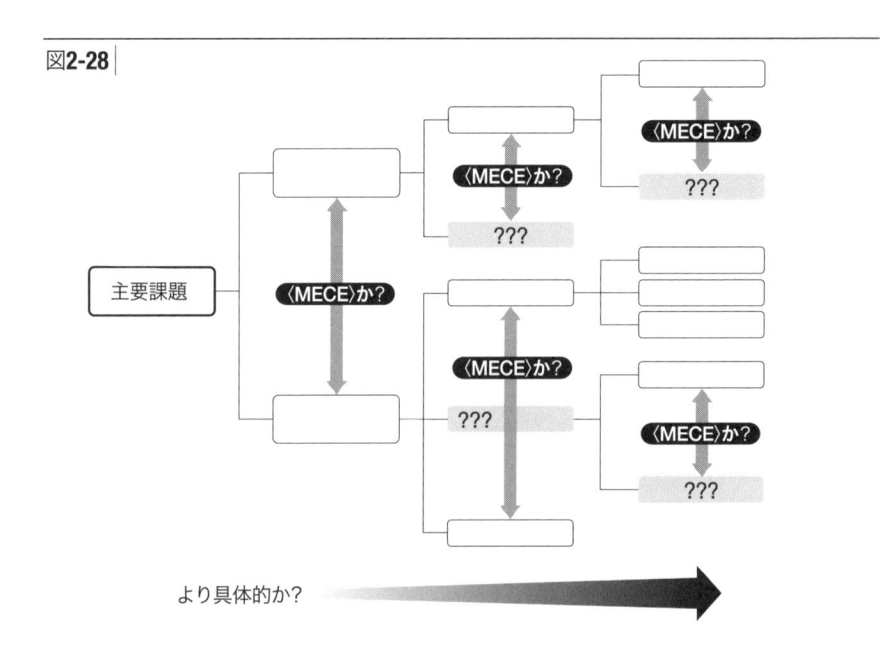

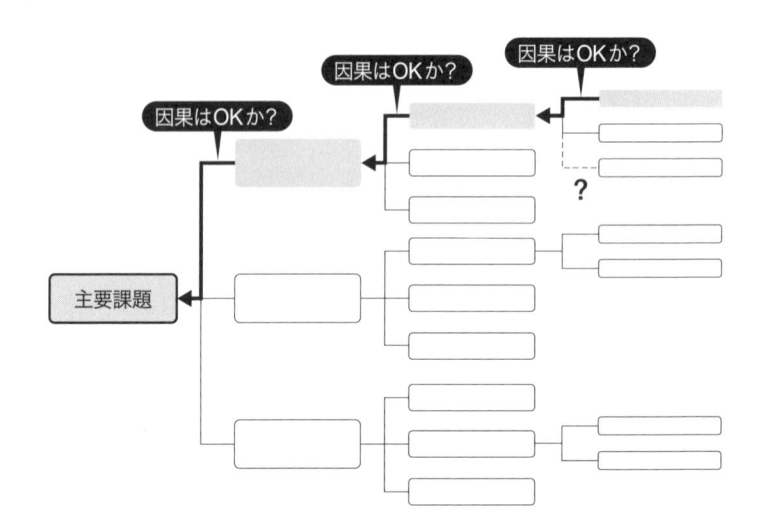

より具体的か？

図2-29

くつかの元素から周期表（＝とりあえずの＜ロジックツリー＞）を作り、空白になったまだ発見されていない欄（＝とりあえずの「その他？？？」）に新しい元素を予言し、後にそれらが発見された。そして、次々に新しい元素が発見されると、さらに新たな周期の枠組み（＝修正した＜ロジックツリー＞）に書き換えられては、新たな空白にまた新しい元素が発見され、今日の周期表が完成した。

ところで、この「痩せる」ための＜ロジックツリー＞は、企業の「痩せる／太る」と類似性がある。同様に、企業が健全に太るための＜ロジックツリー＞を考えてみよう。

事例5 ──── 企業が太るケース1「営業利益を増やす」

損益計算書上の「営業利益を増やす」ことを企業が太ると定義し、＜ロジックツリー＞で分解するとどうなるか（**図2－30**）。「営業利益を増やす」には、売上高のインフローを増やし、売上原価や販売費、一般管理費のアウトフローを減らす必要がある。そして、それぞれの項目は図に示すように細分化される。製造原価に関しては、材料費、労務費、その他経費という具合に4段目まで具体化されることになる。したがって、この＜ロジックツリー＞では、売上げを単純に上げながらコストを下げれば、「企業が太る」ことになる。

しかし、この＜ロジックツリー＞は、前述の「痩せる」との対比で考えると2つ問題がある。1つは、「痩せる」のフレームワークの中の「体内への蓄積物」つまりストック（資産）が抜けていることだ。これは、損益計算書自体がもともとインとアウトのフローベースのものであるから当然のことである。2つ目は、「売上げ」＝「口からの摂取量」は損益計算書上の見掛けの収入であり、「実収入」という意味では「債権回収率や回収サイト」等を考慮する必要がある。つまり、売上げが立っても売掛金を回収できなかったり、回収サイトが長すぎたりすると、損益計算書上は利益が出ていても運転資金がないという状態も起こりうる。それは、中小企業にとっては、即、死活問題になる。そういった意味では「営業利益を増やす」というのは、企業が健全に太ることの定義づけとしては、不十分といえる。

図2-30 | 企業が太るケース❶「営業利益を増やす」(損益計算書ベース)

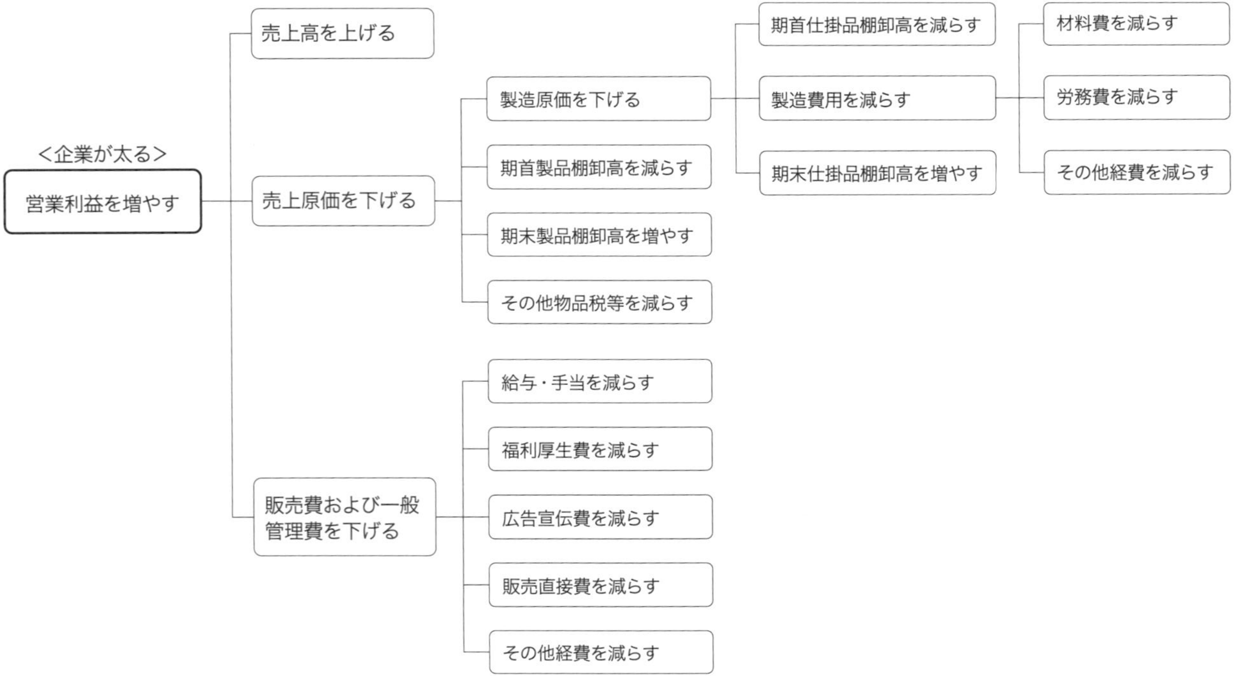

```
<企業が太る>
営業利益を増やす
├─ 売上高を上げる
├─ 売上原価を下げる
│   ├─ 製造原価を下げる
│   │   ├─ 期首仕掛品棚卸高を減らす
│   │   ├─ 製造費用を減らす
│   │   │   ├─ 材料費を減らす
│   │   │   ├─ 労務費を減らす
│   │   │   └─ その他経費を減らす
│   │   └─ 期末仕掛品棚卸高を増やす
│   ├─ 期首製品棚卸高を減らす
│   ├─ 期末製品棚卸高を増やす
│   └─ その他物品税等を減らす
└─ 販売費および一般管理費を下げる
    ├─ 給与・手当を減らす
    ├─ 福利厚生費を減らす
    ├─ 広告宣伝費を減らす
    ├─ 販売直接費を減らす
    └─ その他経費を減らす
```

事例6　　　　　企業が太るケース2「企業価値を高める」

　そこで、「企業価値を高める」ことを企業が太ると定義し直してみる（図2－31）。まず、企業価値は事業価値と事業以外の価値に分解される。

　事業以外の価値とは、土地や建物などの有形資産や、特許権や借地権のような無形資産などからなる。したがって、これらの実資産価値が高まれば、事業以外の価値が高まることになる。しかし、バブルがはじけて不動産等の価値が急激に低下すると、簿価は変わらなくても、実際の価値が半減するうえに支払い金利に苦しむことになる。

　次に、事業価値であるが、ここでは「痩せる」との対比で「事業の生み出すネット・キャッシュフローを増やす」ことを、事業価値を高めることととらえることにする。そうすると、先ほどの「営業利益を増やす」は、単なる1項目にすぎず、ネット・キャッシュフローにプラスに働く要素としてはほかに、減価償却、買掛金の増加といったものが挙げられる。一方、マイナスに働く要素としては、純金利支払、法人税、固定資産投資、売掛金の増加、在庫の増加等が挙げられる。

　この考え方によれば、回収率が低下したため回収サイトが長引いて売掛金が増加したり、また在庫が増加すれば事業価値は低くなるため、きわめて本音ベースでの企業の評価が可能になる。

　実際、このようなキャッシュフローをベースとした企業運営は、今日ますます重要度を増している。中小企業にとっては、損益計算書上は利益が出ていても、キャッシュ不足で資金繰りが困難になることもある。また大企業にとっても、株式投資やM＆Aの判断の指標として、このネット・キャッシュフローに基づく評価は重要な考え方の1つである。

4　フレームワークで＜ロジックツリー＞を学ぶ

　＜ロジックツリー＞は既成のフレームワークがなくても問題解決を可能にす

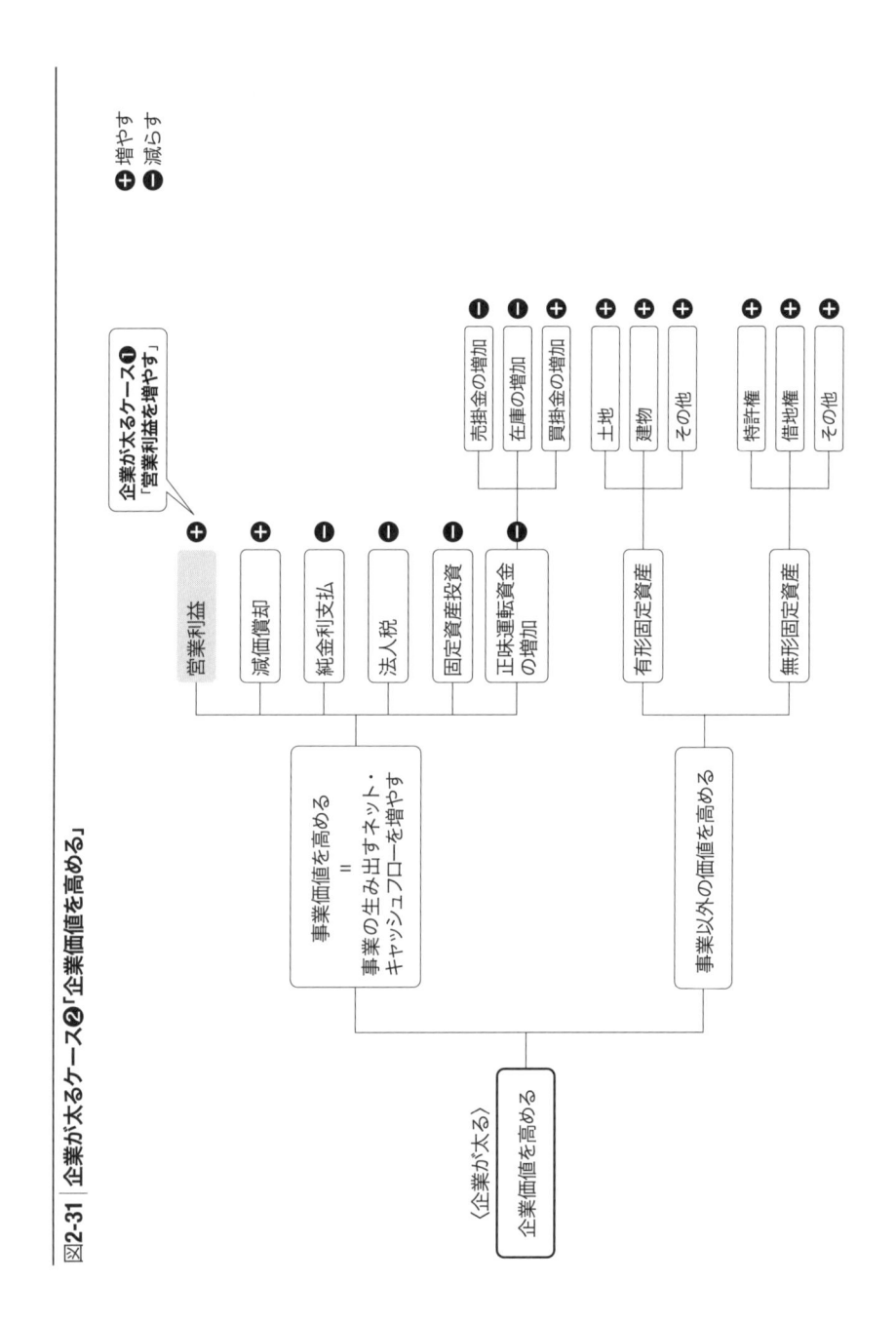

図2-31 │ 企業が太るケース❷「企業価値を高める」

❶ 増やす
❷ 減らす

〈企業が太る〉
企業価値を高める

├─ 事業価値を高める
│   ＝
│   事業の生み出すネット・キャッシュフローを増やす
│   ├─ 営業利益 ❶ ←企業が太るケース❶「営業利益を増やす」
│   ├─ 減価償却 ❶
│   ├─ 純金利支払 ❷
│   ├─ 法人税 ❷
│   ├─ 固定資産投資 ❷
│   └─ 正味運転資金の増加 ❷
│   ├─ 売掛金の増加 ❷
│   ├─ 在庫の増加 ❷
│   └─ 買掛金の増加 ❶
│
└─ 事業以外の価値を高める
    ├─ 有形固定資産
    │   ├─ 土地 ❶
    │   ├─ 建物 ❶
    │   └─ その他 ❶
    └─ 無形固定資産
        ├─ 特許権 ❶
        ├─ 借地権 ❶
        └─ その他 ❶

る、独自のフレームワークを作る技術であるが、この＜ロジックツリー＞自体がすでにフレームワーク化している例を3つ紹介しよう。

●──財務分析のROAツリー

ROAとは、総資産経常利益率を示し、Return On Total Assetsの略である。図2-32は日本のある大手自動車会社の1988年から92年の財務諸表（B／S：バランスシートとP／L：損益計算書）と、マーケットデータ（市場規模とマーケットシェア）をもとに作成したものである。ROAを＜MECE＞の考え方により、＜ロジックツリー＞で7段目までばらしたものだ。いわゆる、財務諸表を中心にした200ページ以上におよぶ経営分析の本の内容を、1枚の図にまとめたものだ。

ROA（総資産経常利益率）＝経常利益÷総資産
経常利益＝経常利益率×売上
経常利益率＝営業利益率＋営業外利益率

という具合にそれぞれの構成要素を×、÷、＋、－で分解して＜MECE＞に細分化していったものである。

この分析によれば、少なくとも次のことがわかる。

①売上げの低迷する中、②販売経費の削減に努力しているが、③製造原価は上昇し、④在庫の回転も悪く、⑤営業利益は大幅ダウン、ということになる。興味のある人はワークシート（図2-33）を使って自社の状況をP／L、B／S、マーケットデータの数字に基づきグラフ化してみるとよい。簡単にでき、財務分析の格好の基本演習になるはずだ。

●──間接費削減プログラム

2つ目は、マッキンゼー社でOVA（Overhead Value Analysis）と呼ばれる手法で、間接部門の40％コスト削減を目標に業務分析を行い、ホワイトカラーの大幅人員削減を行う間接費削減プログラムである（図2-34）。基本的な考え方は、部門リーダーを中心に各部門の主要業務を棚卸しし、＜ロジックツリー＞で業務を細分化する。次に、細分化した具体的業務内容ごとに発生コスト

図2-32 | X自動車ROA*ツリー (1988-1992)

総資産経常利益率（ROA）を〈ロジックツリー〉で要素分解。
X自動車のケースでは…
❶売上げの低迷するなか、
❷販売費を抑え収益を確保しようと努力してはいるが、
❸製造原価は上昇、
❹在庫の回転も悪く
❺営業利益率は大幅にダウン

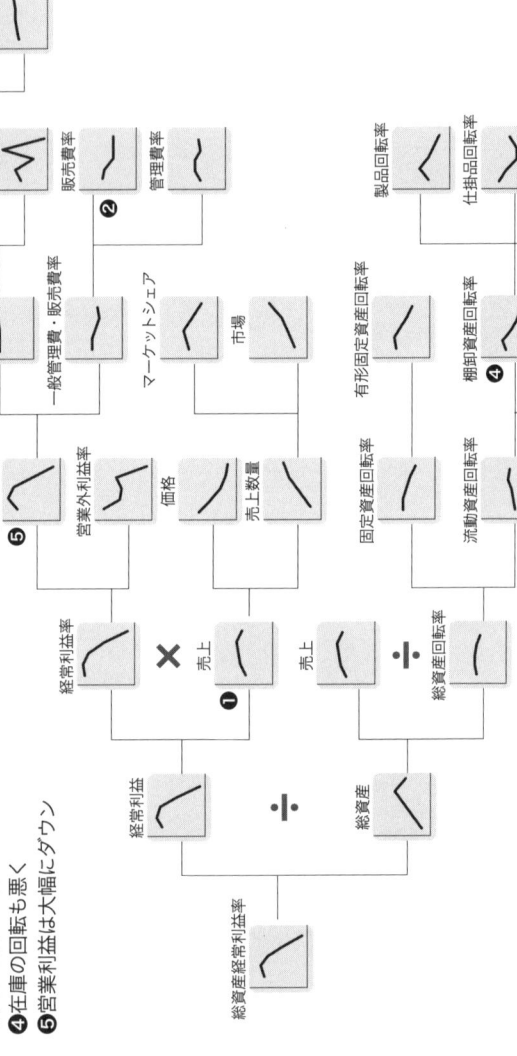

*Return On Total Assets

図2-33 | 過去5年間のROA表

		年	年	年	年	年	
総資産経常利益率	(%)						経常利益÷総資産（流動資産＋固定資産）
経常利益	(百万円)						
経常利益率	(%)						経常利益÷売上
営業利益率	(%)						営業利益÷売上
売上原価率	(%)						売上原価÷売上
製造原価率	(%)						
間接人件費率	(%)						
直接人件費率	(%)						
材料費率	(%)						
労務費率	(%)						
在庫変動比率	(%)						
販売および一般管理費率	(%)						
販売費率	(%)						(広告宣伝費＋販売直接費)÷売上
管理費率	(%)						(給料・福利厚生費＋その他)÷売上
営業外利益率	(%)						(営業外収益－営業外費用)÷売上
売上	(百万円)						
価格							
売上数量							
マーケットシェア	(%)						
市場規模							
総資産							流動資産＋固定資産
総資産回転率							売上÷総資産
固定資産回転率							売上÷固定資産
有形固定資産回転率							売上÷有形固定資産
流動資産回転率							売上÷流動資産
棚卸資産回転率							売上÷棚卸資産
製品回転率							売上÷製品在庫
仕掛品回転率							売上÷仕掛品在庫
原材料回転率							売上÷原料在庫
売上債権回転率							売上÷売掛金

(注) 総資産経常利益率、回転率の算出にあたっては、資産の値は前年期末と今年期末の平均値を使用する

図2-34 間接費削減プログラムの基本的考え方

40%の間接費削減を目標に業務分析を行い、ホワイトカラー（生産現場の間接業務を含む）の大幅人員削減を行う間接費削減プログラム OVA*は、<ロジックツリー>の考え方に基づき、業務を細分化し、評価する分析手法である

間接部門Cの業務分析
間接部門Bの業務分析
間接部門Aの業務分析

A部門の主要業務	レベル1 細分化	レベル2 細分化		受益者の評価	
		具体的内容	発生コスト	受益者	評価
○○○をする	●	·	○人・日	X部Y課	不要
	●	·	△万円		
		·			
△△△をする	●				
	●				

OVAとは

- 各部門40%を目標に不要業務を絞り出す。実際には、各部門あまりばらつかず、20〜30%のレベルで間接人員を削減できる。
- 30%一律カット（一律削減法）との違いは、業務分析のプロセス自体が、説得のためのプロセスであること。

*OVA=（**O**verhead **V**alue **A**nalysis）

を人件費（人・日）と経費（万円）単位ではじき出す。最後に、それぞれの具体的業務内容の受益者に提供業務を評価させ、優先順位をつけて大幅なコスト削減を図る。

　日本生産性本部の「OECD加盟30ヵ国の労働生産性」（2004年）比較によると、日本は19位となる。この数字にはホワイトカラーとブルーカラーが混在しているが、製造業に絞ると日本は第3位だそうだ。つまり、そこから推察すると日本のホワイトカラーの生産性は先進国の中で著しく低いということになる。もちろん、さまざまな形でのリストラが断行されている昨今、安易な単純化は危険であるが、日本企業のホワイトカラーの生産性は企業によってバラツキはあるが欧米に比べまだまだ低い。官僚的組織の企業では、いまだに入社3年目でも十分なくらいの仕事を、管理職が淡々と行っている光景が見受けられる。自らの思考による付加価値、状況を判断する力、具体的に方向性を示す力、管理職としての価値が見えないのだ。

　OVAを実施すると、部門ごとのバラツキは意外に小さい。したがって30％の一律カットと結果としては同じだが、OVAの進行プロセス自体が説得のための合理的プロセスとなるため、欧米ではかなり用いられる手法である。バブル崩壊後、第1次リストラが行われ、2008年のリーマン・ショック後はさらに厳しいリストラが進行した。企業がクラッシュする寸前には、まさに不退転のリストラが必然的に生じる。自部門の生産性に疑問を持つ方、筋肉質の組織を目指す方は、危機的状況に陥る前に、単純なフレームワークなので、ぜひ一度自部門の業務を＜ロジックツリー＞で棚卸しし、業務自体を価値とコストの両面から厳しく精査することをお勧めする。

●───コーザリティ分析

　コーザリティ分析とは、表面化している問題（現象）の背景にある根本的原因を追求するために、現象と原因を因果関係で整理する分析手法の1つである。文字どおりコーザリティ（Causality）とは因果関係のことであり、＜ロジックツリー＞の2つの重要な点である具体性と因果関係にフォーカスした応用技術といえる。

　ビジネスの現場では、表面化している問題にさまざまな原因が複雑に絡み合

っており、どれが一番の根本的原因か把握しないまま手を打つと、いっこうに改善効果が出ない場合がある。しかし、問題が起きている場合というのは往々にして悪循環にはまり込んでいることが多い。その場合、問題を解決するにはその根本的原因の解決が最重要課題であり、現象に対する対症療法では何も解決しないどころか、さらに深みにはまり込んでしまうこともある。

　コーザリティ分析を行うには、まず＜ロジックツリー＞で問題となっている現象を引き起こしている具体的原因を突き止める。次に、いくつかの具体的原因と現在問題になっている現象の因果関係を結んでみる。といっても、最初からはなかなかうまくいかないだろう。それでもとりあえず因果の矢印を引いてみる。因果がつながらずおかしい場合は、何かつなぎの項目が抜けていたり、矢印が逆のこともある。しかし、こうして何回か繰り返すうちに因果関係が明らかになる。そうしたら最後に、表面化している問題と解決すべき真の原因に整理し、真の原因に関して解決の優先順位をつける（**図２－35**）。これは基本的ロジックの練習にもなるので、ぜひトライしてみるといい。

　コーザリティ分析の例を挙げる（**図２－36**）。スーパーやCVS（コンビニエンス・ストア）の棚でよく見かけるフレッシュ・ローテーション型の生鮮飲料や生鮮食品は、品数も少なく競争も緩やかな昔は、作れば売れる良循環ができていた。しかし、消費者の変化や競争ルールが変わると、小売店頭でなかなか売れないという問題が生じてきた。

　この「売れない」という表面化している問題（現象）の原因を、まず＜ロジックツリー＞で具体的に考える。ビジネス・システムやマーケティングの４Pで大きくとらえると、どうも商品に問題がありそうなことがわかった。ある商品は、ターゲットが定まらずほとんど売れていない。またある商品は、そこそこ売れているにもかかわらず消費者の評判がよくない。さらに原因をさかのぼると、もともと消費者をセグメント（細分化）してきめ細かく訴求しようとした多品種化が裏目に出ているようでもある。また、流通在庫がだぶついて、店頭に古い商品が並ぶ。さらに原因を追求すると、需要予測がいいかげんで需給調整ができていないことも一因のようだ。

　こうしていろいろ考えられる原因を＜ロジックツリー＞で追求した後で、それぞれ関係のありそうな原因や表面化している現象を因果関係で結んで、最も

図2-35 コーザリティ分析

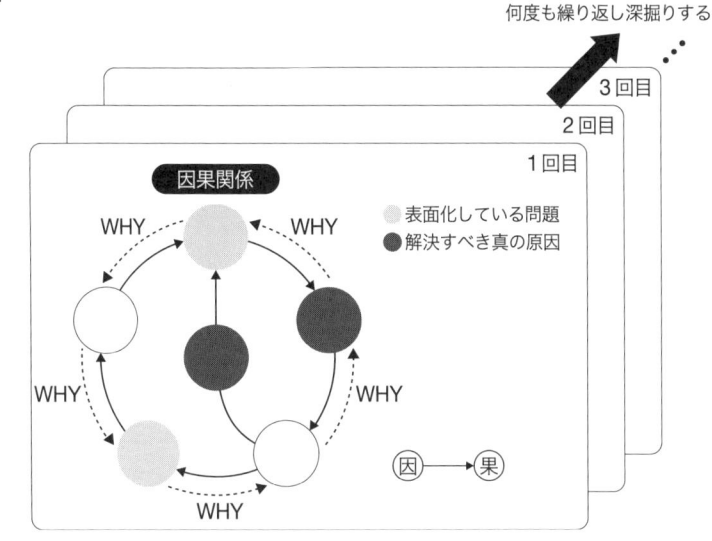

図2-36 フレッシュ・ローテーション型商品のコーザリティ分析

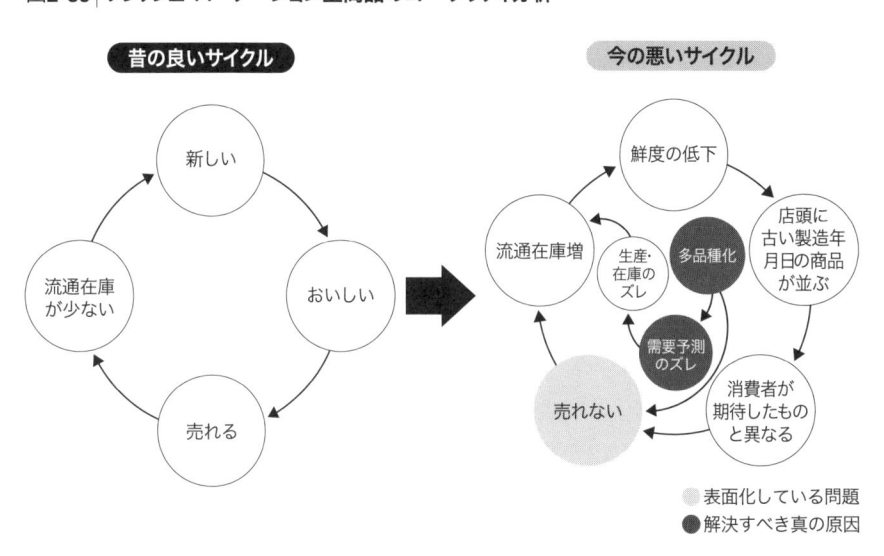

根本的と考えられる原因の優先順位づけを行うと、一番の原因は無計画な多品種化と精度の低い需要予測にあった。

このとき、売れない結果生じる流通の在庫増を指摘して、「流通在庫を減らすために在庫管理を強化する」という解決策を導き出しては、まったくの的外れになってしまう。表面的な在庫調整では、たとえ流通レベルの在庫は一時的に減っても、今度は工場の在庫が増えてしまうからだ。

このケースでは問題を解決するために、売上貢献度と商品ラインナップ上、本当に必要な商品に品種をまず絞り込んだ。また、売上げに影響を与える重要影響因子を売上予測モデルに織り込むことにより、需要予測システムの精度を上げた。

図2-37は、海外のある自動車関連部品メーカーの例である。自動車用部品（たとえばタイヤやバッテリー等）は、同じ商品でも対象顧客が大きく2つに分かれる。あらかじめ自動車に部品として装備するOEM先である自動車メーカーと、新車購入後販売店や修理工場から補修用に買い替える一般ユーザー、である。

図2-37 │ 自動車関連部品メーカーの収益性

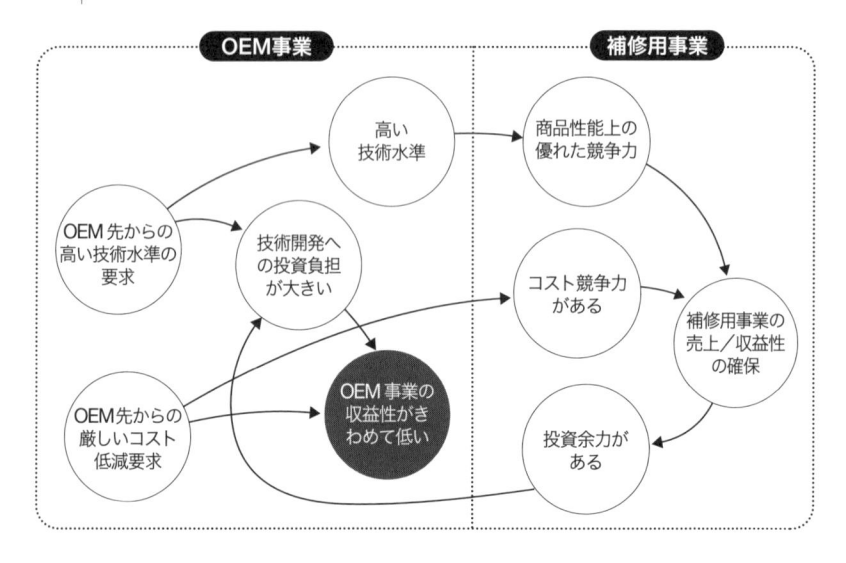

この対象顧客のセグメントによってビジネスの構造が大きく異なるため、通常はOEM事業と補修用事業に社内の取り組み体制も分かれている。自動車メーカーを対象顧客とするOEM事業は、自動車メーカーの技術およびコストに対する要求水準が非常に高いうえ、よほどの技術革新がなければ簡単にはメーカー内での売上げシェアを伸ばすことも難しく、売上げの安定性はあるものの収益性は非常に厳しい。一方、一般ユーザーを対象とする補修用事業は、自動車メーカーほど技術の要求水準も厳しくなく、ある程度は収益性を確保することも可能であり、マーケティングのアプローチ方法によっては売上げ拡大の自由度も大きい。

こうした状況下、年々収益性の悪化に苦しんでいたA社は、その根本原因をOEM事業にかかる開発の手間やコスト構造にあると判断し、OEM事業からの撤退を決断し、完全に補修用事業に特化することにした。

この一見もっともらしい分析に基づく決断の結果、A社はどうなったか。補修用ビジネスにおいて、うまくいくどころか、惨憺たる結果の末、倒産してしまったのだ。

一番の大きな原因は、OEM事業と補修用事業を切り離して考えたことにある。図に示すように、たしかに収益性悪化の根本的原因はOEM先の技術的要求やコスト要求が厳しいことにあるが、実はそれによってA社の基礎技術力が磨かれていたうえ、なんとかコスト競争力も維持でき、その結果補修用事業で収益を出すことができた。したがって、補修用事業で収益を上げるためには、OEM事業は歯を食いしばってでも継続しなければならなかったのだ。

このように、重要な基礎技術を共有する場合は、事業間の関係を吟味したうえで事業の位置づけを行わないと、最悪の結果を招く場合もある。また、技術やコスト競争力は常に磨いておかないと、すぐに陳腐化してしまう。

このケースでは、OEM対応のための技術開発コストがいかに高くても、そこには収益性を改善するための解決策の自由度がないことになる。コーザリティ分析の目的は、このように解決可能な原因かどうかを明らかにすることにもある。

いずれにしても大事なことは、ビジネスのロジック＝因果関係を考え抜くことに尽きる。私はこれを〝ビジネスの因果律〟と呼んで、最重要視している。

演習 4　ボーナスの使い方を考える

　お金は最も重要な経営資源である。企業の生み出す利益を借金の返済に充てるのか、新たな投資に向けるのか、土地や株を購入して資金運用を行うのか、企業によってその使途はさまざまである。一部門で考えても、与えられた予算をどう使うのかは重要な問題だ。有り余るほど予算をもらえる場合はこのような検討は必要ないが、昨今そんな部門はおそらく皆無であろう。おのずと使途に関して、重要性や緊急性を加味して優先順位をつけ、配分を行わざるをえない。

　一方、世帯にとってのボーナスは、企業の利益に匹敵するものであり、どのように使うかは項目や金額の差こそあれ、かなり類似性がある。このようにある限られたお金をどう配分するかという資源配分に関して、＜ロジックツリー＞は非常に役に立つ技術である。

　独身OLのボーナスの配分例（図-4）を参考に、何度かトライアル・アンド・エラーを繰り返して、みなさんの世帯のボーナスの使い方を検証・吟味してみよう。

　まず、思いつく項目をすべてリストアップする。次に、それらをいくつかのグループにくくる。そして、とりあえずの＜ロジックツリー＞を作る。そうすると、モレがあったりレベルがまちまちだったり、具体的でない項目もあると思うが、そのときは友人や家族にチェックしてもらえばいい。そして何度も作り替えてみる。独身OLのボーナス配分例では、貯蓄の項目に入っている住宅購入資金は、現在購入済みであれば、消費の項目になる。また子供の学習塾への月々の支払いは、必需品の項目に移動することになる。

　次のステップは、世帯のトータルのボーナス額を考慮のうえ、配分の優先順位を重要度や緊急度により3段階に分け、その使いみちを考える。典型的4人家族であれば、それぞれの家族構成員への配分を考える必要があるし、独身であっても現在の消費に加え、将来への貯蓄などさまざまな使いみちがあり、優先順位は異なるはずだ。

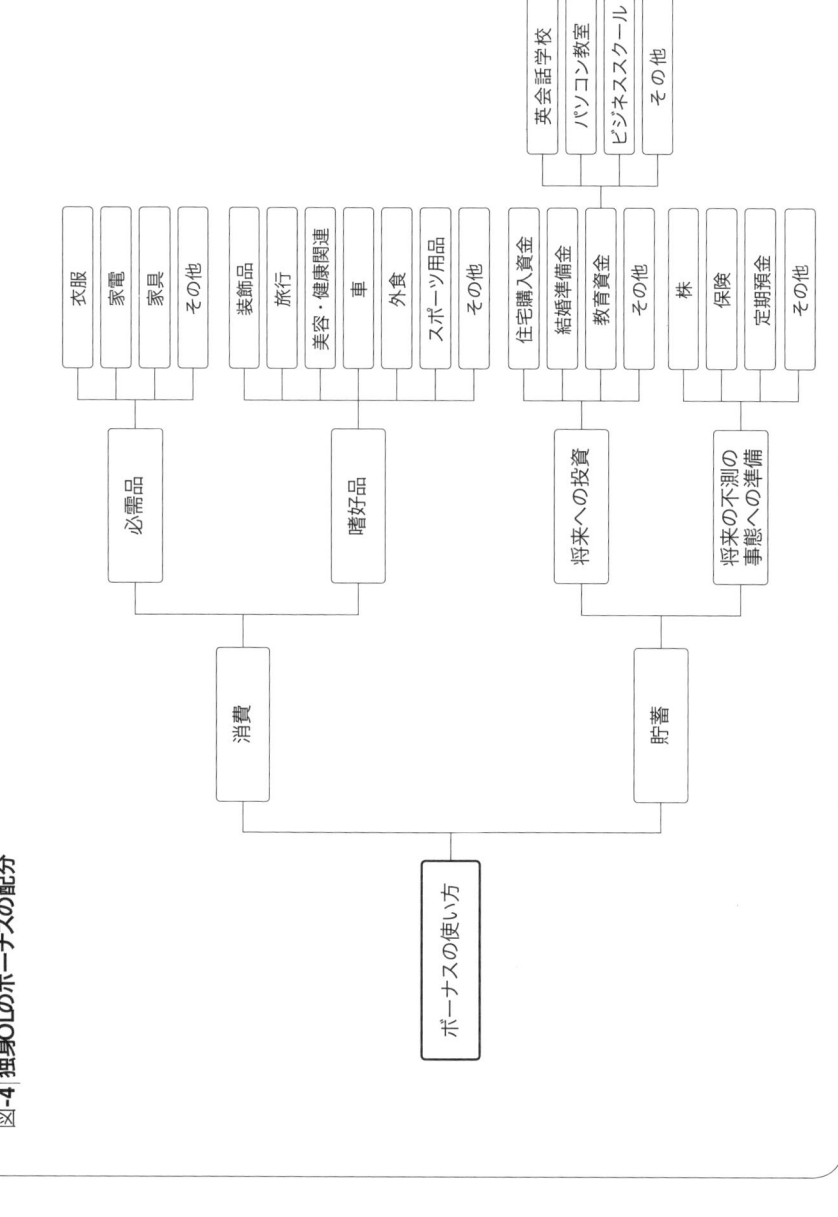

第2章 ● 技術編 〈MECE（ミッシー）〉〈ロジックツリー〉

図-4 独身OLのボーナスの配分

```
ボーナスの使い方
├─ 消費
│   ├─ 必需品
│   │   ├─ 衣服
│   │   ├─ 家電
│   │   ├─ 家具
│   │   └─ その他
│   └─ 嗜好品
│       ├─ 装飾品
│       ├─ 旅行
│       ├─ 美容・健康関連
│       ├─ 車
│       ├─ 外食
│       ├─ スポーツ用品
│       └─ その他
└─ 貯蓄
    ├─ 将来への投資
    │   ├─ 住宅購入資金
    │   ├─ 結婚準備金
    │   ├─ 教育資金
    │   │   ├─ 英会話学校
    │   │   ├─ パソコン教室
    │   │   ├─ ビジネススクール
    │   │   └─ その他
    │   └─ その他
    └─ 将来の不測の事態への準備
        ├─ 株
        ├─ 保険
        ├─ 定期預金
        └─ その他
```

演習 5　活動時間を分析する

　普段あまり時間の使い方を意識しない人も、あるいはスケジュール管理をしっかりしていると思っている人も、日常的ビジネス活動における時間の配分を定量化し、その活用実態を分析すると、重要活動に使っている時間が意外と少ないことがよくある。時間も重要な経営資源の1つ。普段の活動時間の使い方を一度＜ロジックツリー＞で棚卸しして、効率的なのか非効率的なのか、そして非効率的な場合はその原因をチェックしてみるとよい。

　図－5は、パソコン関連業界のある流通営業マンの1週間の活動を洗い出したものである。時間的にはきわめてハードで、毎日ヘトヘトになっているのが実態である。しかし活動時間の分析を行ってみると、得意先への訪問営業時間も含め、営業マンとして本当に重要な活動に使っているのは、40％に満たない。他は移動時間や内勤でも事務方で処理可能な内容ばかり。この営業マンの場合は、女性の内勤サポートスタッフがいるにもかかわらずこの状態で、自分とスタッフのタイム・マネジメントがまったくなされていないことがわかる。もちろん移動時間は営業のために必要なことだと思うかもしれない。しかし、この移動時間もさらに細かく見ていくと、半分は非効率的なスケジュール管理のために取られていて、効率化を図ると半分で済むことがわかった。つまり、重要活動への時間配分にメリハリのついた時間管理ができない限り、この営業マンの悪循環は解決しないわけだ。

　そこでまず、自分の平均的1週間の活動を＜ロジックツリー＞で具体的な活動レベルにまでブレークダウンする。次に、それぞれの項目を重要度により、大変重要／重要／重要でない、の3つのレベルにざっくり分類する。そして、3つのレベルごとにそれぞれの時間を円グラフ化（％）してみる。毎日大変忙しいと思っていても、この定量化により重要活動に対する投入時間が少ない場合は要チェック。生産性を上げるための自分で改善できる解決策や、部門として対応すべき解決策をよく考える必要がある。

　タイム・マネジメントの第一歩は、もちろん自分からだ。

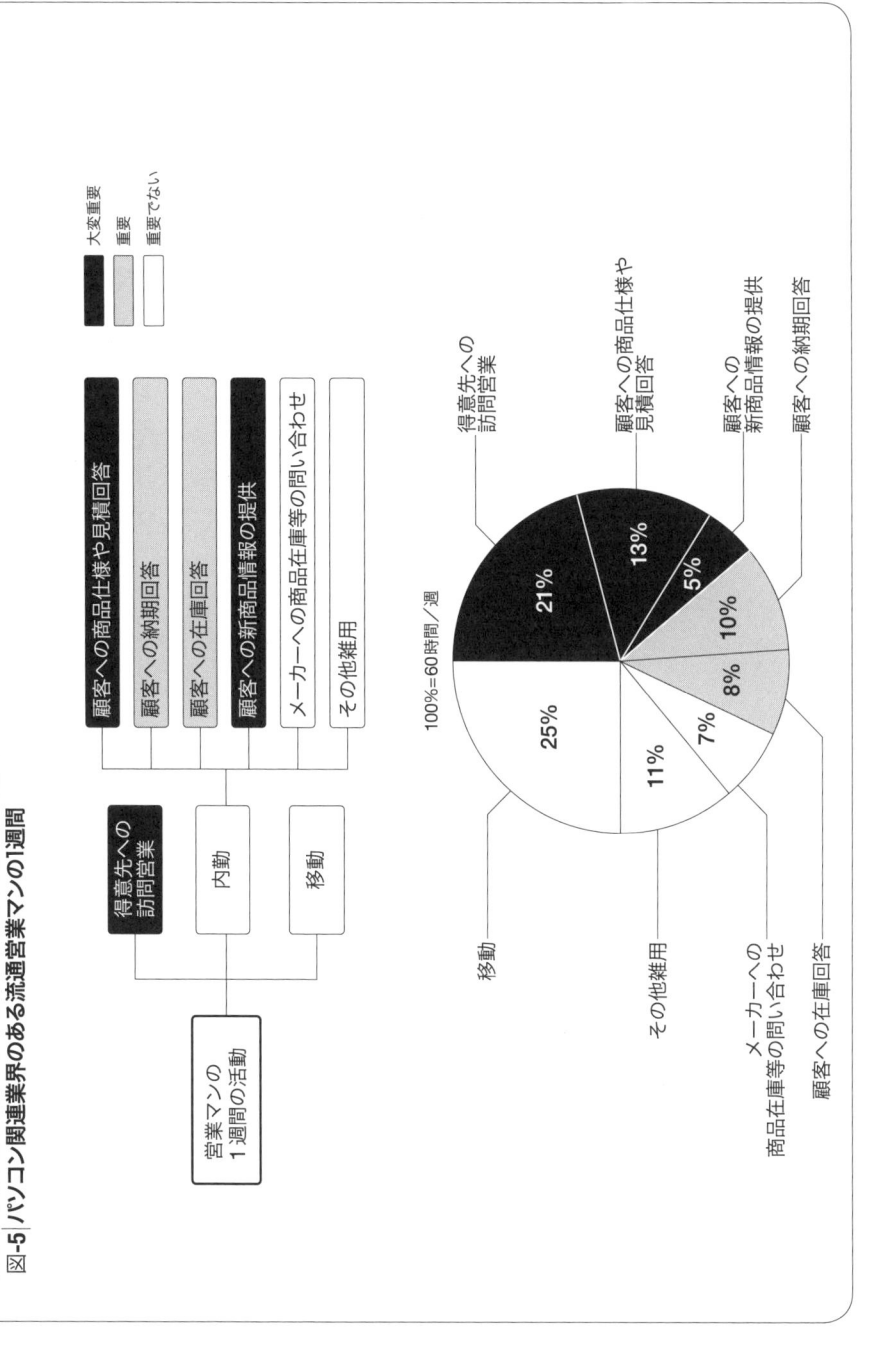

第2章 ● 技術編 〈MECE〉〈ロジックツリー〉

図-5 | パソコン関連業界のある流通営業マンの1週間

営業マンの1週間の活動
- 得意先への訪問営業
  - 顧客への商品仕様や見積回答（大変重要）
  - 顧客への納期回答（重要）
  - 顧客への在庫回答（重要）
  - 顧客への新商品情報の提供（大変重要）
  - メーカーへの商品在庫等の問い合わせ（重要でない）
  - その他雑用（重要でない）
- 内勤
- 移動

凡例：■ 大変重要　▨ 重要　□ 重要でない

100%＝60時間／週

- 得意先への訪問営業 21%
- 顧客への商品仕様や見積回答 13%
- 顧客への新商品情報の提供 5%
- 顧客への納期回答 10%
- 顧客への在庫回答 8%
- メーカーへの商品在庫等の問い合わせ 7%
- その他雑用 11%
- 移動 25%

演習 6 ユーザーにとっての商品価値を高める

　商品価値を高めるためにはどのような顧客ニーズを具体的に強化すべきか、＜ロジックツリー＞を応用して考えてみよう。その際は、顧客にとっての価値と自社の投入資源のバランスをよく考えることが大事である。

　消費者が商品を選択・購入する際は、自分で使ってみた経験、商品パンフレット、雑誌記事や友人の使用評価等を参考に、デザインや機能を比較・検討する。あらかじめ求める機能がはっきりしている場合もあれば、本当に使いたい機能が自分自身でも漠然としていて明確でない場合もある。また、技術の進歩が速いとどんな機能でも比較的簡単に付加できるため、どんどん周辺機能が膨らんでいく場合も見受けられる。

　しかし、機能が増えればそれに伴ってコストは必ず上昇し、それが価格に転嫁されるわけで、何でも多機能化すればよいとは限らない。最終的には、ターゲットとなる顧客のトータルな満足度が最も高くなるように商品化することが重要になる。

　全自動洗濯機のユーザーにとって関心があると思われる主要項目を＜ロジックツリー＞で分解すると、図－6のようになる。これを見ると、糸くず除去、洗い上がり具合、黒カビ付着防止や節水・省洗剤に関心が高いようで、商品パンフレットを見ても、そうした項目にフォーカスしているのがわかる。

　そこで、全自動洗濯機のケースを参考に、電子レンジに関して＜ロジックツリー＞を用いてユーザーの関心項目をブレークダウンし、どういう機能を付加し、どういう使い勝手にすればユーザーが買い替えるのか、どの機能にフォーカスすればユーザーの満足度が最も高くなるかを考えてみてほしい。店頭でパンフレットを集めたり、インターネットで商品を検索すれば主要機能はほとんど把握できるはずだ。参考までに機能を列記すると、あたため／解凍／オーブン／発酵／オートメニュー／トースター／スチーム機能／音声ガイド／お手入れ／除菌／……。どういうユーザーにとって何がいちばん重要か、＜MECE＞となる切り口をよく考えて仮説を作ってみよう。

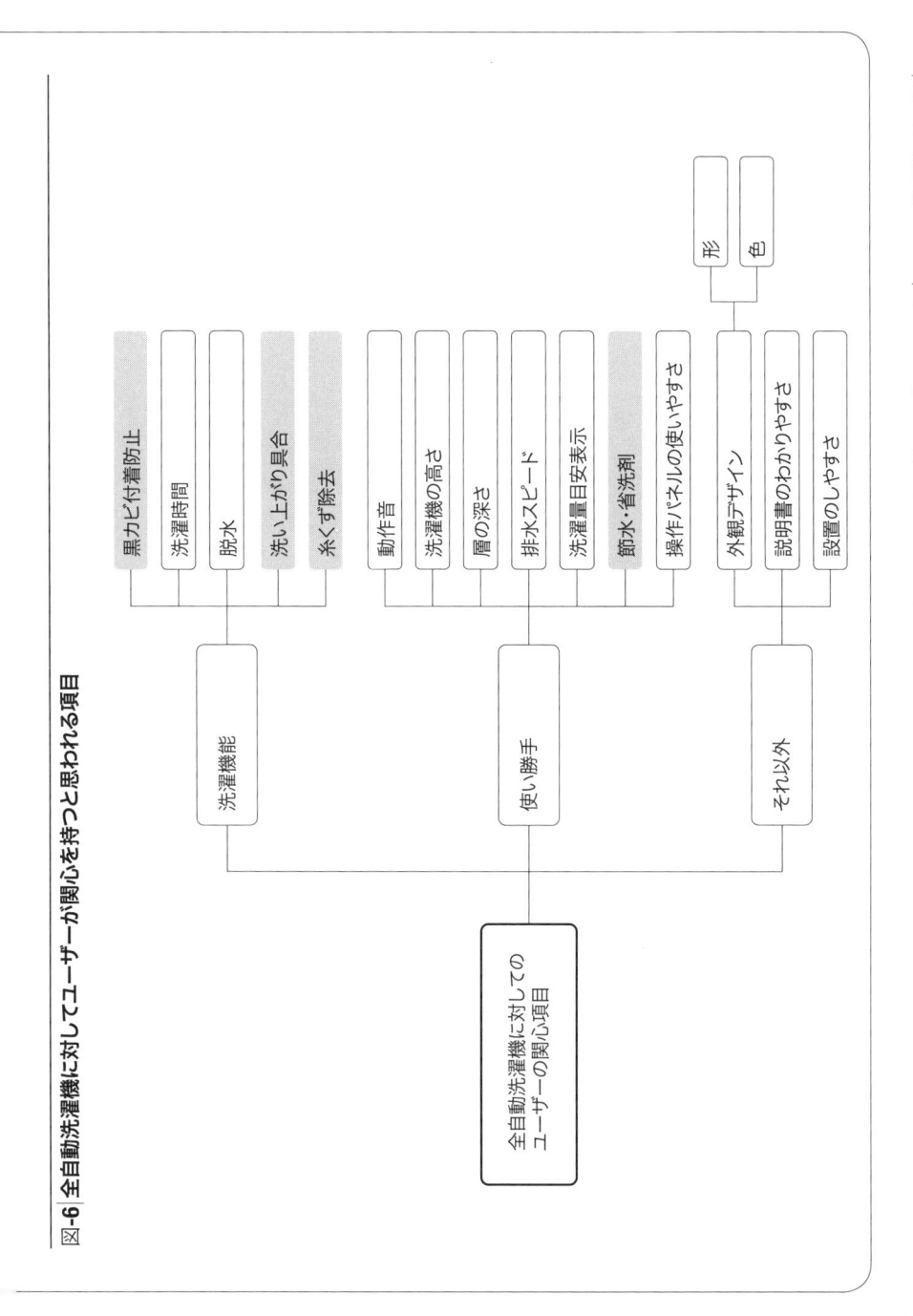

第2章 技術編　〈MECE(ミッシー)〉〈ロジックツリー〉

図-6 | 全自動洗濯機に対してユーザーが関心を持つと思われる項目

- 洗濯機能
  - 黒カビ付着防止
  - 洗濯時間
  - 脱水
  - 洗い上がり具合
  - 糸くず除去
- 使い勝手
  - 動作音
  - 洗濯機の高さ
  - 層の深さ
  - 排水スピード
  - 洗濯量目安表示
  - 節水・省洗剤
  - 操作パネルの使いやすさ
- それ以外
  - 外観デザイン
    - 形
    - 色
  - 説明書のわかりやすさ
  - 設置のしやすさ

全自動洗濯機に対してのユーザーの関心項目

第3章
プロセス編
＜ソリューション・システム＞

＜ソリューション・システム（Solution System）＞とは、ビジネス上の問題を分析し、具体的解決策を立案するための問題解決法である。＜ゼロベース思考＞＜仮説思考＞＜MECE＞＜ロジックツリー＞を駆使した、効率的な問題解決の実践的プロセスといえる。これは何か特別な方法論というわけではなく、問題に直面したときに普段だれもが行っている自然な問題解決のプロセスを、解決策の精度と解決するスピードを高めるために、ビジネスの現場で使えるように体系化したものだ。

　たとえば「頭が痛い」という現象があったとする。これを特に問題だととらえず、頭が痛いことを放置することもできる。しかし、これを問題だととらえた場合は「頭が痛いのを治すことができるのだろうか？」という課題がまず設定される。課題とは「解決すべきだと意識された問題」と定義する。そしてその課題に対して具体的解決策を考える。「寝て治す」「薬局に薬を買いに行く」「病院に行く」というように、いくつかの解決策が考えられ、それぞれの案は懐具合や時間の自由度、痛さの緊急性といったもので多面的に評価される。そして最後にその中から１つ、たとえば「薬局に薬を買いに行く」といったオプションが選択されるわけだ。

　通常はこの思考プロセスが無意識のうちに、瞬時に行われている。ただしビジネスの場合は、この自然なプロセスを限られた経営資源と限られた時間の中で、最も効率よく行う必要がある。天才的経営者でない限りは、ときにはモレが生じたり、具体性に欠けたり、最悪の場合は的を完全に外してしまうことさえある。それを未然に防ぎながら、単純化したステップを踏み、システマティックに問題解決を図るのが＜ソリューション・システム＞の考え方である。

＜ソリューション・システム＞のプロセスを再現する

　図3－1は、X軸にWILL（やる気）、Y軸にSKILL（能力）をとり、それぞれを高い／低いに分けた２×２のマトリックスである。非常に単純な枠組みだが、ビジネスマンの価値を評価するポジショニング・マップである。ビジネスマンとしての価値が最も高いのは右上の「やる気も能力も高い」人。次は、右下の

図3-1 「WILL×SKILL」マップ

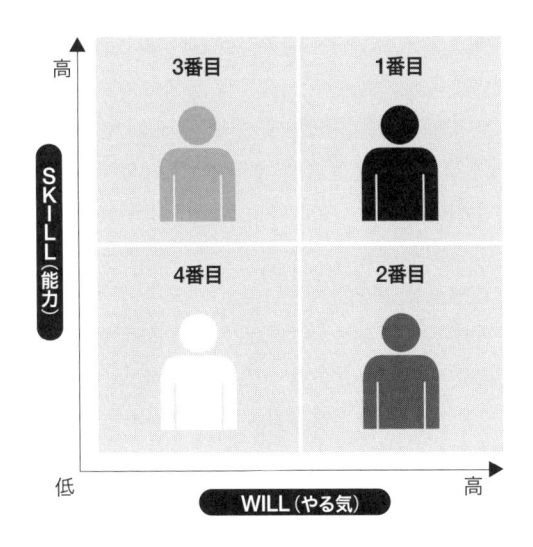

（図：縦軸 SKILL（能力）低〜高、横軸 WILL（やる気）低〜高の4象限マップ。右上「1番目」、右下「2番目」、左上「3番目」、左下「4番目」）

「能力が低くてもやる気の高い」人。3番目は、左上の「能力は高いがやる気の低い」人。そしてビジネスマンとしての価値が最も低いのが左下の「やる気も能力も低い」人ということになる。「能力が低くてもやる気の高い」人を「能力が高くてもやる気の低い」人よりも高く評価しているのは、頭が良く能力が高くても、やる気＝エネルギー・レベルが低くては何も実行できないからだ。第1章の冒頭でも述べたように、ビジネスで重要なことは「わかること」を「できること」に移行させることであり、そのためには「やる気」がキーポイントになる。能力というのはやる気さえあれば訓練次第で高めることが可能だが、本人のやる気を高めることは、どんなに優れた動機づけや評価システムを取り入れてもなかなか難しい。だから「能力が低くてもやる気の高い」人を2番目に置いたのである。

　十数年前の日本では、ちょうど終身雇用による年功序列制から年俸制をベースとした成果主義を導入する企業が増えた時期があった。これはビジネスマンの価値をパフォーマンスに応じて評価し、右上の象限に属する、常に能力もやる気も高い人間をできるだけキープしたかったからだ。しかしその結果、部門

を越えた事業の推進にブレーキがかかったり、中長期的に重要性の高い事業にいつまで経っても着手しない、また他社とのコラボレーション力が落ちたりといった弊害も生じてきた。構造不況の長期化で経営が近視眼的になり、すぐに成果の出ることばかりに目がいくようになってしまったのだ。そのため長期的に人材が育たないという悪しき事態がさまざまな企業で起きてしまった。

　企業が求める「やる気」も「能力」も高い良い人材とはどういう人材なのか。ひと言で言えば、「プロフェッショナル型の人材」である。プロフェッショナルというのは、自分に与えられたミッションに対しては、いかなる状況にあっても常に最高のパフォーマンスを発揮するものであり、たとえミッションが曖昧であっても、あるいはミッションが見えない状況下でも、将来を見据えて自分で独自のフレームを作り、それに向かって邁進する人だと考える。

　企業は、そういうプロフェッショナルを的確に評価するシステムを作らなければならない。最高のパフォーマンスを発揮するためには、自分ひとりだけで何かをやるのではない。周りの人を巻き込み、プロセスを明確にし、目標に向かって進むべき行動や道筋を明らかにできる、そのことを含めた評価である。

図3-2　〈UP or OUT〉企業の線引き

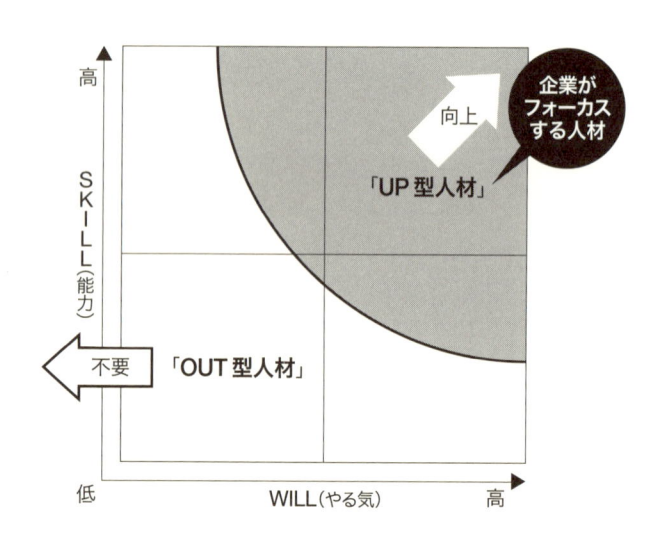

そういう視点から企業がフォーカスする、さらに伸びてほしい「UP型人材」と、今後は必要としない「OUT型人材」を切り分ける線引きを考えてみよう（図3-2）。ここで言う「SKILL」の軸のとらえ方は、上記のような考え方を含めたものである。そして、これからのビジネス環境では、自分の価値を明確に把握し、主体的にその価値を常に高める努力をすることがますます重要となる。

　さて、Aさんはある大企業の中堅サラリーマンである。以前はお酒を飲みながら職場や上司への愚痴をある程度言えばその場限りで解消していた現状への不満が、このところは得体の知れない不安に変わってきて、転職も考えているという。Aさんは入社以来、営業畑を渡り歩き、現在はある営業所の営業課長である。同期入社の中でも出世面では上位組に入っており、仕事もスピーディかつ的確にこなすタイプで、これまでは不安や陰りは見られなかった人だ。この企業でも最近、給与体系に成果主義的要素が取り入れられた。

　Aさんの悩みは、突き詰めると、自分の描いているキャリア・ビジョンと現状との乖離から生じている。Aさんは、もともと商品開発やマーケティングに関心が高く、入社当初もその関連部門への配属を希望していた。しかし商品開発やマーケティングに配属される人間も、最低3年は営業現場を経験する必要があるという会社の方針により、まず営業現場に配属され、そのまま営業一筋になってしまった。本社の営業部門では、新しい顧客管理システムを提案し、プロジェクトを遂行して成功させた実績もあり、評価は高い。

　その後Aさんは支店配属になり、このまま営業の経験を積み上げてさらに高いマネジメント・レベルを目指すべきか、あるいは新たに商品開発やマーケティング職にチャレンジしてみるべきか悩んでいた。いまであればまだやり直しがきくギリギリの年齢とも言えるし、逆に言えば、この年齢だからこそこれまで積み重ねてきた実績を捨ててはいけないという思いもあり、なかなか結論が出せずにいた。

　このAさんの状況を「WILL×SKILL」マップに落とすと、2つの問題が浮き彫りになる。1つ目は、本社でプロジェクトを任されてバリバリと仕事をこなしていたときは不満すら言う余裕もなかったのが、支店営業に配属されてからはどうも力を持て余し、自分の実力と求められている能力とのギャップから現状に対する不満が生じていること。2つ目は、営業には自信があるが、商品

開発やマーケティングのスキルに関しては多少知識はあっても経験がまったくなく、本当にいまからでも大丈夫だろうかという不安が生じていることである。この2つの不満と不安が交錯する中、Aさんは漠然と転職を考えていたのだ（図3-3）。

　Aさんは「転職すべきか？」を悩んでいるが、このままでは結論は出しにくい。なぜなら、「転職」というのは解決のための実行策の1つにすぎないからだ。つまり解決すべき問題は「転職すべきか？」ではなく、この状況下では「今後、商品開発・マーケティング関連の仕事で自分のキャリアを開発・発展させることは可能か？」なのだ。もし、この課題に関していろいろ解決策を考えたうえで、答えがすべてノーであれば、Aさんは現在の会社の営業部門で力を発揮し続けるしかない。このように、まず何が問題で、何を解決すべき課題として設定するかが、問題解決においては最初の重要なポイントになる。

　次のステップは、今後のキャリア開発の解決策を考えることだ。しかし図に示したように、Aさんのやる気がいくら高くても、商品開発・マーケティングに関する能力が低くては、いまと同じ課長的ポジションでは、自社であっても

図3-3│Aさんのキャリア課題

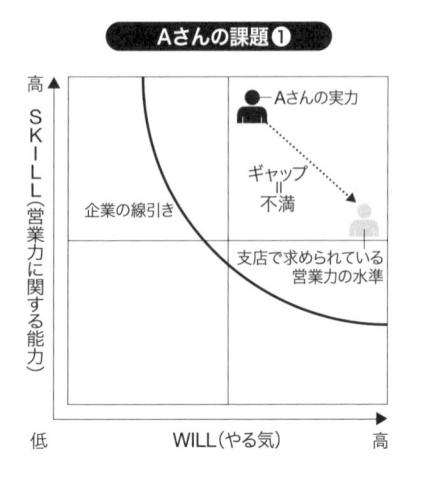

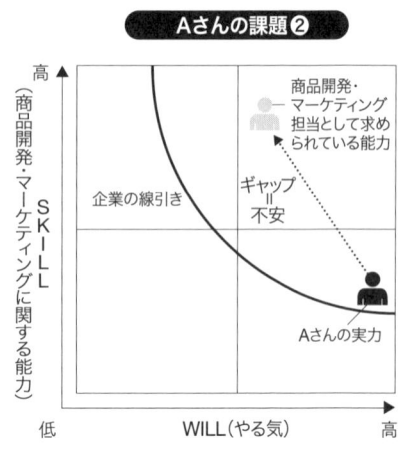

他社であってもまったく通用しない。この明らかなギャップをどう埋めるかが解決策につながる。

　このギャップを解決するには、それほど多くのオプションはない。とにかく商品開発・マーケティングのスキルを高めるために、ビジネススクール等の活用による基礎能力トレーニングが必要である。また、現場での実績や実践的スキルという意味では、自社だろうと他社だろうと、どこかで実務の経験を積まなければならない。こうした現状を考えると、Aさんの第1の選択肢は、自社での商品開発・マーケティング部門への配置替えを申請しながら、ビジネススクールやビジネス書で商品開発・マーケティングの基礎知識やスキルを高めることだ。そして、第2の選択肢は、Aさんのこれまでの営業実績ややる気を高く評価したうえで、商品開発・マーケティングの担当として採用してくれる企業を探すことだ。

　この第2の選択肢は、さまざまな求人企業に応募したり、ヘッドハンター等を介して実行することになる。その過程では、当然、自分にどの程度の市場価値があるのかが検証・評価されることになり、自分が一般人材市場で「WILL×SKILL」マップのどこに位置づけられるのかが明確になる。そして、それぞれの企業が持つ固有の線引きによる「OUT型人材」ゾーンに属せば新たなキャリア開発の可能性はゼロであり、「UP型人材」ゾーンに属せば可能性がある。

　結局Aさんは、いくつかのヘッドハンターを通して数社を紹介してもらい、採用通知をもらった企業もあったが、自社内での配属替えの希望が通り、新しい部門で毎日、大変ながらもエネルギッシュに頑張っている。

　採用通知をもらった企業に関しては、Aさんなりに自分のキャリア目標の実現可能性とリスク、収入を含めた待遇面、企業の安定性や企業風土への適合性を吟味したうえで判断した。外部の企業への応募を解決策のオプションの1つとして検討する中で、Aさん自身が自分の市場価値を認識し、自社内で問題を解決し最適化できたのは、Aさんにとってよいことであった。

　実生活やビジネスの現場では、問題は刻々と変化している。それを解決しようとするならば、第1章や第2章で述べた問題解決のための思考と技術を応用し、その時点での解決策に結び付く結論を出して、ベター・ソリューションを

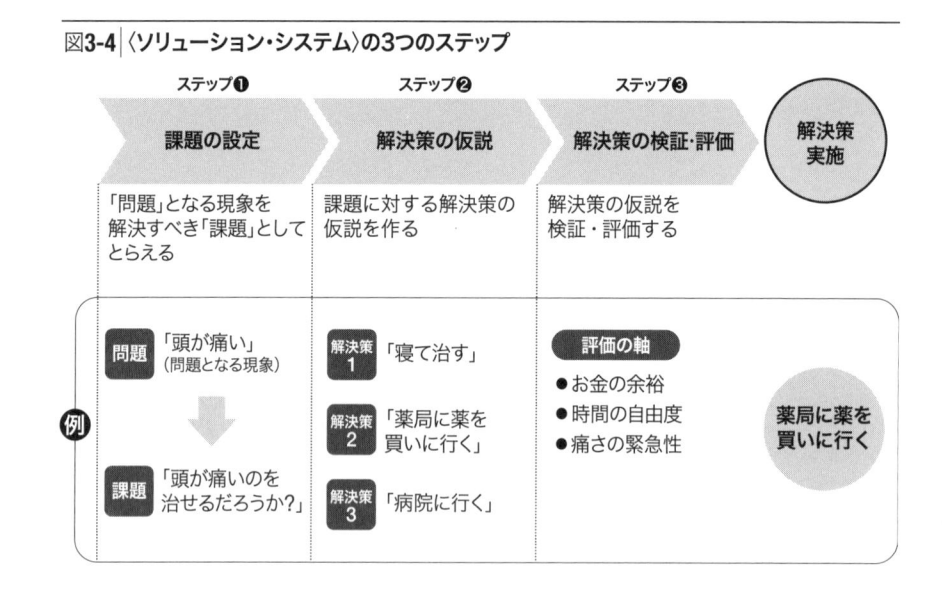

図3-4 〈ソリューション・システム〉の3つのステップ

ステップ❶	ステップ❷	ステップ❸	
課題の設定	解決策の仮説	解決策の検証・評価	解決策実施
「問題」となる現象を解決すべき「課題」としてとらえる	課題に対する解決策の仮説を作る	解決策の仮説を検証・評価する	

例：

- 問題：「頭が痛い」（問題となる現象）
  ↓
  課題：「頭が痛いのを治せるだろうか？」
- 解決策1：「寝て治す」
  解決策2：「薬局に薬を買いに行く」
  解決策3：「病院に行く」
- 評価の軸
  - お金の余裕
  - 時間の自由度
  - 痛さの緊急性
- 薬局に薬を買いに行く

実行しなければならない。

　それにはまず、解決すべき課題の適切な設定が重要となる。Aさんのキャリア開発の例で言えば、問題認識が狭く曖昧なまま、単に他企業への転職という解決策の枠内で検討したとすると、商品開発・マーケティングの担当者として採用してくれる企業があればキャリア上はよいかもしれないが、自分の実力に不安を抱えたままで、それ以外の重要な要素である収入を含めた待遇面、企業の安定性や企業風土への適合性といった面を検討せずに転職してしまい、いずれ後悔することにもなりかねない。

　次には、課題の設定に基づき、いろいろな解決策のオプションを考えることである。Aさんの例では、当初、自社内での解決策が欠落していた。

　そして最後は、現状との比較において、解決策を検証・評価することである。Aさんは他社の評価にあたって、キャリア目標に付随するいくつかの評価項目を立てて客観的に評価している。

　以上のように、問題となる現象に対して課題を設定し、背後の状況を考察し、

解決策（仮説）を練り、実行するというプロセスは、ごく当たり前のことである。しかし、ビジネスの現場ではこれから説明する＜ソリューション・システム＞のプロセスを活用すると、大きく的を外さないようにしながら、効率的に課題を解決することができる。そして課題は常に変化する。それを解決するために常に全体観を持って課題を掌握し、柔軟に軌道修正しながらベター・ソリューションを見つけ実行するために、＜ソリューション・システム＞は非常に効果的なのだ。

　前述したように＜ソリューション・システム＞とはビジネス上の課題を分析し、具体的解決策を立案するための問題解決法である。これを大きく３つのプロセス、「課題の設定」「解決策の仮説」「解決策の検証・評価」に分けて考えていこう（**図3-4**）。

1 課題を設定する

　問題だと考えられる現象に直面したとき、その問題を今後解決すべき課題としてとらえ直すことが「課題の設定」である。「課題の設定」のプロセスは2つの要素からなる。それは「主要課題」の設定と、それを具体化・細分化した「個別課題」の設定である。

1 主要課題の設定──何かと比較する

　「A商品の販売利益額が下がっている」という現象があるとする。これをまず課題としてとらえる必要がある。利益額が下がっている、さてどうしよう。「A商品の販売利益額を改善することは可能か」。これがまず「主要課題」の設定になる。したがって、現象を問題として認識しなければ、課題は設定されない。課題とは「解決すべきだと意識された問題」だ。そのためには、とにかく何かと比較し、SO WHAT？（だから何なの）を考える必要がある。ビジネス上の比較の対象は、3Cの枠で考えるといい（図3-5）。

　　自社：達成目標とのギャップはないか？
　　競合：競合の優れた点とのギャップはないか？
　　顧客：自社の商品・サービスに満足しているか？

　たとえば自社内で考えると、今年度の売上達成目標に対する達成率のギャップをチェックしたり、あるいはA商品の過去5年間の利益額の変遷でとらえたりすることができる。また営業員1人当たりの利益額を業界平均と比較したり（比較するために分母をそろえることを標準化という）、あるいはマーケット・リ

図3-5 | 3Cによる「主要課題」抽出のポイント

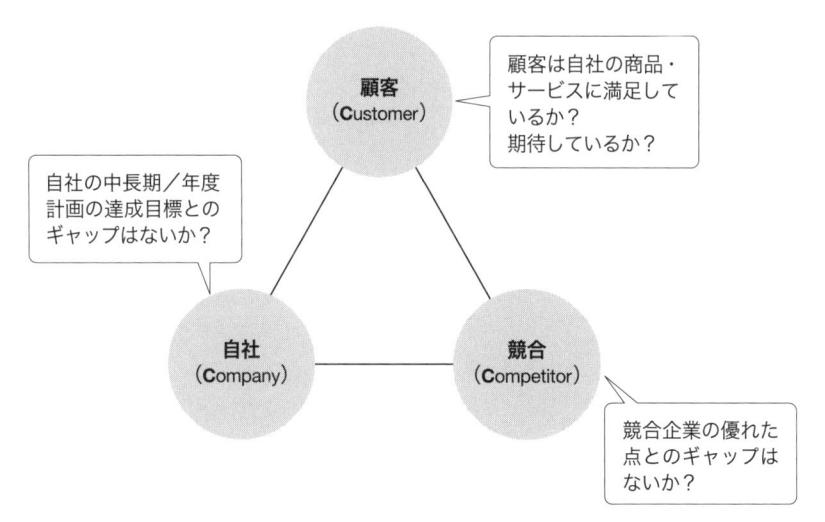

- 顧客（Customer）：顧客は自社の商品・サービスに満足しているか？ 期待しているか？
- 自社（Company）：自社の中長期／年度計画の達成目標とのギャップはないか？
- 競合（Competitor）：競合企業の優れた点とのギャップはないか？

ーダーを1つのベンチマーク＊としてとらえ、自社と比較してどこが違うのか考えることもできる（図3-6）。A商品の利益額をただ見るだけでは、利益額が下がったことを解決しようとはしないことだってありえるのだ。だから課題として設定するには、これらの比較が必要になる。

また、課題の設定が現状からの短期的解決課題なのか、将来の目標や企業のビジョンを達成するための中長期的解決課題なのかは、比較するときの視点を時間軸のどの地点に置くかによって変わる。

＊ベンチマークとは、元来構造物を建てる際に、水準点から建物現場まで測量によって引いてきた仮の高さの基準点を指す測量用語。傾きのない水平な建物の基礎を造るために、常にベンチマークを起点に高さをチェックする。

2 個別課題の設定——背後のメカニズムを考察する

次に「個別課題」を設定する。ここでは利益額が減少していることが問題なので、利益額の構成要素を考えると、

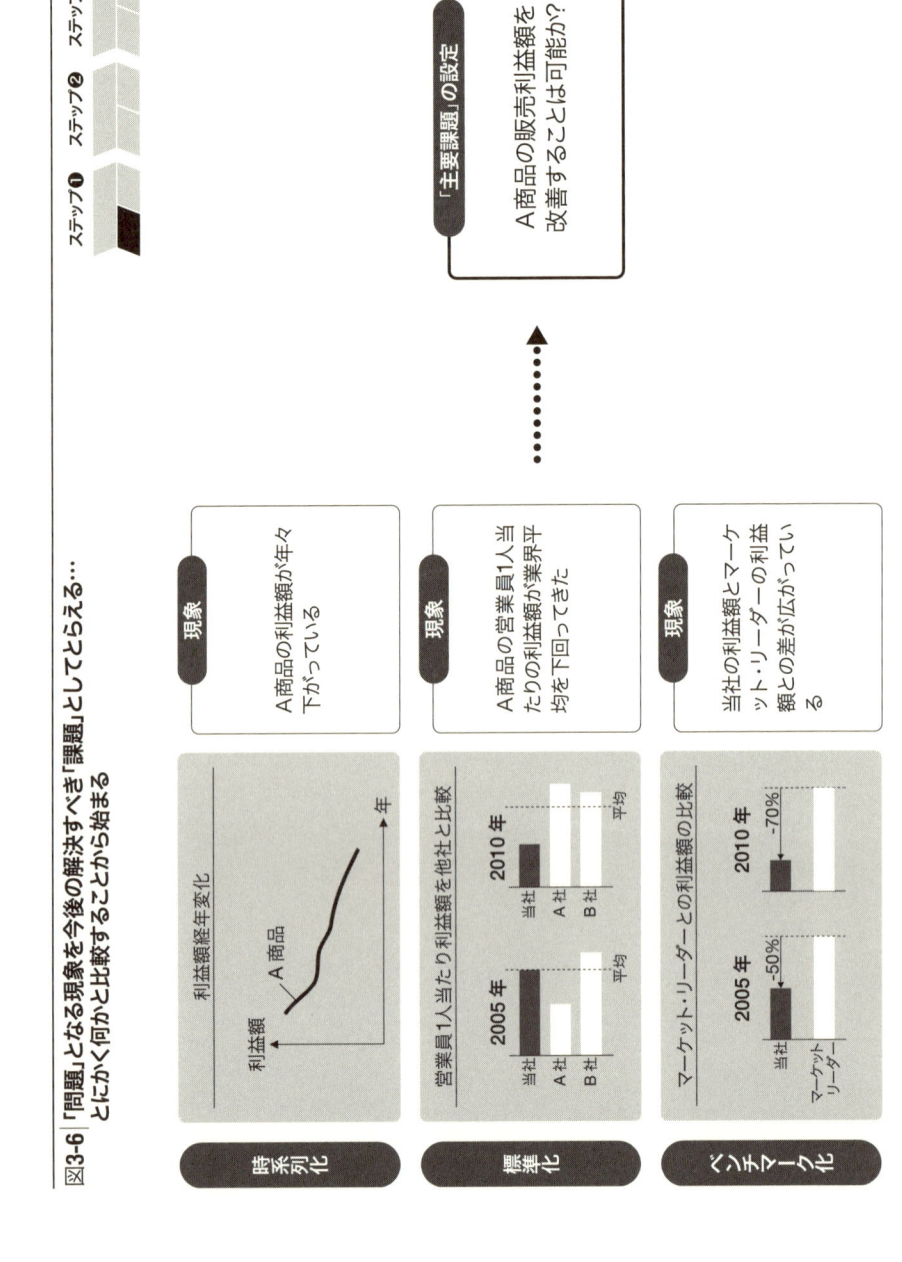

図3-6 | 「問題」となる現象を今後の解決すべき「課題」としてとらえる…
とにかく何かと比較することから始まる

ステップ❶ ステップ❷ ステップ❸

ステップ❶

現象: A商品の利益額が年々下がっている
- 時系列化
- 利益額経年変化（A商品）

現象: A商品の営業員1人当たりの利益額が業界平均を下回ってきた
- 標準化
- 営業員1人当たり利益額を他社と比較（2005年／2010年：当社、A社、B社、平均）

現象: 当社の利益額とマーケット・リーダーの利益額との差が広がっている
- ベンチマーク化
- マーケット・リーダーとの利益額の比較（2005年 -50%／2010年 -70%：当社、マーケットリーダー）

「主要課題」の設定

A商品の販売利益額を改善することは可能か？

利益額＝（価格－コスト）×販売量

となる。つまり利益額を改善するためには、価格、コスト、販売量の３要素が関係する。したがって第１段目の「個別課題」としては、

- 価格を上げることは可能か
- コストを下げることは可能か
- 販売量を増やすことは可能か

の３つにブレークダウンされる（**図3－7**）。

　さらにブレークダウンするならば、第２段目として、価格に関しては、「単純に価格だけを上げることは可能なのか」あるいは「新たな機能やサービスを付加することにより価格を上げることは可能なのか」、コストに関しては「固定費を下げることは可能なのか」「変動費を下げることは可能なのか」、販売量に関しては、販売量＝市場規模×マーケットシェアであるから、「市場を拡大させることは可能なのか」「シェアを上げることは可能なのか」というようにブレークダウンできる。

「シェアを上げることは可能なのか」といった背後の構造が見えない個別課題はさらに、「販売量を増やすために価格を下げることは可能か」「商品のパフォーマンスの向上は可能か」「チャネルへの営業力の強化は可能か」「広告・販促の強化は可能か」とブレークダウンする必要がある。

　この「個別課題」の設定に関しては、２つ重要なポイントがある。１つは、できるだけ＜MECE＞や＜ロジックツリー＞を駆使して独自のフレームワークを作り上げて考えるということ。なぜなら、環境変化が激しい現在、既存のフレームワークなど古くて役に立たず、無理に当てはめればかえって、初めに見えていた問題点が見えなくなる可能性があるからだ。

　２つ目は、「主要課題」から「個別課題」にブレークダウンする目的は、本来、問題が生じた背景や、問題を引き起こすメカニズムを明らかにすることにあるということだ。たとえば、単純に価格だけを上げれば売上げが減ってしまうという一般的な価格と売上げの因果関係では、価格を上げて売上げを上げることと、価格を下げて販売量を増やして売上げを上げることの同時解決には無理が

図3-7 「個別課題」の設定

ステップ❶　ステップ❷　ステップ❸

主要課題
A商品の販売利益額を改善することは可能か？

- 価格を上げることは可能か？
  - 単純に価格だけを上げることは可能か？
  - 新たな機能を付加することにより価格を上げることは可能か？
- コストを下げることは可能か？
  - 固定費を下げることは可能か？
  - 変動費を下げることは可能か？
- 販売量を増やすことは可能か？
  - 市場を拡大させることは可能か？
  - シェアを上げることは可能か？
    - 価格を下げることは可能か？
    - 商品のパフォーマンスの向上は可能か？
    - チャネルへの営業強化は可能か？
    - 広告・販促の強化は可能か？

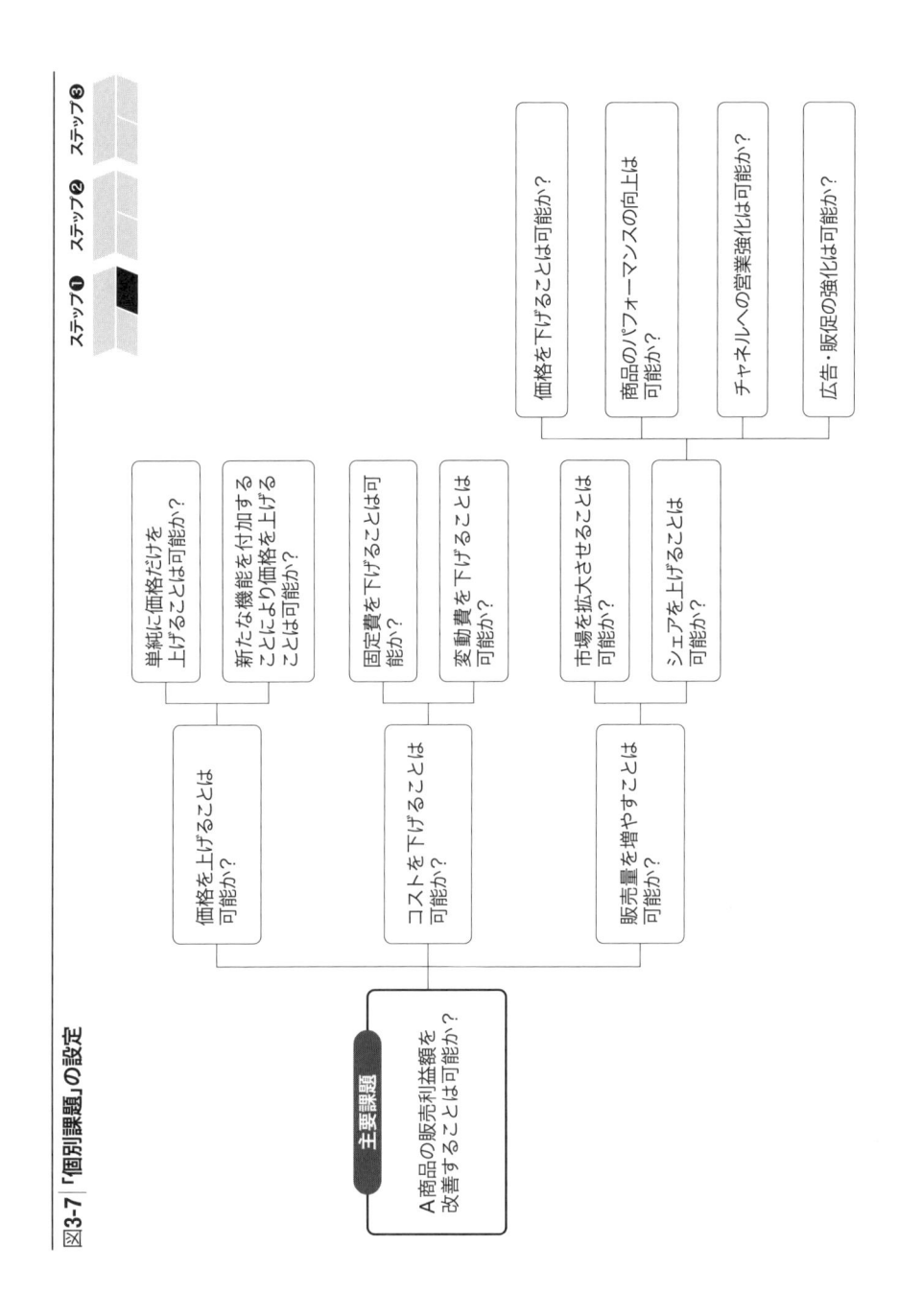

ある。しかし、これは価格と需要の関係が価格弾性値分析等の価格分析により明らかになれば解決できる。つまり、こうした背後のメカニズムが的確にとらえられなければ、解決すべきポイントがずれてしまったり、同時解決が成立しない場合もあるのだ。

　いずれにしても、ここが知恵の絞りどころで、後の解決策のクオリティをかなり支配する。第2章で例示したコーザリティ分析をここで利用すると、構造的理解が深まる。

2 解決策の仮説を立てる

　解決策の仮説とは、「主要課題」に対するその時点でのアクションに結び付く具体的解決策をいう。解決策の仮説は2つの要素からなる。それは、「個別課題」に対する「個別解決策」づくりと「主要課題」に対する「総合解決策」づくりである。

1 個別解決策はコントロール可能なものになっているか

　まず、それぞれの「個別課題」に対する「個別解決策」づくりを、＜ゼロベース思考＞＜仮説思考＞をもとに考え抜く。そして、自社／自部門／自分でコントロール可能かどうかについて、YES／NOの結論＝仮説を出す（**図3－8**）。YESの場合はどうすればできるのか、その具体的解決策（HOW）を明らかにし、NOの場合はなぜできないのか、理由（WHY）を明らかにする。
　たとえば、「単純に価格だけを上げることは可能か」という「個別課題」に関しては「NO．価格の上昇率以上に売上げが下がるため利益額がいまより減る」。また、「新たな機能を付加することにより価格を上げることは可能か」という「個別課題」に関しては、「YES．商品特性がコモディティ型の大衆商品ではあるが、環境保護の視点で新たな付加価値の創出の余地がある」。
　また、A商品にかかる「固定費を下げることは可能か」という「個別課題」に対しては、「YES．A商品にかかる間接費の低減は、本社間接部門と設計を除く工場間接部門の人員削減により、間接費20％の低減が可能である」というように仮説を設定する。
　あるいは、「変動費を下げることは可能か」という「個別課題」に対しては、

第3章●プロセス編 〈ソリューション・システム〉

図3-8 「個別課題」に対する「個別解決策」づくり

ステップ❶　ステップ❷　ステップ❸

主要課題
A商品の販売利益額を改善することは可能か？

- 価格を上げることは可能か？
  - 単純に価格だけを上げることは可能か？ → 価格上昇率以上に売上げが下がる **NO.**
  - 新たな機能を付加することにより価格を上げることは可能か？ → 環境保護の要素を新たな付加価値として創出できる **YES.**

- コストを下げることは可能か？
  - 固定費を下げることは可能か？ → 本社間接部門と設計と工場間接部門の人員削減により20%低減が可能 **YES.**
  - 変動費を下げることは可能か？ → 共通部品の仕入先の集中化と仕入先との徹底交渉により材料の仕入コストを10%削減可能 **YES.**

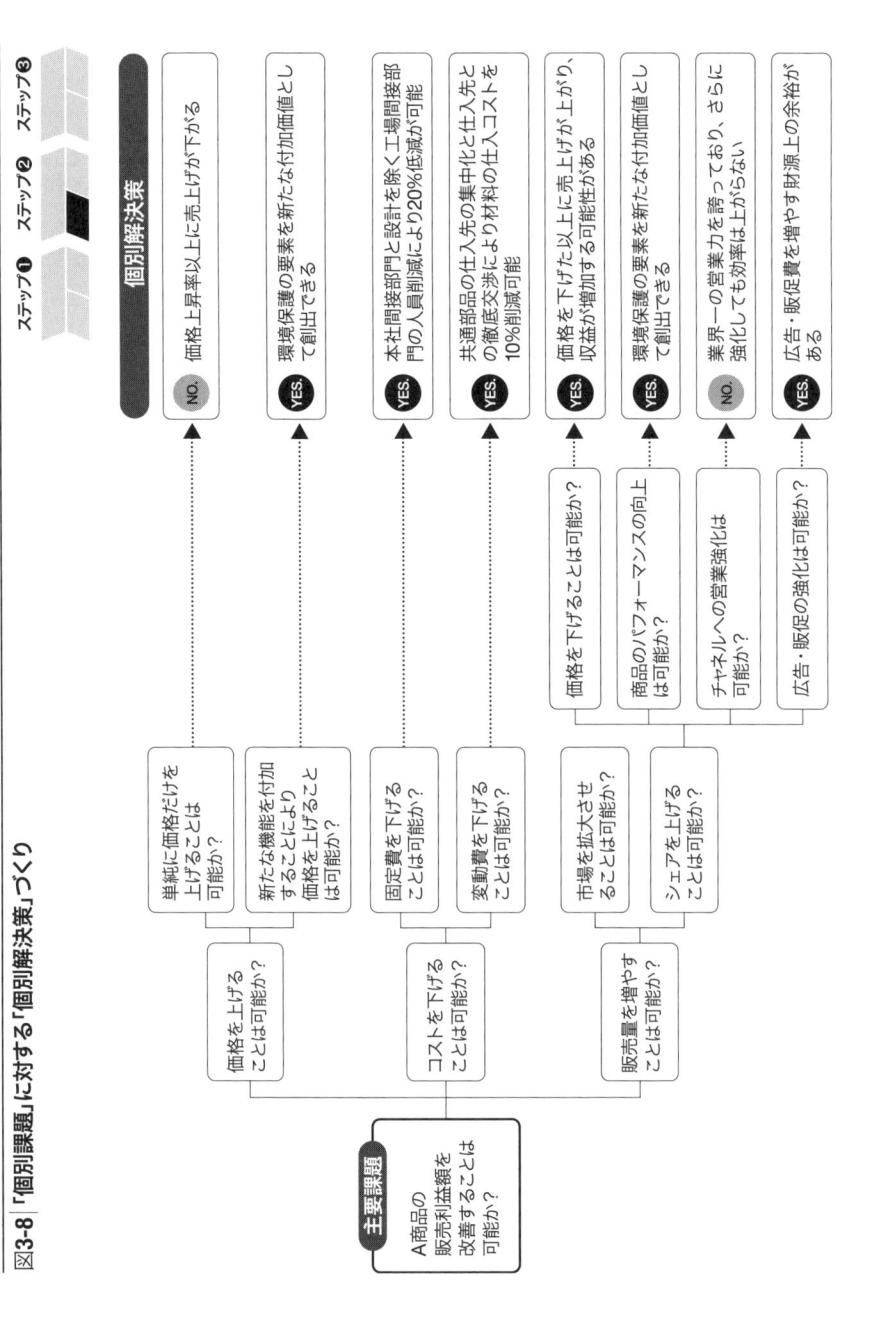

- 販売量を増やすことは可能か？
  - 市場を拡大させることは可能か？
    - 価格を下げることは可能か？ → 価格を下げた以上に売上げが上がり、収益が増加する可能性がある **YES.**
    - 商品のパフォーマンスの向上は可能か？ → 環境保護の要素を新たな付加価値として創出できる **YES.**
  - シェアを上げることは可能か？
    - チャネルへの営業強化は可能か？ → 業界一の営業力を誇っており、さらに強化しても効率は上がらない **NO.**
    - 広告・販促の強化は可能か？ → 広告・販促費を増やす財源上の余裕がある **YES.**

個別解決策

133

「YES．共通部品の仕入先の集中化と仕入先との徹底交渉により、材料の仕入コストの10％削減が可能」というように具体的な仮説を立てる。

とにかく、少しでも可能性が残っている場合はYESとして、なぜ可能なのかを＜ゼロベース思考＞により、自分の頭脳も他人の頭脳も総動員して、ギリギリと考えることだ。アイデアが出ないということはない。ブレーンストーミングを行えば、解決策は必ず出てくる。どうしても解決策が具体的に収束しなければ、それは「個別課題」の分析が曖昧でフォーカスされていないためか、アイデアがどう解決に結び付くのかの課題と解決策の間のロジックの詰めが甘いからだ。それを解決するには、解決策具体化の＜ロジックツリー＞（SO HOW？）を徹底的に活用して、あらゆる広がりの可能性を考え、チェックすることが重要となる。

２ 総合解決策は全体の資源配分を考えているか

こうして出てきた具体的解決策（仮説）は、あくまでも「個別課題」に対する「個別解決策」である。したがって次のステップは、これらの「個別解決策」を組み合わせて、「主要課題」に対する「総合解決策」を作ることになる。

もちろん、「個別課題」に対する「個別解決策」の仮説がすべてNOであれば、自動的に「総合解決策」はNO、つまり解決不可能という結果になる。また、それぞれの「個別課題」に対する「個別解決策」を考える過程で、一要素ではあるが全体の問題解決を完全否定するノックアウト・ファクターが存在する場合は、その段階で「総合解決策」はNOになる。

しかし、自社／自部門／自分でコントロールできる何らかの具体的解決策（YES）が存在すれば、「総合解決策」は「YES．A商品の利益額を上げることは可能である」となるはずだ。

「総合解決策」の方向性（**図3－9**）は、たとえば経営資源にまったく余力がない場合は、消極策「A商品にかかる間接費の低減を、本社間接部門と設計を除く工場間接部門の人員削減で行い、共通部品の仕入先集中化と仕入先との徹底交渉により仕入コストを削減し、利益額の向上を達成する」という、コスト

第3章 ● プロセス編 〈ソリューション・システム〉

図3-9 「個別解決策」から「総合解決策」を作る

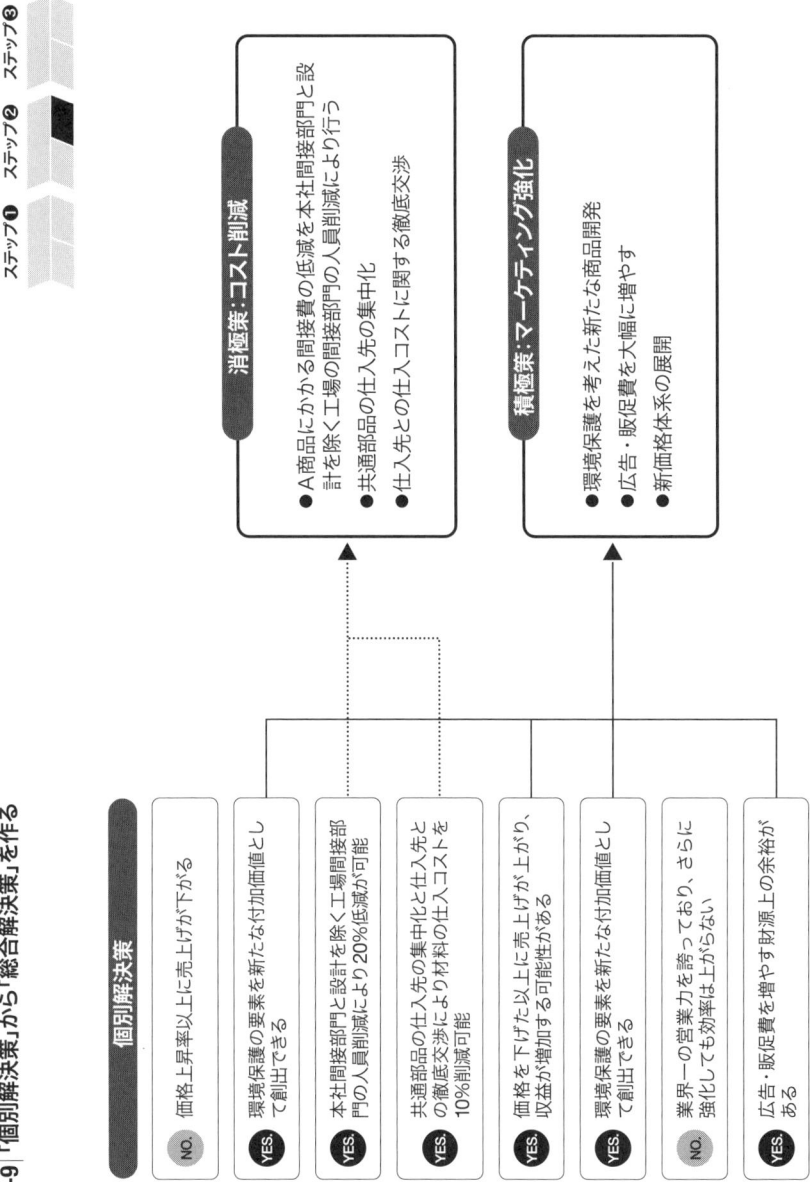

ステップ❶　ステップ❷　ステップ❸

個別解決策

- NO. 価格上昇率以上に売上げが下がる
- YES. 環境保護の要素を新たな付加価値として創出できる
- YES. 本社間接部門と設計を除く工場間接部門の人員削減により20%低減が可能
- YES. 共通部品の仕入先の集中化と仕入先との徹底交渉により材料の仕入コストを10%削減可能
- YES. 価格を下げた以上に売上げが上がり、収益が増加する可能性がある
- YES. 環境保護の要素を新たな付加価値として創出できる
- NO. 業界一の営業力を誇っており、さらに強化しても効率は上がらない
- YES. 広告・販促費を増やす財源上の余裕がある

消極策：コスト削減
- A商品にかかる間接費の低減を本社間接部門と設計を除く工場の間接部門の人員削減により行う
- 共通部品の仕入先の集中化
- 仕入先とのコストに関する徹底交渉

積極策：マーケティング強化
- 環境保護を考えた新たな商品開発
- 広告・販促費を大幅に増やす
- 新価格体系の展開

削減にフォーカスしたものになる。
　しかし、経営資源に余力があれば、積極策「環境保護を考えた新たな商品開発と、広告・販促を大幅に強化することにより、価格および販売量の増加を図り、利益額を改善することができる」といった打ち手がとれることになる。もちろんこの積極策に、コスト削減の消極策を加えることも可能である。

　「総合解決策」とはこのように、「個別課題」に対するYES／NOの具体的解決策を組み合わせ、経営資源の観点から「個別解決策」の整合性をチェックしたうえで作られる。したがって、通常は何通りかの「総合解決策」＝代替案が考えられる。それらの代替案は場合によっては、こちらを立てればあちらが立たずというように、利害が相反することもある。しかし、いずれにしてもすべての「総合解決策」を同時に実行することは、資源の分散・重複につながりかねない。資源とスキルと時間に制約がある中では、常に選択が迫られる。そして、選択した「総合解決策」には徹底的に集中することが肝要となる。
　また、「総合解決策」は企業の理念や方針、戦略的方向性や組織との相性を考えたうえで統合化され、個別の打ち手間の整合性も吟味されたものでなければならない。そして、戦略的解決策の場合は、競合に対して継続的に優位性を保てる差別化要因が埋め込まれているかが特に重要なポイントである。
　それには次のステップで、それぞれの「総合解決策」を検証して、優先順位をつけることが重要となる。

3 解決策を検証・評価する

　解決策の検証・評価とは、「総合解決策」と「個別解決策」に対する文字どおりの検証・評価である。1つ目は、「個別解決策」の「YES」が成立するのかを事実ベースで分析・証明すること。2つ目は、「総合解決策」を経営資源や企業の方針の観点から評価することである。

1 個別解決策の検証——ファクト・ベースでチェックする

　この検証作業は、検索情報であろうと、インタビューであろうと、あるいは新たなリサーチを行うにせよ、必ずファクト（事実）・ベースであることが重要だ。分析の精度は定量化するにこしたことはないが、基本的には右に行くのか左に行くのかの判断がビジネスでは重要なのであり、分析そのものが目的ではない。
　したがって、精度のレベルは解決策の内容による（**図3-10**）。たとえば、固定費の低減に対しては「間接費削減プログラムによる業務の棚卸し、評価」を緻密に行う必要がある。仕入コストの削減に対しては、「競合メーカーの部品のコスト分析や部品の共通化により、1社からの仕入量を増やした場合のコスト低減分析」を、まず初めは仕入メーカーのヒアリング等を通して推定する。しかし、これは相手にとっては非常にセンシティブな事柄であり、解決策を実行に移す前から高い精度で把握するにはおのずと限界があるし、リスクもある。また、価格と需要の分析は、理論的には「価格弾性値分析」を行えばよいのだが、同類商品の弾性値の各種係数が簡単に手に入るとは限らないし、また消費者に値頃感を想像レベルで聞いてもその精度にはおのずと限界があり、ある幅

図3-10 「個別解決策」の検証

ステップ❶　ステップ❷　ステップ❸

個別解決策	検証のための分析
NO. 価格上昇率以上に売上が下がる	●同類商品の価格弾性値分析より推定 ●消費者インタビュー
YES. 環境保護の要素を新たな付加価値として創出できる	●消費者調査 　→グループ・インタビュー／リサーチ
YES. 本社間接部門と設計を除く工場間接部門の人員削減により20%低減が可能	●間接費削減プログラム
YES. 共通部品の仕入先の集中化と仕入先との徹底交渉により材料の仕入コストを10%削減可能	●仕入先数社からの共通部品化の見積り比較 ●競合メーカー原価コスト分析（VA/VE） ●材料仕入先ヒアリング
YES. 価格を下げた以上に売上が上がり、収益が増加する可能性がある	●同類商品の価格弾性値分析より推定 ●価格競争の事例調査
YES. 環境保護の要素を新たな付加価値として創出できる	●消費者調査 　→グループ・インタビュー／リサーチ
NO. 業界一の営業力を誇っており、さらに強化しても効率は上がらない	●商品シェアと営業マン数シェアの相関分析（過去5年間） ●営業マン生産性の競合比較
YES. 広告・販促費を増やす財源上の余裕がある。	●商品シェアと広告・販促費シェアの相関分析 ●財務責任者による財源のチェック

を持って推定せざるをえない。この場合は精度よりも、YESなのかNOなのか、その方向性がわかれば十分だ。

　この検証の分析段階では、既存の各種分析のフレームワークやツール類を大いに利用して、スピードと効率性をとにかく重視すべきだ。精度よりも押さえが重要である。ただし、新たにリサーチが必要な場合は、証明すべき仮説に対しては質問項目はできる限り＜MECE＞になるよう心がけ、仮説のポイントを外さないように心がけることが肝要である。

2　総合解決策の評価──ハードとソフトの両面から判断する

　こうしてすべての「個別解決策」が検証された後、その組み合わせによる「総合解決策」を、解決策そのもののハードな面と、それを実行する側のソフトな面の両方から評価する必要がある。まず、解決策そのもののハードな面は、大きく４つの基準から評価される。

- 期待成果：解決策のもたらす効果を売上げ、利益、成長性の視点から評価
- 投入資源：ヒト・モノ・カネの投入資源の量とそれぞれに関する企業の制約条件から評価
- リスク：市場や競合関係（対競合の差別化要因）の急変による変動や失敗のリスクをダウンサイドとアップサイドの両面から評価
- 展開スピード：上記の３要素すべてに関係するが、いずれにしても成功の結果を早く出すための、早期立ち上げのスピードの評価

　こうしたハードな側面は評価が比較的容易であるが、それ以上に重要なのは、企業理念や企業のスタイルへの整合性と、推進をバックアップするトップのコミットメント（責任感の継続）といった組織上のソフトな側面である。このソフト面の評価基準は３つ。

図3-11 | 「総合解決策」の評価

ステップ❶　ステップ❷　ステップ❸

		消極策 コスト削減	積極策 マーケティング強化
ハード面の評価			
1	期待成果　売上げ、利益、成長性、他事業への波及効果等（企業の目的関数により異なる）	△	○
2	投入資源　ヒト、モノ、カネの必要投入資源量とそれぞれに関する企業の制約条件	小	大
3	リスク　市場や競合関係の急変による失敗のリスク	小	中
4	展開スピード　立ち上げにかかるスピード	1年	1～2年
ソフト面の評価			
1	企業スタイル、理念との整合性	×	○
2	トップのコミットメント（責任／決意）の確認	小	大
3	リーダーシップのある実務レベルの推進責任者の有無	有	有

- 企業スタイル、理念との整合性
- トップのコミットメント（責任／決意）の確認
- リーダーシップのある実務レベルの推進者の有無

　要するに、解決策がどんなに立派でも、それを強力に推進する旗振り役と実行責任者が万難を排して実行しなければ、何の結果も生まれない。人材不足でできなかったという話をよく聞くが、そのほとんどは責任回避のエクスキューズにすぎない。

　こうしたハード、ソフトの基準に照らして、消極策のコスト削減と積極策のマーケティング強化が評価され、積極策が採用された場合は、実行責任リーダーの下に、マーケティング強化のための個別解決策がさらに現場レベルで深掘りされて、実行フェーズに入ることになる（図3−11）。

　そして採用された積極策を成功に導くためには、現場でのオペレーションの徹底力が肝要となる。要するに、何事も成功したければ、いかに資源やスキルや時間に制約があろうが、成功するまで徹底し尽くすことなのだ。

4 ＜ソリューション・システム＞シートを使う

　以上が＜ソリューション・システム＞の基本的プロセスである。このプロセスを効率的に行うためには、＜ソリューション・システム＞シート（**図3－12**）を用いるのがよい。

　その構造は**図3－13**のようになる。まず最初は、とにかく書き出してみることだ。それぞれのパートを別紙に記入していったとしても、必ず1枚のシートに言いたいことを簡潔にまとめるべきだ。そうすると、自分が取り組んでいる課題を常に全体観を持って見渡せ、いま自分が問題解決のどの段階にいるのかが一目でわかる。

　そのことによって、刻々と動いているビジネスの現場での軌道修正が容易にでき、解決策が大きく的を外れるようなことが事前に防げる。そしてもちろん、ベター・ソリューションを必ず発見できるという利点がある。＜仮説思考＞で述べたように、ベストを考えるのに時間を費やすよりも、ベターを実行すれば自然に考えが深まるはずだ。

　また、このすべてのプロセスを1つ1つ忠実に追う必要はない。「個別解決策」が1つしか考えられなければ、それが「総合解決策」そのものであるし、あらかじめ課題が明確であれば、わざわざ課題設定のための比較分析をしなくてもよい。

　さらに、分析を進めていくうちに当然、仮説も変化する。したがって、考えを深めながら解決策を練っていくには、何度も各ステップを行ったり来たりしながら試行錯誤することが必要となる（**図3－14**）。

図3-12 〈ソリューション・システム〉シートの使い方例

課題の設定		解決策の仮説	解決策の検証・評価 (必要な分析・データ)
主要課題	個別課題		

主要課題：A事業の収益率を上げることは可能か？

個別課題：
- A事業にかかる間接費の低減は可能か？
- 材料の仕入コストは下げられるか？

解決策の仮説：

〈総合解決策〉
A事業の収益率を上げることは可能
SO HOW? をする

〈個別解決策〉
- YES → 本社部門の間接費削減を実施する
- YES → 設計を除く工場部門の間接費削減を実施する
- YES → 共通部門の仕入の集中化を行う
- YES → 仕入先との仕入コストの徹底交渉を行う

解決策の検証・評価：
- 間接費削減プログラム(OVA)を本社部門で実施・分析
- 間接費削減プログラム(OVA)を工場部門で実施・分析
- 競合メーカーの共通部品のコスト分析(VA/VE)
- 仕入メーカー・インタビュー

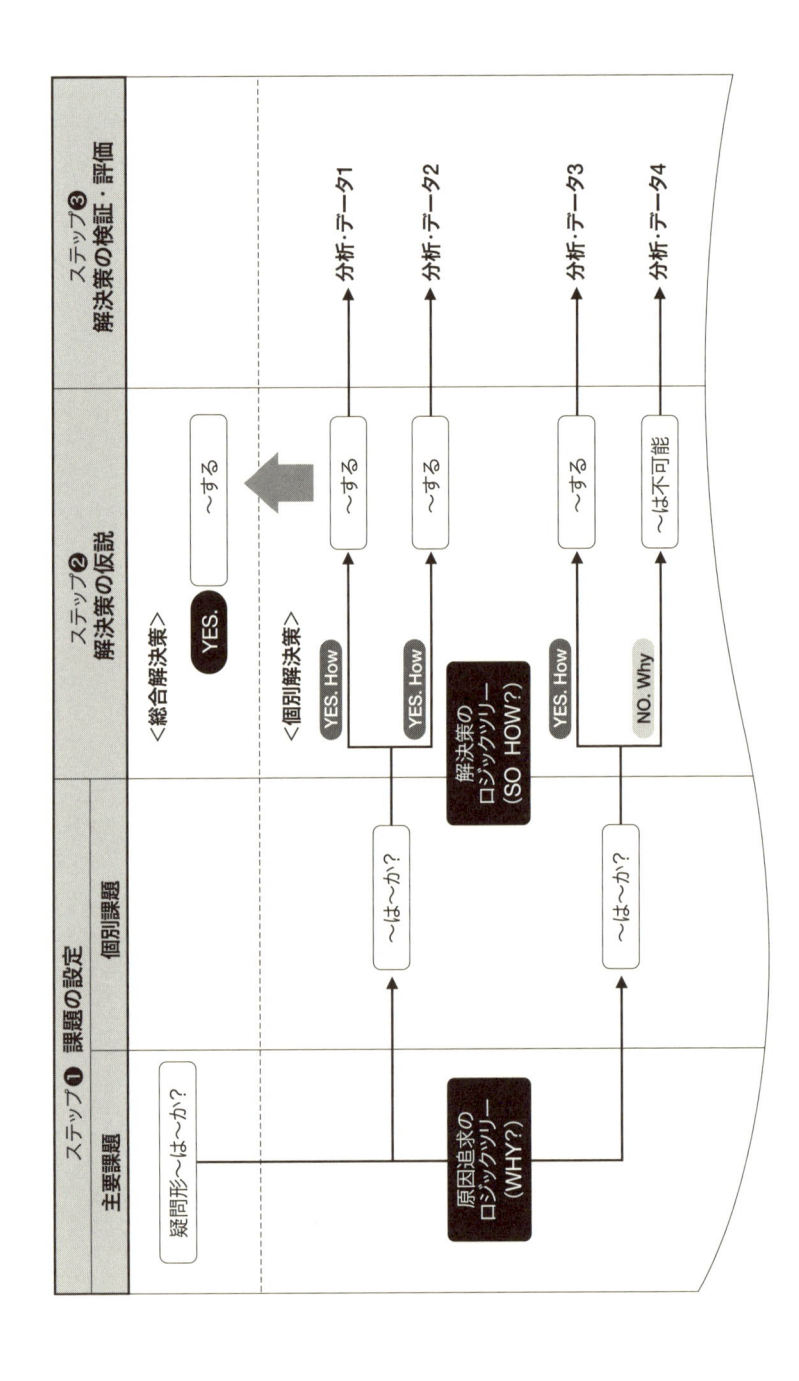

図3-13 〈ソリューション・システム〉シートの構造

ステップ❶ 課題の設定		ステップ❷ 解決策の仮説	ステップ❸ 解決策の検証・評価
主要課題	個別課題	〈総合解決策〉 YES. ～する	
疑問形～は～か？	～は～か？	〈個別解決策〉 YES. How ～する YES. How ～する	分析・データ1 分析・データ2
	～は～か？	YES. How ～する NO. Why ～は不可能	分析・データ3 分析・データ4

原因追求の
ロジックツリー
(WHY?)

解決策の
ロジックツリー
(SO HOW?)

図3-14 〈ソリューション・システム〉

〈ソリューション・システム〉とは常に動き続けるダイナミックな問題解決プロセス

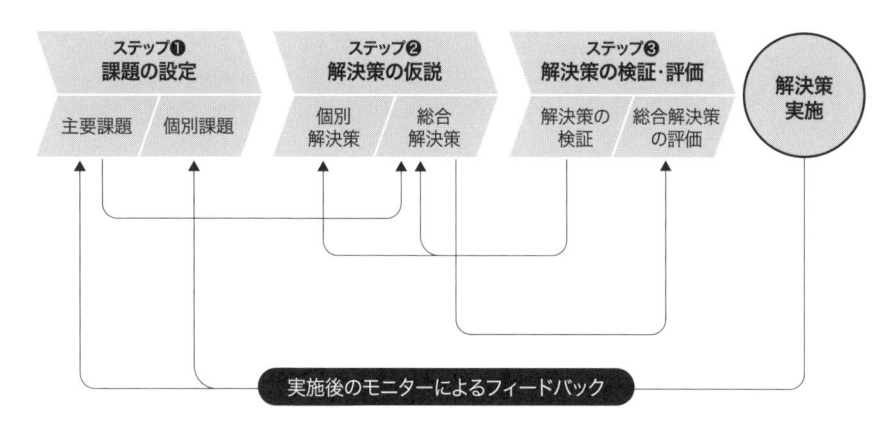

- ステップ❶ 課題の設定：主要課題／個別課題
- ステップ❷ 解決策の仮説：個別解決策／総合解決策
- ステップ❸ 解決策の検証・評価：解決策の検証／総合解決策の評価
- 解決策実施

実施後のモニターによるフィードバック

事例7 「体重が増えた」という現象に対する解決策を立案する

＜ソリューション・システム＞を使って、第2章＜ロジックツリー＞で解説した太り過ぎの問題「私は痩せることができるのか？」を再考し、一般的課題に対する適用性を検証してみよう。

●──主要課題の設定

「私は痩せることができるのか？」という主要課題が設定されるには、まず、太り過ぎの現状を問題があると認識し、改善しようと自らが意識しなければならない。年に1回の健康診断で体脂肪率が高く、BMI値【体重（kg）÷（身長（m）×身長（m））】を計算したら25を大幅にオーバーしており減量すべきと注意される（標準化分析）。あるいは、毎日風呂上がりにチェックしている体重がここ1年間で7キロも増えて、動きが鈍く足腰への負担も増えて困っている（トレンド分析）。あるいは、自分があこがれていつもファッションや仕種を真

図3-15 | 個別課題の＜ロジックツリー＞

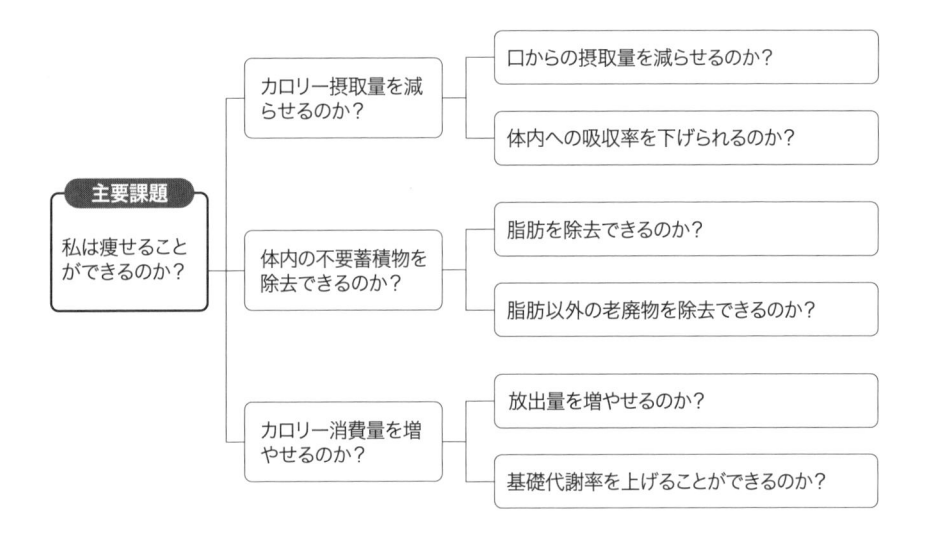

```
                    ┌─ カロリー摂取量を減    ┌─ 口からの摂取量を減らせるのか？
                    │   らせるのか？         └─ 体内への吸収率を下げられるのか？
主要課題            │
私は痩せること  ────┼─ 体内の不要蓄積物を    ┌─ 脂肪を除去できるのか？
ができるのか？      │   除去できるのか？     └─ 脂肪以外の老廃物を除去できるのか？
                    │
                    └─ カロリー消費量を増    ┌─ 放出量を増やせるのか？
                        やせるのか？         └─ 基礎代謝率を上げることができるのか？
```

似しているスタータレントと比べて、最近お腹のあたりの脂肪が気になってきた（ベンチマーク化分析）。こういった現状認識を経て、主要課題「私は痩せることができるのか？」が設定される。

● 個別課題の設定

次に、主要課題「私は痩せることができるのか？」を個別課題にブレークダウンする。ここが最初の知恵の使いどころで、独自のフレームワークを仕立てる必要がある。ここでは第２章の＜ロジックツリー＞で開発した「痩せるロジックツリー」のフレームワークを利用し、個別課題を作成する（**図3－15**）。

第１段の個別課題は３つ。「カロリー摂取量を減らせるのか」「体内の不要蓄積物を除去できるのか」「カロリー消費量を増やせるのか」。このどれかが解決できれば体重は減量できる。そして各々に対する２段目の個別課題は、「口からのカロリー摂取量を減らせるのか」「体内へのカロリー吸収率を下げられるのか」「体内の脂肪を除去できるのか」「体内の脂肪以外の老廃物を除去できるのか」「体外へのカロリー放出量を増やせるのか」「基礎代謝率を上げられるの

か」の6つにブレークダウンされる。

◉ 個別課題に対する個別解決策づくり

次に、個別課題に対する個別解決策を考える。まずは自分で思いつくだけの解決策を書き出して、どの個別課題に対応するのかをチェックする。初めは虫食い状態でもかまわない。さらには、雑誌記事や本を参考にしたり、減量を実施した友人に話を聞いて解決策の完成度を高める。何人か集めて20～30分ブレーンストーミングをしてもいい。自分の頭脳と人の頭脳を徹底して活用する。

そうすると、「口からのカロリー摂取量を減らせるのか」の個別課題に関しては、「YES．食事量の制限を行う、あるいはダイエット健康食のような低カロリーの食事に切り替える」。「体内へのカロリー吸収率を下げることはできるのか」の個別課題に関しては、「YES．漢方薬や鍼・灸により体質改善を図る」。「体内の脂肪を除去できるのか」の個別課題に関しては、「YES．美容整形で脂肪吸引手術を行う」。「体内の脂肪以外の老廃物を除去できるのか」の個別課題に関しては、現時点では思い当たらなければ「NO．解決策なし」ととりあえず置いておく。「体外へのカロリー放出量を増やせるのか」に関しては「YES．平常時の歩行量を増やす、あるいは、有酸素運動を毎日行う」。そして「基礎代謝率を上げられるのか」に関しては、「YES．筋力トレーニングで筋肉質の体にする、あるいは薬を服用して代謝率の高い体へと体質改善する」。これではまだ個別解決策にモレがあるかもしれないが、この程度広がりが出てくれば総合解決策は十分作れる。

◉ 主要課題に対する総合解決策づくり

それぞれの個別解決策が考えられたら、次は総合解決策づくりだ。3つの総合解決策に絞り込んでみよう。

総合解決策1：自力穏便策
朝、昼、晩の食事量を制限したり、間食をしないようにしてカロリーのインフローをコントロールすると同時に、万歩計を使って歩行量を管理し、日常のカロリー放出量を増やす。

総合解決策2：自力積極策
スポーツクラブに入会し、水泳やエアロバイクなどの有酸素運動を行ってカロリーを消費すると同時に、筋力トレーニングにより代謝率の高い筋肉質の体づくりを行う。
総合解決策3：他力活用策
緊急には美容整形により脂肪吸引手術を行う。さらには太りにくい体質にするため鍼・灸を試みる。

気がついたかと思うが、3つの解決策はそれぞれのオプションを考える段階で、すでにある基準によって個別解決策の中から取捨選択している。つまり、総合解決策の評価がある程度この段階で始まっている。たとえば、総合解決策1は時間やお金といった資源を極力かけない解決策であり、資源投入量の観点で選んでいるわけだ。また、総合解決策2は時間とお金が十分に確保できなければならない。そして、総合解決策3は資金力が潤沢でなければ実行できない。

●──個別解決策の検証

総合解決策で選択されたそれぞれの解決策が本当に効果があるのかを事前に検証する必要がある。かなりの時間と、場合によってはお金もかかるし、何よりも意志とエネルギーを持続させなければならない。自分に合った無理のないプログラムがベターなのだ。検証方法はいろいろあるが、雑誌や本でそれぞれの効果について当たりをつけたうえで、すでに実行した人や健康カウンセラーなどの専門家に、それぞれの効果を聞いて相談するとよい。

たとえば、スポーツクラブのインストラクターに相談すれば、水泳30分とエアロビクス30分を週3回行った場合のカロリー消費量を推定し、1ヵ月でどの程度脂肪を燃焼させることができるのか、具体的に提示してくれるだろう。また、美容整形手術を行うのであれば、美容整形外科に問い合わせれば、費用と効果と回復時間を教えてくれるだろう。

こうしたチェックに基づいて個別解決策と総合解決策を検証し、効果のない解決策は削除し、検証過程で新たに出現した解決策は追加する。

図3-16 「私は痩せることができるのか？」の総合解決策 ❷

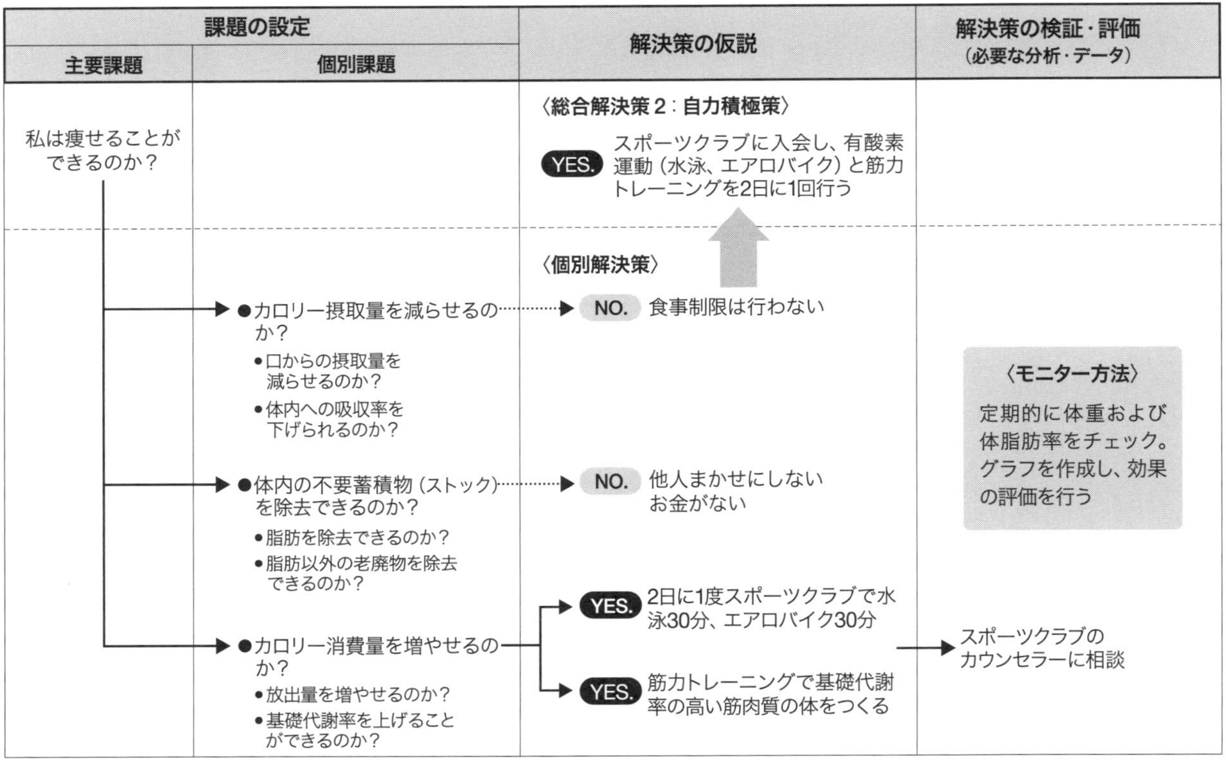

課題の設定		解決策の仮説	解決策の検証・評価 （必要な分析・データ）
主要課題	個別課題		
私は痩せることができるのか？	●カロリー摂取量を減らせるのか？ ・口からの摂取量を減らせるのか？ ・体内への吸収率を下げられるのか？ ●体内の不要積物（ストック）を除去できるのか？ ・脂肪を除去できるのか？ ・脂肪以外の老廃物を除去できるのか？ ●カロリー消費量を増やせるのか？ ・放出量を増やせるのか？ ・基礎代謝率を上げることができるのか？	〈総合解決策2：自力積極策〉 スポーツクラブに入会し、有酸素運動（水泳、エアロバイク）と筋力トレーニングを2日に1回行う 〈個別解決策〉 YES. NO. 食事制限は行わない NO. 他人まかせにしないお金がない YES. 2日に1度スポーツクラブで水泳30分、エアロバイク30分 YES. 筋力トレーニングで基礎代謝率の高い筋肉質の体をつくる	〈モニター方法〉 定期的に体重および体脂肪率をチェック。グラフを作成し、効果の評価を行う スポーツクラブのカウンセラーに相談

● 総合解決策の評価

こうして3つの総合解決策は多少修正があったものの、それぞれの効果が検証されたとしよう。まずはハードの4つの基準からの評価である。

(1) 期待成果：体重と、体内に蓄積された脂肪の減量効果で評価する
(2) 投入資源：自分が投資しなければならないお金と時間で評価する
(3) リスク：短期的に効果は上がってもすぐにリバウンドして元に戻ってしまったり、あるいは実行そのものが体に対して悪影響がないのかを評価する
(4) 展開スピード：緊急課題であれば、少なくとも半年後には十分に減量効果が表れているか、結果に到達するスピードを評価する

しかし最も重要なのは、ソフトなファクターである本人のやる気（継続へのコミットメント）である。3日坊主、3週間坊主で終わっては、それまでに費やしたお金と時間はまったくの無駄になる。さらに、実行できなかった無力感が残るので、実行しないほうが精神的にはよい。

このハードとソフトの両面から総合解決策を選択する。仕事の忙しいビジネスマンであれば総合解決策1を選択するであろうし、食事制限はご免だが時間とお金にゆとりのある人は総合解決策2を選択するかもしれない。あるいは、緊急性が高くお金に余裕のある人は総合解決策3を選択するかもしれない。そしてどれかを選択した後は、実際にこれらの解決策を実施しながら定期的に体重と体脂肪率をグラフ化してチェック、モニターすることとなる。このプロセスを＜ソリューション・システム＞シートに整理すると図3－16のようになる。

以上のように、＜ソリューション・システム＞は、一般的問題の解決にもパワーを発揮することが理解されたと思う。それは、そもそも普段の自然な問題解決の思考プロセスをビジネス用に体系化したものが＜ソリューション・システム＞だからである。

事例8　OEM事業の今後の方向性を決める

　＜ソリューション・システム＞シートを経営上の課題に適用してみよう。技術革新が激しく、グローバルな商品競争・価格競争が激しいハイテクがらみのオフィス用電子機器A商品は、ここにきて収益性が極度に悪化している。取引先も次々に競合に取って代わられ、A商品を中心としたA事業自体の存続が危ぶまれている。

　こうした状況下、トップは「当社はA商品のOEM事業を今後も継続することが可能か？」という主要課題を設定した。これに基づいて、＜ソリューション・システム＞による問題解決を行ってみる（図3−17）。

　まず、原因を追求するため3C（競合、顧客、自社）の枠でブレークダウンし個別課題を立てる。たとえば、競合であれば「価格競争に勝てるのか」あるいは「特許戦争に対応できるのか」。また、市場／顧客であれば、「変化の激しいユーザーニーズに対応できるのか」、あるいは「現状のOEM先の顧客との関係を維持できるのか」。さらに、自社であれば、「当社の技術力で、半年サイクルの新商品開発は可能なのか（ヒト）」「技術開発と生産設備への投資余力はあるのか（カネ）」「海外生産設備の活用は可能なのか（モノ）」。

　そして、それぞれに対する仮説を立てる。たとえば価格競争に対する仮説は、「YES．生産拠点を日本から中国に移管すれば、製造原価が低減できコスト競争力を高められる」。特許戦争に対する仮説は、「NO．競合の特許なしでは自社の新商品は開発できない」。また、ユーザーニーズに関する仮説は、「NO．OEMビジネスのためエンドユーザーとの距離が遠く、ユーザーニーズのハイピッチな変化への対応には限界がある」。OEM先との関係についての仮説は、「YES．取引条件によるが7割は継続可能」。さらに、当社の技術力に関する仮説は、「NO．今後必要となる重要な要素技術および技術者数が圧倒的に不足している」。財源に関する仮説は、「NO．余剰資金が枯渇しているうえ、借入金を含む外部からの資金調達は困難」。そして、生産設備に関する仮説は、「YES．マレーシア、中国の生産ラインを活用できる」。この中で特許戦争の仮説がもし本当であれば、それだけでノックアウト・ファクターとなる可能性もある。

図3-17 ⟨ソリューション・システム⟩シートによる経営上の課題の分析

主要課題	課題の設定		解決策の仮説	解決策の検証・評価
	個別課題			
当社はA商品のOEM事業を今後も継続することが可能か？			〈総合解決策〉 NO. 早期撤収を図る	
	〈競合〉		〈個別解決策〉	
	・価格競争に勝てるか？		YES. 生産拠点を日本から中国に移管すれば、製造原価を低減できる	・競合とのコスト、付加価値分析（VA／VE） ・中国移管時の製造コスト推定
	・特許戦争に対応できるか？		NO. 競合の特許なしでは新商品の開発が不可能	・過去5年間と今後の自社と競合の特許分析
	〈顧客〉			
	・変化の激しいユーザーニーズに対応できるか？		NO. OEMビジネスの限界がある	・ユーザー（OEM）のニーズ調査 ・商品のライフサイクルの調査
	・現状のまま取引は継続できるか？		YES. 条件により7割は維持可能	・取引先との契約延長のための条件のヒアリング
	〈自社〉			
	・半年サイクルの新商品開発は可能か？		NO. 今後必要となる要素技術と技術者が不足	・商品開発の今後の方向性と技術力の分析
	・投資余力はあるのか？		NO. 財源がない	・財務分析（キャッシュフロー）
	・海外工場の活用は可能か？		YES. マレーシア、中国の工場を活用可能	・海外工場の余剰生産能力とコスト分析

この状況は非常に厳しい経営環境で、あちこちの個別課題をもぐらにたとえるなら、いくらたたいても、もぐらを退治できそうにない。この場合の総合解決策の仮説は２つ。「YES．OEM事業は継続できる」の楽観ケースと、「NO．OEM事業から撤退する」の悲観ケースで、中間はなさそうだ。そして、特許戦争がノックアウト・ファクターになるかどうかが鍵となる。

　このように、＜ソリューション・システム＞シートを使うと、常に全体観を持てる。分析した結果、もし仮説が外れればその時点で個別解決策の仮説を修正し、総合解決策を作り替えればいい。そしてこのシートがあれば、それぞれの分析を個別課題のスコープに応じて各管轄部署に依頼できる。たとえば、価格競争に関する付加価値分析、また特許戦争や要素技術力に関しては技術開発・研究部門へ情報提供や分析を依頼する。また、海外工場の活用は生産管理部門、投資余力は財務・経理部門を巻き込んで分析する。ユーザーや商品開発サイクルについては、商品開発やマーケティング部門が関係してくる。

　これらの仮説が検証され、すべて正しいとすると、「主要課題」に対する結論は「OEM事業の継続は不可能。早期に撤収を図る」となる。撤収となると大変な決断であり、それだけに十分な検証が求められる。一流と言われる経営コンサルタントは、この＜ソリューション・システム＞のプロセスを、トップとの話し合いや部門長へのインタビューを通して初期の段階で頭の中で行い、同時に解決策の仮説を立てている。

　売上高が1000億円以上の大企業のトップを対象とした経営コンサルティングでは、ステップ３の解決策の検証・評価には相当なエネルギーを使う。それでもトップの意思決定スタイルによっては、なかなか説得が難しい場合もある。反対に、数百億円以下の中堅企業や上場前のベンチャー企業のオーナー経営者は、ステップ２の解決策の仮説を出した段階で自ら判断し、即実行することが多い。ビジネスの現場に精通し、自分の判断なりセンスに自信を持ち、経営のスピードを差別化上最重要視するオーナー経営者であればこそ、仮説レベルでも大胆に戦略に取り入れるというリスクを伴う判断ができるのであろう。

　以上、＜ソリューション・システム＞とは、＜ゼロベース思考＞＜仮説思考＞の２つの思考と、＜MECE＞＜ロジックツリー＞の２つの技術を駆使した問題

解決のプロセスであることが理解できたことだろう。次の第4章では、実際にこれらの思考と技術を経営の現場で実践して結果を出した、ある大手家庭用品メーカーで私が手がけた経営改革のプロセスを紹介しよう。

第4章
実践編

＜ソリューション・システム＞活用の現場

第1章では、＜ゼロベース思考＞＜仮説思考＞というビジネス上で最も基本的、かつ重要な2つの思考態度について述べた。そして第2章では、実際に問題解決を行う際の基本的な2つの技術＜MECE＞＜ロジックツリー＞について、そして第3章ではこれらを総合的に駆使した効率的な問題解決の実践的プロセス＜ソリューション・システム＞について説明した。

　それぞれを説明するにあたっては、いくつかの具体的事例を紹介してきたが、第4章では問題に直面したときいったいどのように思考し、仮説を立て、分析を行い、そして実行過程に落とし込んでいくのかということを、実例を通して紹介する。

　それは私がある大手家庭用品メーカー（以下S社と呼ぶ）で行った新規ビジネス立ち上げの、一連のストーリーである。企業情報を扱うため、文中で挙げた数字やデータについてはいくらか手を加えてあるが、第1章、第2章、第3章の内容の理解を深め、ビジネスの現場で使えるようになるために必要な分析・実行のプロセスはすべて再現してある。そして導かれる結論や具体的にとったアクション自体は事実であり、十分に主旨は伝わると思う。

　さらに、この章では、限られた情報や事実から意味合いを導くためのアナリシス・ツールをいくつか紹介する。これらはチャートやグラフを多用し（**ワンポイントレッスン1**）、さまざまな戦略上の課題分析にあたってしばしば有効に用いられるツールだ。私もこれらのツールを活用して分析を行い、問題解決を行った。どのような場合にどのようなツールを用いて分析するのか、そしてその使い方のコツも、ワンポイントレッスン形式ではあるが紹介する。なお、分析手法に関しては、姉妹編の『問題発見プロフェッショナル　構想力と分析力』（ダイヤモンド社）に詳述している。

ワンポイントレッスン

1

チャートやグラフで経営を考えるクセをつける

　仮説を立てるために数字を分析したり、〈ソリューション・システム〉で考えた仮説を検証したり、あるいは解決策を実行していく過程でその結果を評価するときに力を発揮するのが、グラフやチャートである。「いや、私は数字については、表を見ただけで動きも問題点もすぐわかる。そんな手間は無駄だ」という数字の達人でも、人にその内容を伝えるにはグラフのほうがわかりやすいことは理解できるはずだ。

　チャートやグラフにして分析をするのは、
①瞬時に見ただけで自分以外のだれにでも内容を伝えやすい
②表よりも精度の高い状況把握ができ理解のスピードが速い
③視覚的にインパクトが強く記憶に残りやすい
といったメリットがあるからだ。したがって、多くの人に自分と同じレベルの理解を求め、スピードのある判断を常に行うには、経営をチャートやグラフで考えることが重要となる。ただし、多種多様なグラフ作成ソフトにより、いとも簡単に３次元グラフが作成可能とはいえ、何でも複雑にビジュアル化すればいいというわけではない。基本的には２次元でも十分であり、むしろ人間の理解力を考えれば、２次元のほうがいいかもしれない。大事なことは、２次元であれば、なぜそのＸ軸とＹ軸をとるのか、その意味と、グラフ化したときにその分析からどんな仮説（意味合いや結論）が導けるのかをよく考えることである。この訓練をすると、SO WHAT？（だから何なの）的な無駄な分析は、次第に姿を消すようになる。

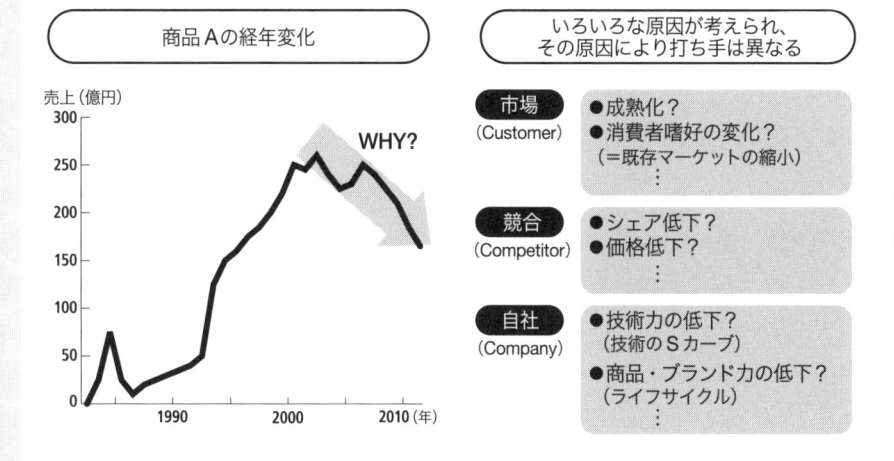

商品Ａの経年変化

WHY？

いろいろな原因が考えられ、
その原因により打ち手は異なる

市場
(Customer)
● 成熟化？
● 消費者嗜好の変化？
（＝既存マーケットの縮小）
　：

競合
(Competitor)
● シェア低下？
● 価格低下？
　：

自社
(Company)
● 技術力の低下？
（技術のＳカーブ）
● 商品・ブランド力の低下？
（ライフサイクル）
　：

1 事業課題を設定する

1 大手家庭用品メーカーS社の問題を洗い出す

　第1章の冒頭で述べたように、S社は家庭用品をホームパーティ形式により販売するダイレクト・セリングの会社である。ワールドワイド50ヵ国以上に販売網を持ち、日本市場に参入して30年強（当時）。ディストリビューターという、専属でS社の商品を販売する独立系の販社が日本全国に約160社あり、その傘下にいる主婦を中心にした販売員は、資格によりマネジャー、ディーラ

図4-1 S社の販売組織

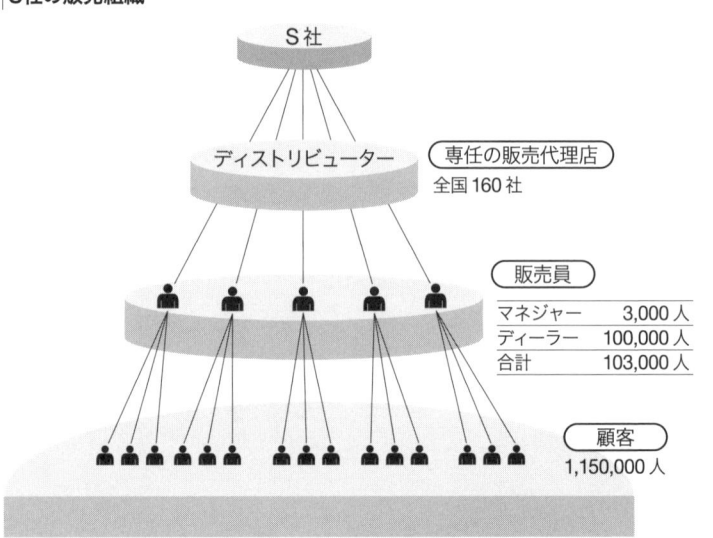

- S社
- ディストリビューター（専任の販売代理店）全国160社
- 販売員
  - マネジャー　3,000人
  - ディーラー　100,000人
  - 合計　　　　103,000人
- 顧客　1,150,000人

ーと呼ばれる。マネジャーは全国で約3000人、その下にディーラーが約10万人。彼女たちから商品を購入する顧客が約115万人いる（**図4－1**）。

　これまで扱ってきた商品カテゴリーは、ほとんどがプラスチック保存容器。これは非常に密封性の高い商品で、この密封性の技術により、乾燥の持続だけでなく湿気の持続、冷凍保存、電子レンジ調理などに真価を発揮する。最近ではこの密封性の技術を、食品容器だけでなく衣料用にも発展させている。また、本国アメリカのグループ会社の多層鍋も導入し、家事の合理性・健康志向の主婦に受け入れられている。ホームパーティでは販売員が商品の使い方のデモンストレーションを行ってその付加価値を高め、高価格で商品を販売してきた。

　しかし、今日では他メーカーの技術力も向上し、S社商品ほどの密封性は実現できないものの、類似の商品が非常に低価格で販売されるようになった。販売チャネルも一般スーパーやディスカウント・ショップ、ホームセンターなどさまざまで、日用品を扱う小売店ならばどこの棚にでも並んでいる商品といえる。販売員によるデモンストレーションにより付加価値がつくといっても、それだけでは埋められないほどの大きな価格差が生じている。

　一方、販売上にも問題が2つある。顧客と販売員の問題だ。1つは有職主婦や、スポーツクラブやカルチャーセンターに積極的に出かけて昼間は不在の主婦の増加により、主婦の在宅率が激減していることである。ホームパーティを開きたくても顧客がいない。商品上からの顧客の減少のみならず、販売システム上からも顧客の減少が顕著だ。S社も販売システムの見直しが必要になってきている。

　2つ目は、専業主婦の販売員の確保が難しくなってきているということ。もともとS社の拡販システムでは、まず専業主婦が顧客として大量に商品を購入して使いこなす。そしてその良さを理解した人が販売員にリクルートされて販売活動に入る、というのが典型的パターンだった。しかし、この将来の販売員予備群である専業主婦層の減少と、他にパートタイムの仕事も含め主婦にとっての雇用機会が増加するにつれて、販売員のリクルートがますます難しくなってきている。

　現場では、なんとか商品を購入してもらうために主婦を説得し囲い込む手段として、本来販売員の特権である数十％になる販売マージン（利益）を、自分

図4-2｜売上高のS字カーブ

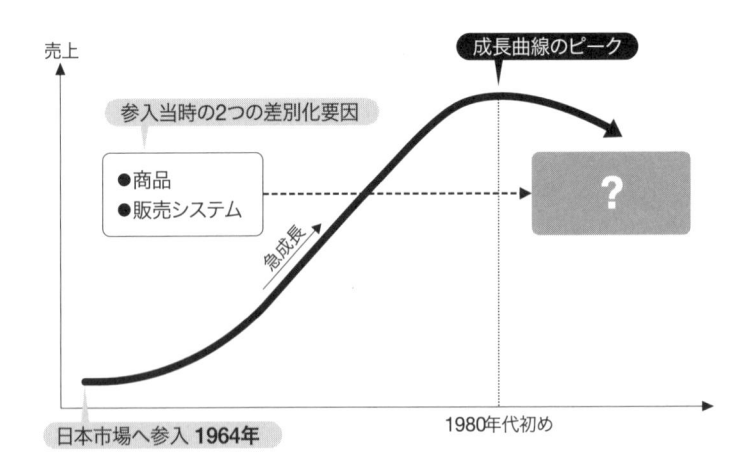

- 売上
- 参入当時の2つの差別化要因
  - 商品
  - 販売システム
- 急成長
- 成長曲線のピーク
- ?
- 日本市場へ参入 1964年
- 1980年代初め

用の商品を安く買える特権として与えるようになった。要するに販売員のカスタマー化が生じており、過去の強力な商品力に引っ張られてできた販売網が二極化していたのである。

2 問題となる現象を分析する

　商品と顧客に絞ってこれらの現象を見てみると、"same food for the same fish in the same pond"といえる。これは「同じ餌（商品）を同じ池（市場）の同じ魚（顧客）に与えている」という意味である。言い換えれば、まったく同じ商品で同じ市場の同じ顧客を相手にしていては、いずれ成長にも限界がくるということである。
　特にこれは、買い替えサイクルの長い耐久消費財や半耐久消費財にとっては、致命的である。時代や消費者が変化しているのに対応が遅れ、商品・サービス開発力に元気がなく、そのうえいつも同じ常連顧客ばかり相手にしていて新規

図4-3 │ 商品×市場／顧客のマトリックス

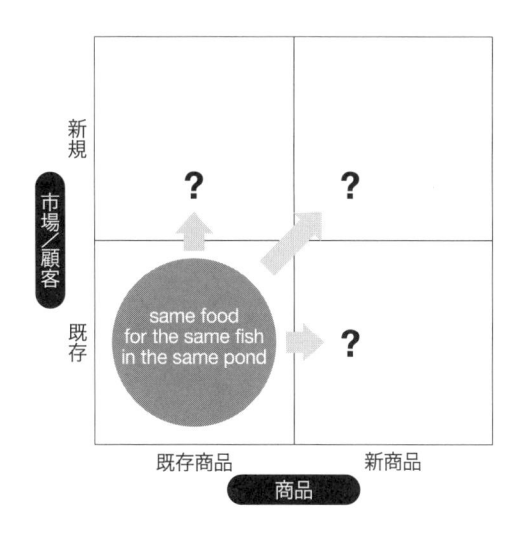

```
          新規
           │    ?      ?
    市場／   │  ↑    ↗
    顧客   │ ┌─────┐
           │ │same food │    ?
           │ │for the same fish│ →
           │ │in the same pond│
          既存└─────┘
           └──────────────
            既存商品    新商品
                 商品
```

　顧客開拓力に欠ける、そんな元気のない企業であれば、業種・業態を問わず当てはまる。Ｓ社はまさにこの状況にはまり込んでおり、売上高は1980年代の初めをピークに、綺麗なＳ字カーブを描きながら下降していた（**図4－2**）。

　これをマトリックスにしてみよう。商品の軸をＸ軸にとり、市場／顧客の軸をＹ軸にとる。そしてそれぞれを、既存と新規というように＜MECE＞に分ける（**図4－3**）。"same food for the same fish in the same pond"とは、この２×２マトリックスの左下の象限をいう。つまり、既存市場の既存顧客に既存商品をいつまでも売っている状態を指す。したがって、この閉塞状況を脱するためには、既存商品であっても新たな市場や新たな顧客を開発するか、既存市場の既存顧客であっても新たな商品を開発するか、はたまた、完全なニュービジネスとしてまったく新しい商品をまったく新しい市場の顧客に展開するか、理論的には３つの選択肢しかない。

　また、これらの現象を「３Ｃ＋１Ｃ」のフレームワークで整理してみよう（**図4－4**）。

　まずCompetitor（競合）はどうなのか。プラスチック容器や日用雑貨、ある

図4-4 S社の3C+1C

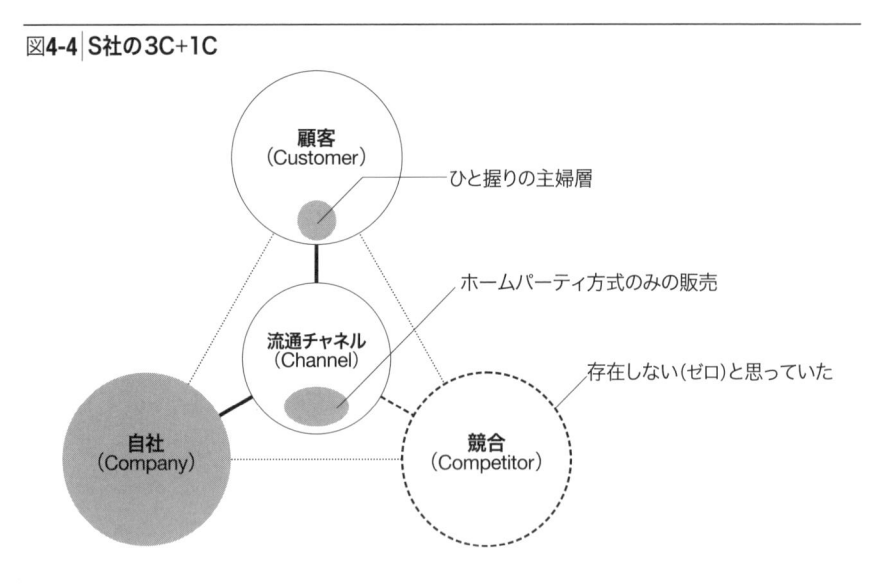

- 顧客(Customer) — ひと握りの主婦層
- 流通チャネル(Channel) — ホームパーティ方式のみの販売
- 競合(Competitor) — 存在しない(ゼロ)と思っていた
- 自社(Company)

いは百貨店などの小売りの仕事に携わっていなければ、メーカー名までは頭に浮かばないかもしれない。それでもS社の競合は？と質問されれば、大方が「メーカーだけでも数社」「チャネルでいってもアムウェイなどの訪販の会社や大手スーパーやホームセンター」等々を頭に浮かべることと思う。しかし、いままでのS社のとらえ方でいうと「競合はゼロ」であった。あるときある経営幹部に質問したら、即座に返ってきた言葉は「競合はいません」であった。これには驚いた。特殊なチャネルで閉鎖的市場に対して訪問販売方式をとっている高級プラスチック保存容器市場という非常に狭い意味でとらえると、たしかに「競合」はいないということになる。

　しかし、先ほど挙げたように、商品だけを見てもいたるところにあるし、プラスチック容器を販売しているチャネルと考えれば、やはり無数にある。競合だらけといってもよいくらいである。S社のとらえ方では、まったく競合を認知していなかったのだ。もちろん、スーパーなどで販売している安いプラスチック容器を競合ととらえ、せっかく高く売れるものを価格競争力がないといって安易に安く売る必要はまったくない。しかし、だからといって競合を見なく

てもよいということにはならない。競合をよく見ていれば、自社の商品開発上でもまったく違うアプローチが出てくるはずだ。私が手がけた新商品群は、競合を視野に入れたからこそ生まれたものであるが、既存のラインでも競合を見るか見ないかで、ずいぶん商品開発のアプローチが違ってくる。このように、「競合」をどうとらえるのかということは、商品開発上、マーケティング上、営業政策上、はたまた経営戦略上でも重要なポイントである。

たとえば宅配ピザの業界を例にとると、「デリバリー・システム」に対する競合は何かととらえると、同じピザ業界以外でも、そば屋、寿司屋、弁当屋などが挙げられるであろう。商品から見ると、イタリア料理はもちろん、おやつ的な軽食としてお好み焼きやたこ焼き、肉まん、パンなど数々ある。ファミリーターゲットのフードビジネスととらえると、デニーズなどのファミリーレストランやファストフードなども挙がってくる。

もちろん、競合と思われるところをすべて＜MECE＞にとらえればよいかというと、そういうわけではない。なぜなら、そのための労力と成果を考えなければならないからだ。だからこそ、どこを競合と見るのかということが、企業の戦略上重要なポイントになる。S社の場合、3Cの中では「競合」をなしととらえ、「Company（自社）」のことしか見ていなかったことが大きな敗因であった。

「Channel（チャネル）」に関しては、訪問販売のホームパーティ方式一本。時代とのズレが大きくなり、「Customer（市場）」のカバー率は次第に小さくなってきている。しかし、この方式を変えようともしなければ、修正しようとさえしていない。ここ数年、S社に限らず、通信販売市場は大きな伸びを見せているのに対し、訪問販売業界自体は微増にとどまっている。その原因は何かということを突き詰める努力をせずに、ひたすら営業にプッシュをかけ続けている。そのため、プロモーションやインセンティブ・プランは、網の目のように複雑に張り巡らされ、次第次第に肥大化・自己目的化していった。ここには明らかに構造的問題が存在する。とにかくS社の場合、市場におけるシェアという観点では、シェアを構成する市場のカバー率および勝率という点で、ともに大きな問題を抱えていた（**ワンポイントレッスン2**）。

これは伸び悩んでいる訪問販売企業、たとえばミシンや着物、化粧品などに

ワンポイントレッスン 2

シェア分析：問題は市場のカバー率か、あるいは競合とバッティングしたときの総合力の差か？

　自社のシェアの構成要素を市場のカバー率と競合とバッティングしたときの勝率に大別し、シェアの要因分析を行うときに利用する。市場のカバー率とは、商品がターゲットとする顧客の全体集合を100％としたとき、自社が何らかの販売促進活動や営業活動により、顧客にアクセスしている割合をいう。また、勝率とは自社が競合とバッティングしたとき、商品力から営業力に至るまで自社の総合力により、競合に打ち勝つ確率をいう。

　一般の小売チャネルで販売されているマスプロダクト型の商品では、カバー率とは小売チャネルをカバーする割合で、勝率は自社がカバーしている小売店の平均店内シェアで近似することが可能だ。

　一方、訪問販売（法人営業や業務ルート営業を含む）や通信販売といった直接販売では、市場のカバー率とは上記の定義そのもので顧客にアクセスしている割合であり、勝率とはアクセスしている顧客の獲得率である。

　ほとんどの小売店をカバーしているマスプロダクト型の普及商品では、自社と競合のカバー率が100％に近いと勝率（店内シェア）＝シェアとなるため、シェア分析による要因分析の重要性はそれほど高くないが、ワン・ツー・ワン型の直接販売（ダイレクト・マーケティング）ではシェア低迷の原因がカバー率なのか勝率なのかによって打ち手や経営資源の配分が大きく異なるため、基本分析としては重要である。

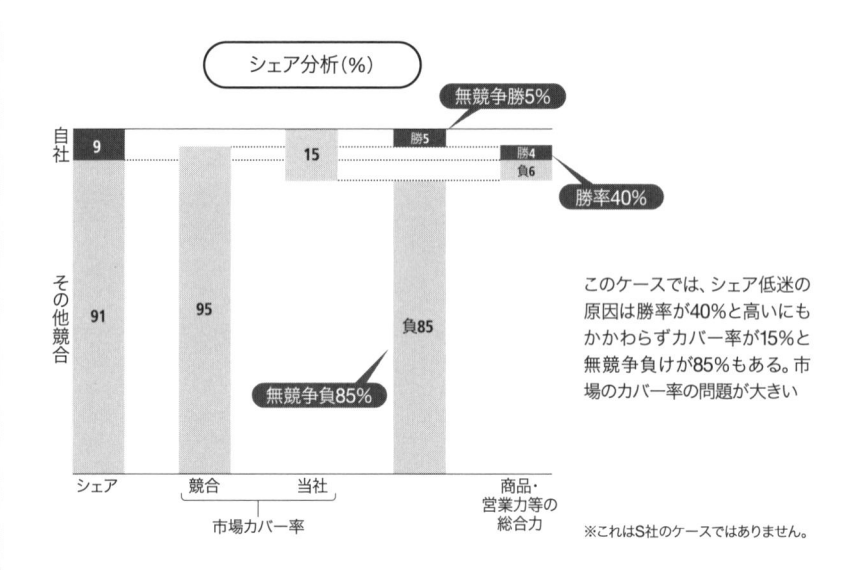

シェア分析（%）

	シェア	市場カバー率		商品・営業力等の総合力
		競合	当社	
自社	9		15	勝5 無競争勝5% 勝4 負6 勝率40%
その他競合	91	95	負85 無競争負85%	

このケースでは、シェア低迷の原因は勝率が40％と高いにもかかわらずカバー率が15％と無競争負けが85％もある。市場のカバー率の問題が大きい

※これはS社のケースではありません。

はそのまま当てはまる。それだけではない。この構造的問題は他業界でもよく見受けられる。たとえば、昔は強力な系列化特約店網を持っていた家電、化粧品、酒類、石油製品などの業界だ。その網が強ければ強いほど、きめ細かければきめ細かいほど、チャネルの変化が激しい今日においては、それが逆に大きな足かせとなり、チャネルや市場に関して同様の問題が表面化しているのは確かである。もちろん、競合をまったく見ていないということはないとは思うが……。

このような販売組織上の問題点は、まったく新しい組織を作ることによって打開されることもある。そのほうが一見簡単で、かつ効率的なのだ。しかし、これはタイミングが非常に難しい。衰退しているとはいっても、いまでも営業基盤組織である場合は、短期間で新チャネルがうまく立ち上がらない限り、共倒れの自殺行為になるからだ。

3 事業課題を設定する

さて、第1章でも述べたように、S社にゼネラル・ディレクター（経営会議メンバー兼事業開発本部長）として招かれた私は、これらの問題に直面し、解決するために3つの事業課題を設定した（**図4−5**）。

❶ **右下の象限**：現顧客（同じ池の同じ魚）に新たなカテゴリーの商品（違う餌）を提供することは可能なのか。従来のプラスチックにこだわらない新商品の開発・導入である。

❷ **左上の象限**：現商品（同じ餌）を、いつのまにかモレてしまった働く主婦（違う池の違う魚）に提供するための、新たな販売システム（たとえば通信販売）の開発は可能か。

❸ **左下の象限**：現商品（同じ餌）を同じ主婦層（同じ池）ではあるが、いまのパーティ方式ではキャッチできなくなってしまった主婦層（同じ池だが違う魚）をできるだけ広くカバーするために、現在の販売システムを全面的に見直すことは可能か。現セールスシステムのリ・デザインである。

図4-5｜S社の事業課題

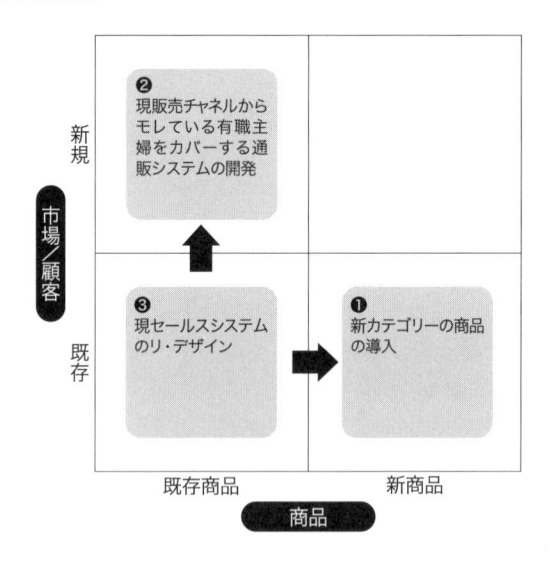

```
市場／顧客
  新規 │         ❷ 現販売チャネルから
       │           モレている有職主
       │           婦をカバーする通
       │           販システムの開発
       │                ↑
  既存 │  ❸ 現セールスシステム  →  ❶ 新カテゴリーの商品
       │     のリ・デザイン            の導入
       └─────────────────────────────
          既存商品           新商品
                   商品
```

4 解の方向性を探る

　設定された課題に対して解決策（仮説）を考える際に、解の方向性として、いま企業が有する強みをテコにするか、弱みを強化するのか、あるいはまったく新しい方向性をゼロから創り出していくのかという判断がまず必要だ。企業にとって何が強みかということは、非常に重要なポイントだ。市場と競合の関係においてどちらが得かということだが、新しいことを始めるときのビジネスの鉄則は、とにかく強みを「テコ」にすること以外にない。

　その判断に立つと、S社は現在の強みを完全にとらえそこなっていた。競合品がなく、右から左へと飛ぶように売れた過去の神話を引きずり「ホームパーティ方式の販売システムは素晴らしかった」「商品の品質はいまでも素晴らしい」としかとらえられず、現在の強みは何かということを忘れていた。現在の強みは、明らかに約10万人の販売員ネットワークである。この販売組織こそ

図4-6 「マーケット・インテグレーター」コンセプト

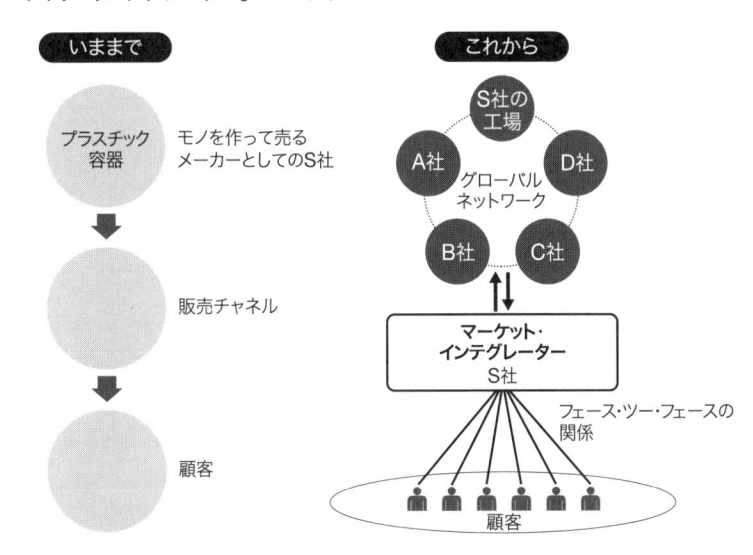

が企業としての最大の資産なのだ。しかし、「こんなにいい商品なのに売れないのは販売力が弱いからだ」という認識がいまだ支配的であり、過去の強みによって生まれた約10万人の販売員ネットワークが強みだとはだれも思わなかったのだ。

　私はこの強みを生かして事業コンセプトを再定義することにした。事業コンセプトとは、企業の収益を生み出すメカニズムを定義したものである。プラスチック保存容器の販売メーカーから、約10万人のフェース・ツー・フェースでつながった強力な販売網を持つ企業として、顧客の立場に立って優れた商品を選択・開発し販売する「マーケット・インテグレーター」と再定義したのだ（**図4－6**）。

　これは、いままでのように商品を作っては売るというメーカーの概念からの180度の大転換を意味する。マス・マーケティングのような顧客が見えにくい、点でつながっている関係ではなく、ダイレクトにお互いの顔が目に見える線でつながっているからこそ、顧客のニーズをいち早く的確にとらえることができ、そのニーズに合った商品の開発・調達が可能になる。裏を返せば、この販売網

のニーズに合った商品を導入すれば、確実に販売数量が予測できる販売システムとなる。技術も商品も優秀だが販売チャネルの弱いメーカーにとっては非常に魅力的なチャネルだ。

　この事業コンセプト「マーケット・インテグレーター」は、今後のS社の中長期戦略の基本概念として、アメリカ本社のマネジメント・メンバーへもプレゼンテーションを行い、今後の商品開発の方向性も含め承認された。そして、この販売組織の強みが、さまざまな商品の共同開発やOEM開発をメーカー各社に持ちかけるときのバーゲニング・パワーの源泉となり、開発費用の分担や厳しい仕入コストの交渉時の強みとなるのだ。

　こうして、「マーケット・インテグレーター」というコンセプトで世界中のいろいろなメーカーと共同開発する形で、商品開発を行っていく枠組みができた。しかし、このコンセプトをさらに盤石な基盤とするには、時代の変化に合わせて販売システムそのものを大幅にチューンアップする改革が必要であった。それが、事業課題設定の❸現商品（同じ餌）を同じ主婦層（同じ池）ではあるが、いまのパーティ方式ではキャッチできなくなってしまった主婦層（同じ池だが違う魚）をできるだけ広くカバーするために、現在の販売システムを全面的に見直す、である。現セールシステムのリ・デザインという課題に対して行った解決のプロセスについて、まず簡単に説明する。

5　セールスシステムをリ・デザインする

　過去からの財産である約10万人の販売員と、約115万人の顧客の販売ネットワークを強みにした「マーケット・インテグレーター」コンセプトだが、この強力な販売ネットワークを今後も維持・発展させるには、大がかりな改革が必要であった。

　というのも30年にわたる年月の間に、非常に大きな構造変化が生じており、＜ゼロベース思考＞による再設計が必要な状態にあったからだ。そこで事業課題❷に挙げた、いまのパーティ方式の販売システムではリーチできない有職女性には、まったく別の販売システムとして通信販売の手法をとることにした。

しかし、それだけでは不十分だ。メインターゲットである専業主婦を顧客として、また販売員として確保するには、現在の販売システムでは難しくなっていたのだ。

　現在の販売網の構造は「20－80のルール」(**ワンポイントレッスン3**) が当てはまる。生産性の高い20％の販売員が全体の80％の売上げを担っており、残りの80％の販売員は、20％の生産性しか持たない。つまり、約80％の販売員はカスタマー化している。一番の本質的要因は、商品力が相対的に落ちてきたため、高付加価値とはいえ、他社商品と数倍から10倍近い価格差があっては、売るのが大変難しくなったということだ。このようなチャネルの二極化は、訪問販売型のチャネルでは商品力の低下とともによく見られる現象だ。

　この2つの異なるセグメント（集団）は、それぞれ解決策が異なる。まず初めに大きく2つの集団、20％のハイ・パフォーマンスの強力販売員グループと、80％のロー・パフォーマンス・グループとにセグメンテーション（細分化）した。そして、売上減のリスクをシミュレーションしながら、カスタマー化したロー・パフォーマンス・グループへのマージン（利益の分配）を低めていき、そのマージン減から出てくる原資を、ハイ・パフォーマンス・グループの活動的な販売員へ売上貢献度に応じて再配分した。それにより、ハイ・パフォーマンス・グループのインセンティブを強め、全体の売上増を狙った。

　このリ・デザインした販売システムは「Nシステム」として3地域で約半年のテスト・ランを行った後、全国展開を図った。「Nシステム」は、全面的に資源配分を見直し、設計し直すことで販売員のマネジメントの効率化を図ったものだ。そして、カスタマー化した販売員はロイヤル・ユーザーと位置づけ、原資配分を低めながらも、さまざまなコミュニケーション・ツールやインセンティブ・スキームによりロイヤルティを高める工夫をこらした。

　しかしながら、プラスチック保存容器という半耐久消費財の特性から、顧客は自宅にひと通り買いそろえてしまうと、ひと休みに入る。これは、カスタマー化した販売員も同じこと。この構造的問題を解決し、販売のピラミッドを支える顧客の底辺層を広げなければ、販売組織の拡大にも限界がある。この構造的問題を解決するために、新販売システムにはさまざまな工夫をこらしたのだが、さらに、商品戦略上も工夫をこらす必要があった。

ワンポイントレッスン

3

パレート分析:「20-80」のルールは生じていないか?

　販売員や特約店といった販売店から商品アイテムに至るまで、構成要素の数が多くかつ各要素ごとのパフォーマンス(生産性)が定量化できる場合は、とりあえずハイ・パフォーマンス・グループとロー・パフォーマンス・グループに分けて問題点をとらえるといい。

　当然80％近い(必ずしも80％ぴったりになるわけではないが)貢献度を持つ20％の構成要因の重要度は高いが、残りの生産性の低いグループの売上げも無視できない。

　企業の資源配分の観点からは、ロー・パフォーマンス・グループは再考すべきだが、ハイ・パフォーマンス・グループとの関係(たとえば、商品ラインアップの1つとして)が強かったり、営業上重要なこともあり、単純にカットできない場合もある。どちらに注力すべきかバランスのとり方が難しく、どの企業でも悩みの1つであり、資源配分の試行錯誤はある程度必要だ。

　しかし、いずれにしてもハイ・パフォーマンス・グループとロー・パフォーマンス・グループでは、その解決方法は異なること、およびロー・パフォーマンス・グループは、常にそのまま存続させる基準や理由が明確でなければならない点は銘記すべきである。生産性の高い要素から順次累積していったものをグラフ化したものをパレート図と呼ぶ。

(商品アイテム数と売上構成)　　　(販売店の売上構成)

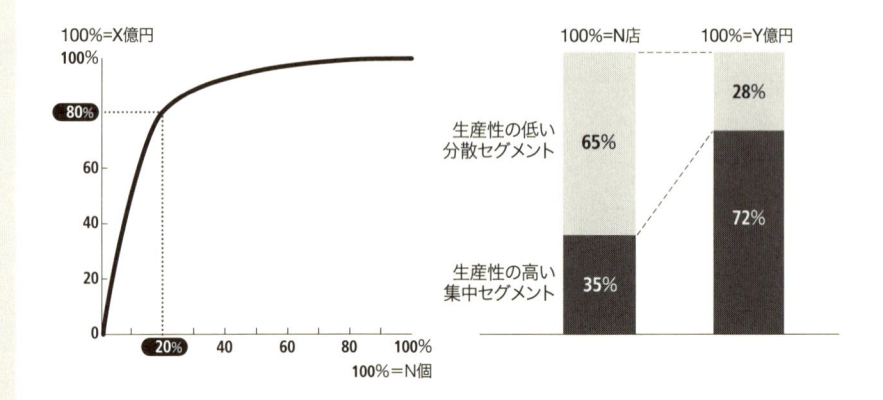

"Foot in the door"とは、文字どおり「ドアに足を入れる」であるが、販売員がドアに足を入れてドアを閉めさせないことを指す。いまの時代、ドアを開けてもらうのさえ至難のわざ。一度開けたらずっと開けておいてもらわなければ割が合わない。実際に、新規に顧客を開拓するのと、リピートユーザーを維持するのとでは、使うコストとエネルギーはおそらく10倍以上違うだろう。

したがって、商品と販売システムを車輪の両輪にたとえるなら、商品としては、顧客を囲い込むための定期的リピート性のある消費財／消耗財が必要であった。

この消費財としての要件は、何も訪問販売に限ったわけではなく、業務用のコピーマシンやプリンター等も、トナーやコピー用紙そして定期点検サービスといった消耗財によって顧客との関係を維持しながら収益源にしているというのは、みなさんもご存じであろう。第1章で説明したポット型浄水器「A-SLIM」の浄水フィルターも、定期的交換という意味では、この消耗財の範疇に入るものだ。

Nシステムへ販売システムのリ・デザインを行うと同時に、当初の課題❶を解決し、新販売システムの効果を最大化するため、消費財／消耗財を早急に市場導入しなければならなかった。

2 ＜ソリューション・システム＞で新商品の導入を図る

1 「新商品」と市場の相性を考える

　マーケット・インテグレーターとしてはどんな新商品を選択するのがよいか。最初に頭に浮かぶのは、既存の顧客に既存のルートで販売するのだから、既存の商品との相性の良さだ。この「相性」というのが簡単なようで判断が難しい。「宅配ピザの専門店が、そのデリバリー・システムを生かして新たにお好み焼きの宅配を始めるとしたら、さらに売上げを伸ばすことは可能か？」という課題があったとする。宅配ピザは、＜ゼロベース思考＞のところでも述べたが、「おいしいピザを家で作るのは大変、だけどピザを食べたい」というニーズに「デリバリー」という従来の出前とは異なるコンセプトで応えた。すでにある程度の成功を収めた宅配ピザの専門店が、同じ池にさらに違う餌をまく。この場合はお好み焼きの宅配である。顧客はいるし、デリバリーのシステムもできている。店舗もある。季節ごとに変更する注文用カタログに新たにお好み焼きを紹介するだけ。いままでの顧客も新しいメニューをきっと喜ぶに違いない。

　しかし、私の答えはNOである。一見相性がよさそうに見えるが、お好み焼きは従来の商品、顧客、システムすべてとの「相性」が悪く、そのデリバリー・システムがまったく生かされないからだ。「デリバリー」専門店は、配達専任のアルバイトを常時抱えている。都内の非常に効率のいい配達区域で平均して往復20分、配達にかかるとしよう。アルバイト料を時給900円とすれば、最低でも300円が1回当たりの配達コストとなる。このコストは、顧客あるいはピザ専門店のどちらかが負担しなければならない。

　自宅でも簡単にでき、スーパーでお好み焼きの素を買ってくればとても簡単

にできてしまうという付加価値の低い商品に、顧客がわざわざ配達料のコスト分を負担するだろうか。ピザと一緒に注文してもらえるならば、ピザにこの配達コストを負担させればいいのだが、顧客にはいったいどのぐらいの頻度で、ピザとお好み焼きを一緒に食べたいシーンがあるのか。

　商品に付加価値が生まれないうえに、同じ顧客でもピザを食べたいときとお好み焼きを食べたいときが異なれば、ピザとの抱き合わせ販売も難しく、お好み焼きのデリバリー・コストをまったくのゼロにはできない。つまり、デリバリー・システムに乗らない商品ということになる。

　これだけでも、ノックアウト・ファクターになっているが、さらに駄目押しすると、宅配ピザの専門店がお好み焼きを作るには、ピザの製造ラインとは異なる、お好み焼きの粉をミックスしては焼き上げる別ラインを作らなければならない。新たな設備投資もかかるのだ。

　このように、商品、顧客、システムすべてとの「相性」が悪いのである。したがって、いまのデリバリー・システムを生かすためには、ピザと同じように、「家で作るのは大変、だけど食べたい」と思わせるような、顧客にとって付加価値の高い第2の主力商品を開発するか、あるいは、ピザ注文時に抱き合わせで注文してもらえるサラダやデザート類といった、手間をかけずに取り扱える商品を開発しなければならないということになる。

　このように、既存の顧客に既存のルートで販売する新たな商品を選択するには、あくまでも商品、顧客、システムをワンセットにした相性を考えなくてはならない。

2　販売チャネルを「街の雑貨屋」にしない

　ところが、事業がうまくいってしばらく経つと、商品、顧客、システムすべてがワンセットになっていまの事業が成立していることを忘れてしまう。自社の強みをテコにするのがビジネスの鉄則なのであるが、ハードな販売システムの一部をもって自社の強みと勘違いすることがよくある。

　宅配ピザの例でいうと、デリバリー・システムはたしかに強みではあるが、

そのハードな側面だけを見てお好み焼きやアイスクリームやコーヒー豆、しまいにはお菓子まで乗せてしまい、いったい何屋さんかわからなくなってしまうようなものだ。こうなると、瞬間風速的に売上げが多少伸びても、消費者から見ると何の特徴もなく、次第に飽きられてしまい、作る側は仕入れやら在庫管理やらクレーム対応やらで費用が増加して、遂には売上げも利益も出なくなる。

　実は、この現象はあらゆる形態の販売チャネルで起きており、私は「街の雑貨屋」現象と呼んでいる。商品、顧客、システムがワンセットで完成した特徴のあるビジネスから、次のステップを目指すときによく起こりがちなことである。思慮が浅いために失敗しているケースをよく見かける。健康飲料や冷凍食品のセールスレディが、あるとき急に化粧品を販売する。化粧品の訪問販売員が、健康補助栄養剤を売り始める。街で見かける小売専門店が何でも扱っていくうちに、次第に特徴を失うのも同じことだ。なんとなく近そうだなと思ってもよく考えないと、街のパン屋さんがいつのまにか家庭用電気パン焼き器を売っているような羽目に陥る。「街の雑貨屋」にしないためには、あくまでも商品、顧客、販売システムの特徴をワンセットにして、十分に考えなければならない。

　このことを肝に銘じて、私はサードパーティとの共同開発（たとえば、H社との共同開発によるポット型浄水器）やOEMによる新商品の導入を進めた。

3　新商品づくりのプロセスを追う

　それでは、商品／顧客／販売システムとの「相性」の良い新商品選びのプロセスを説明しよう（図4-7）。

●────ステップ①：顧客との相性

　顧客層は、20～30代の合理的で健康に関心の高い主婦であるから、まず初めに＜ロジックツリー＞によりリストアップしたのは、そうした平均的ファミリー世帯が保有している何百何千という商品アイテムである。インテリア家具、寝具、家電製品、食器、テーブルウエア、食料品、衣料品、書籍、自動車用品からアウトドア用品に至るまでの全商品である。こうした商品の中から、特に

図4-7 商品選びのステップ

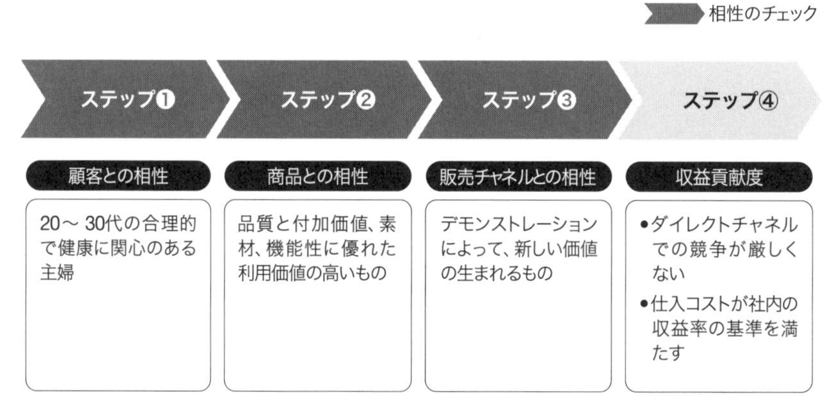

```
                                                    ▰▰ 相性のチェック

  ステップ❶        ステップ❷         ステップ❸          ステップ❹

  顧客との相性      商品との相性      販売チャネルとの相性    収益貢献度

  20〜30代の合理的   品質と付加価値、素   デモンストレーション   ●ダイレクトチャネル
  で健康に関心のある  材、機能性に優れた   によって、新しい価値   での競争が厳しく
  主婦            利用価値の高いもの   の生まれるもの       ない
                                                   ●仕入コストが社内の
                                                    収益率の基準を満
                                                    たす
```

主婦の関心が高く、購買決定時に主婦が主導権を取りやすい商品アイテムに、まず絞り込んだ。

●────ステップ②：商品との相性

　商品に関する基準は、高品質と高付加価値である。つまり、どこのスーパーやディスカウントストアにも並んでいるような特徴のない商品ではなく、たとえ同じカテゴリーの商品であっても、素材や機能性に優れた利用価値の高いものでなければならない。結果として高価格になることはあっても、最初から高級品やブランド品を選ぶということにはならない。たとえば百貨店の日用雑貨のコーナーでよく見かけるデモ販売の商品。棚に並んでいるときはなかなか魅力が伝わらないが、ひとたびデモンストレーションが始まると人垣ができる。あくまでもクオリティは高いが説明が必要な商品である。そして、国内品の場合は、あまり知られていないものがよい。チャネルのバッティングは価格競争を生みかねないからだ。だからまったく新しいもの、あるいは海外からの輸入品が目のつけどころと考えた。

●───ステップ③：販売チャネルとの相性

　S社の販売方式は、主に30〜40代の主婦がデモンストレーションによって、商品の使い方を含めた利用価値を消費者に伝える販売システムだ。デモンストレーションによって新たな付加価値を生み出せなければ、そこで発生するコストを価格に転嫁して吸収できない。特に主婦が主婦に販売するのであるから、商品にストーリー性があってわかりやすく、クチコミに乗りやすいものや、継続して次々と売りやすい商品ラインに幅のあるものがいい。また、販売時や販売後の技術的トラブルなど、フォローが大変なものは除くことにした。

●───ステップ④：収益への貢献度

　最後の基準は、ビジネスである以上は売上げと収益への貢献度である。売上げはステップ①〜③の基準が満たされていれば、ほぼ自動的に満たされるが、収益に関しては、競合と仕入コストの観点からチェックする必要がある。競合に関しては、特にS社と同様の訪問販売を行っている企業の商品構成や価格、そして開発動向をチェックし、ダイレクトな競争は回避する。また、仕入コストに関しては、基本的考え方が、自社の必要コストや利益をあらかじめはじき出したうえで価格を決定するマークアップ方式をとっているため、仕入コストが高くなってしまうと価格を高く設定せざるをえなくなり、売れない商品になってしまう。つまり市場での価格競争力を保つために、かなり安く仕入れる必要がある。

　また、価格をできるだけ自由に設定できるようにするため、独占的に販売可能なユニークな商品を導入することにした。

　これらのステップに沿って、まず商品ドメイン（領域）を設定した。大きく分けて短期的には４つのカテゴリーに着手することにした。その過程では＜MECE＞と＜ロジックツリー＞を駆使して、ロングリストからショートリストへと絞り込んだ。それぞれのカテゴリーの中ではさらに個別に商品をピックアップして、具体的交渉に入っていった。

　たとえばポット型浄水器A－SLIMの開発や、日本ではあまり認知度が高くないが、クチコミレベルで商品力が非常に高いと評判のスイス製のハンディ・

フードプロセッサーのOEM生産など、具体化できるものから次々に商品化を図っていった。

これらの商品選択のプロセスでは、大きな課題として消費財／消耗財の検討があった。A−SLIMの浄水フィルターなどの消耗品はあるものの、Nシステム上の大きな目玉としての消費財／消耗財を、打ち出さなければならなかったのだ。

次に、この1つの要として検討を行った洗剤の例を詳細に説明する。

4 最初の仮説は「NO GO」だった

ホームケア・プロダクトはどの家庭でも必ず使用する消耗品であるため、消費財／消耗財の有力候補としては、当初からこれを検討対象として掲げていた。しかし開発の優先順位としては最下位に置いていた。それはホームケア・プロダクトの市場参入障壁が低いとは考えられなかったからだ。特に洗剤で基礎を築いたアムウェイのことが競合上、気になった。

したがって、商品カテゴリーが経営会議の場で議論され、方向性として合意された後も、私が積極的にコンタクトを取り、話を具体化していったのは、スイス製のハンディ・フードプロセッサーをはじめとする付加価値の高い各種キッチンツール類。フランスの紅茶メーカーと提携したS社プライベートブランドの紅茶の開発。それをオリジナル紅茶用容器にセットした紅茶セットと日本茶セット。その他のドライフード類。日本の大手玩具メーカーを巻き込む形で進行していた知育玩具等の共同開発だった。

そのためトップから「ホームケア・プロダクトはどんな状況か」と突然聞かれたとき、その場での私の結論（仮説）は「NO GO」であった（**図4−8**）。調べるまでもなく日本の洗剤市場は、3Cのフレームワークで見ても、市場は成熟している。競合面では花王、ライオン、P&Gといったジャイアントに押さえられた寡占市場。さらに、各社とも技術開発には相当しのぎを削って開発合戦となる一方、スーパー店頭では安売りが常態化し、客寄せの目玉商品化している。また、自社を考えても、洗剤用の容器は作れても中身を作る技術は皆無。

図4-8 第1回目の仮説

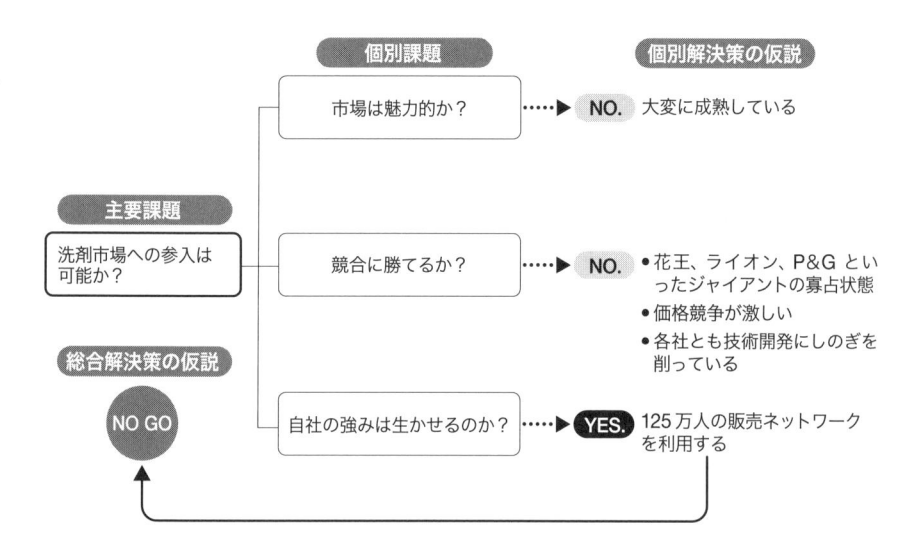

主要課題
洗剤市場への参入は可能か？

個別課題
- 市場は魅力的か？ ……▶ **NO.** 大変に成熟している
- 競合に勝てるか？ ……▶ **NO.**
  - 花王、ライオン、P&G といったジャイアントの寡占状態
  - 価格競争が激しい
  - 各社とも技術開発にしのぎを削っている
- 自社の強みは生かせるのか？ ……▶ **YES.** 125万人の販売ネットワークを利用する

総合解決策の仮説
NO GO

ほとんどが自社でコントロールできないノックアウト・ファクターだらけであったからだ。

しかし、これは単なる初期の仮説であり、検証は当然必要だ。ある程度、他の商品の開発スケジュールにメドがついたので部下に情報収集を命じ、自分でも小売りの店頭をまわってみた。案の定、部下の集めた情報をそのまま総合すると、NOという結論しか示さなかった。

一方、私が小売りの店頭をまわってみると、たしかにスーパーの棚は大手メーカーの商品が独占しているが、よく見ると必ずしも特売品ばかりとは限らない。台所用洗剤を例にとると、600mlの標準ボトルでも1本100円前後のスーパーPB商品の合成洗剤から1本400円もする液体石鹸まで、思ったより価格の幅が大きい。棚に並ぶということはその商品を選択する消費者が存在するのであるから、この棚だけを見てもニッチはありそうな気がしてきた。S社の場合は、何かストーリー性のある商品なら、ニッチ商品のほうがかえってセールスレディのデモンストレーションの強みを生かすことができる。

5 仮説づくりはインタビューから始める

　成熟市場だろうと寡占市場だろうと、世の中が変化する限りビジネスチャンスは必ず存在する。世の中にはさまざまな消費者がいるわけで、消費者がニーズとして認め、その商品が棚に並んで消費者に認知されれば、その商品は購入される。王様のアイデア商品でも、本当に欲しいと思う人はお金を出す。ただ、その消費者のかたまり（マーケティング上はセグメント）をターゲットとしてとらえて企業が商品化を行った場合、企業の視点からビジネスとして成り立つか、というのが判断のポイントになるにすぎない。
「洗剤市場への参入は可能ではないか？」とのポジティブな課題設定の下に、とにかく何人かの主婦の話や、洗剤を中心としたホームケア・プロダクトに詳しい専門家の意見を聞いてみることにした。
　＜ゼロベース思考＞で述べたように、論理学では全体集合が明確に定義されていれば、ノックアウト・ファクターを見いだせば全体の否定は簡単である。しかし実際のビジネスの現場では、全体集合が初めから簡単には見えないこともある。その場合、仮説を立てることはもちろん大事だが、狭い視野の範囲で否定的要素がたまたま大きく見えるために全体も否定的に見てしまい、本当は解があるのに見逃してしまうことがある。そういう意味では、解があるかもしれないという＜ゼロベース思考＞からのポジティブな課題設定とネガティブな課題設定を行った場合、ポジティブな課題設定を行うほうが何十倍も解決策を見つけ出す可能性は高まる。
　これは本質的に、評論家と問題解決者の決定的違いと言ってもいい。評論家は往々にして考える枠を狭く設定して物事を議論する傾向があるが、問題解決者はなるべく枠を大きく広げて解決策を見つけ出す。それに費やすエネルギー量は100倍以上の開きがある。それでも問題解決者は、エネルギーを100倍費やしても問題を解決しなければならない。だからこそ課題設定においては＜ゼロベース思考＞が重要になる。自分の思い込みで短絡的な市場把握をしているときは、消費者の原点に戻るしかない。このレベルのインタビューは担当者自

ワンポイントレッスン 4

問題解決のためのインタビューのコツ

　グループ・インタビューやアンケート方式の定量調査などは専門家に依頼して適宜行うケースが多いが、問題解決にあたって自分自身で個別インタビューを行うことは、あらゆる段階で重要なポイントである。ソリューション・システムの各段階でどのようなインタビューをどのような目的で行うとよいかの一例は、図のとおりである。

　インタビューを行うときには必ず相手が存在し、何度も同じことを聞くわけにはいかないので事前準備が大事だ。準備を怠ると、的を外したり、十分に話を引き出せず無駄に終わってしまったり、相手を不快にさせて、紹介者に迷惑をかけたり、企業のイメージを落としかねない場合もある。そのため、インタビュー以外の手段で得られる情報は、あらかじめ収集して勉強しておく。インタビューの目的を整理し、詳細な質問票を作り、内容を吟味する。さらに内容によっては事前にテストしてみるとよい。

　インタビュー時に気をつけなければならないことは、相手にインタビューをお願いする理由を明確にすることである。いったい何を聞きたいのかわからないまま質問を続けてしまい、表層的な意見しか引き出せないケースも多い。また、一般的な世間話に終わってしまうこともある。

　問題解決のためのインタビューは、必ず下図のような目的を明確にしたうえで、適切なインタビュー先を選定して実施する。そして終了後はそこから出てくる意味合い（SO WHAT？）を、箇条書きでもいいから、とにかくその日のうちにまとめておくことが重要である。

ソリューション・システムの各段階におけるインタビューの目的／価値

ステップ❶ 課題の設定	ステップ❷ 解決策の仮説	ステップ❸ 解決策の検証・評価
・土地勘＝背後のメカニズムの把握 ・問題意識の高いトップや専門家からの課題の抽出 ・自分の設定した課題の軌道修正	・ブレーンストーミング方式によるアイデア出し ・他業界の成功事例などからの意味合い抽出	・仮説の検証＝軌道修正 ・解決策に対する評価の事前チェック

（インタビューの目的）

身がまず、ヒョイヒョイと自分で行ってみるとよい(**ワンポイントレッスン４**)。

　まず、主婦へのインタビュー。ざっくりとだが、とりあえずは＜MECE＞になるように、自社の顧客とそれ以外の主婦、若い主婦と年配の主婦、合成洗剤を使っている主婦とそれ以外を使っている主婦、という具合に分ける。

　とにかく聞いてみると、使い方、選択の仕方は千差万別である。安くて汚れがよく落ちれば何でもいいという主婦もいれば、皮膚がとても敏感なため、合成洗剤では肌荒れを通り越して炎症を起こしてしまうという主婦は、価格は少々高くても我慢して液体石鹸を使っているという。また、購入チャネルも店頭以外に、通信販売から訪問販売に至るまでいろいろである。

　同時に専門家の意見も聞いてみた。専門家の話というのは、技術動向や新たな消費者動向、欧米での動きなどマクロな内容から、メーカーの開発動向といったミクロな内容も含め、全体観を持って市場の構造を把握するには非常に効率的である。私が話を聞くことができた専門家は、ある企業の開発顧問をしていた方で、欧米での開発・消費者動向にも詳しく「洗剤市場を成分の切り口で見ると、日本の合成洗剤市場は大手独占で新規参入は難しい。ただし、ヨーロッパやアメリカでは、消費者団体とメーカーが協力しながら環境や人体に影響の少ない、石鹸を主体にしたエコロジータイプの商品も開発されている。日本では、エコロジーをうたい文句に販促活動をしながらも、実はただの合成洗剤というまがいものが出回っている」とコメントした。

　まだニッチながらも、消費者の構造変化はありそうである。合成洗剤で勝負しなくとも、肌が敏感な主婦や、健康・環境を意識した主婦向けの洗剤の可能性がありそうだという仮説を持った。

6 ２回目の仮説は「GO」に変わった

　私は部下にあらゆるメーカーのあらゆる種類（洗濯用、台所用、住居用を問わず）の洗剤を買い求めるよう指示すると同時に、早速＜ソリューション・システム＞を開始した。課題はもちろん「洗剤市場への新規参入は可能か？」である。３Ｃのフレームワークにより分析し、「GO」あるいは「NO GO」の総合

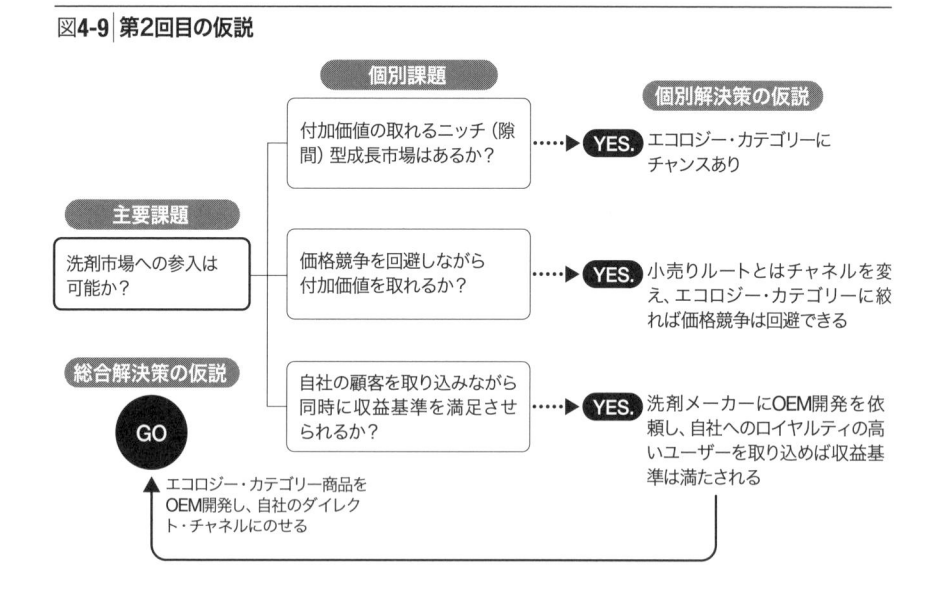

図4-9 第2回目の仮説

主要課題
洗剤市場への参入は可能か？

個別課題
- 付加価値の取れるニッチ（隙間）型成長市場はあるか？
- 価格競争を回避しながら付加価値を取れるか？
- 自社の顧客を取り込みながら同時に収益基準を満足させられるか？

個別解決策の仮説
- YES. エコロジー・カテゴリーにチャンスあり
- YES. 小売りルートとはチャネルを変え、エコロジー・カテゴリーに絞れば価格競争は回避できる
- YES. 洗剤メーカーにOEM開発を依頼し、自社へのロイヤルティの高いユーザーを取り込めば収益基準は満たされる

総合解決策の仮説
GO
↑ エコロジー・カテゴリー商品をOEM開発し、自社のダイレクト・チャネルにのせる

的判断を下すとともに、「GO」の場合は具体的解決策の方向性を出さなければならない。

インタビューや小売店まわりによりどの程度仮説が深まったか、2つの仮説を比べてみよう（**図4-9**）。2度目の仮説設定で私が念頭に置いたのは、インタビューの結果、健康志向で環境への影響の少ないエコロジー性の高い商品であり、そうした商品を求める消費者が、10人に1人ぐらいはいるだろうということだ。

まず、市場（Customer）である。

市場の見方のポイントとしては、これから入り込めるような成長性の期待できるニッチ（隙間）があるか？　付加価値の取れる分野があるのか？　が個別課題のポイントになる。

最初は、ただ単に市場全体の規模や成長性のみを見ていたが、今回はもっと絞り込んでとらえてみる。そして、それぞれの個別課題に関する仮説は、市場全体は成熟しているが、エコロジー・カテゴリーのニッチ市場があり、ある程度成長の兆しがある。そして主婦の間では、健康や環境に対する関心が高まっ

ており、エコロジー商品が受け入れられている。

次は、競合（Competitor）である。競合の見方のポイントとして、当初は合成洗剤の大手メーカー間の熾烈な競争に目を向けた。しかし今回の視点としては、価格競争を回避することができるのか？　また、エコロジー性がどの程度商品上の差別化につながるのか？　という点である。それぞれの個別課題に関する仮説は、価格競争は通信販売や訪問販売といった小売りとは異なるルートで多少回避できる。また、エコロジー性洗剤の市場は小さく、大手にとって参入の規模に達していないことだ。

さらに、自社（Company）である。自社に関するポイントは3つ。1つは、自社による商品開発は可能か？　2つ目は、最大の目的である自社へのロイヤルティの高い顧客の取り込みはどの程度可能か？　そして3つ目は、自社の収益性の最低条件を満たすか？　である。それぞれの個別課題に関する仮説としては、自社保有の要素技術から見てパッケージ開発は可能だが、中身の液体／粉末は洗剤メーカーとの共同開発を行う。自社の顧客の取り込みは、商品コンセプトが明確であれば、想定競合からのブランド・スイッチは可能。そして収益性については、最低利益率は確保できる。

以上の3Cから見た個別解決策の仮説を全体観を持って判断すると、総合解決策は「GO. エコロジー・カテゴリーの洗剤にビジネスチャンスの可能性あり」となる。この3Cから見た個別解決策の仮説は、当初の、まさにその場での仮説に比べ、ほとんどがポジティブ設定になっているうえ、課題がかなりフォーカスされていることがわかると思う。もしかしたら「GO」できそうな要素があるときは、とりあえず仮説をポジティブに設定したほうがよい。そうすると、最終的に否定する場合でも、大きなモレは未然に防ぐことができる。

7 情報収集と分析を行う

次のステップは、個別解決策の仮説を検証する作業である。1つ1つの仮説に関して情報収集と分析を行うのだが、最も効率的な分析方法を考える必要がある。とにかくメーカーにしても販売・サービス会社にしても、この情報収集

と分析のスキルはかなり格差が大きい。

　第一に、情報収集と分析の違いがわからない。私がスタッフに仮説を示したうえで分析を依頼したときに、まず何が起きたか。集めてきた情報を切り貼りしたり、わざわざパソコンに打ち直して綺麗に体裁を整えて持ってきては「分析しました」と言う。前述の＜仮説思考＞の例で言うと、「体重が増えた」という情報を集めてきて体裁を整え、「分析した結果、やはり体重が増えた」と報告するようなもの。まったく頭を使っていない、ただのデータマンである。

　分析というのは、ある仮説を持ったときに、事実を読み込んだ結果出てくる意味合い（SO WHAT？）を指すのであって、事実の羅列ではない。この場合で言うと「体重が増えた」という事実から、「このままでは太り過ぎで機能障害を起こす可能性がある」という意味合いを引き出すのが分析である。

　このように情報をただ羅列してしまうというのは、スキル以前の問題である。本人の自覚がないまま、仮説なき情報収集に終始する場合に発生する。いわゆる企業の企画部門や調査部門が、膨大な情報を扱っているにもかかわらず本来の機能を果たさないケースが見受けられるが、それは情報収集が先行してしまい、企業や部門の仮説が情報の中に埋没してしまうからである（**ワンポイントレッスン５**）。

　私のケースでは、１つ１つ集めた情報をもとに、どう数字を加工してどんなグラフを作ると何が言えるのか＝SO WHAT？（だから何なの）を、辛抱強くオン・ザ・ジョブ・トレーニングで行った。

　第二に、情報ネットワーク化が進めば進むほど、入手できる情報の範囲が広がるために錯覚が生じる。たしかに情報の取れる範囲とスピードは格段に向上した。自宅にいても情報ネットにつなげば即座に国内外の情報が取れる。さらに、インターネットのホームページをのぞいてみると、企業PRなのか、販促媒体なのか位置づけが曖昧なまま情報コントロールがされておらず、かなりの企業情報が簡単に取れる。しかし、気をつけないと２つの問題に必ず直面する。１つは、個人情報などの良質な情報がますます得にくくなり、その範囲が急速に広がっていること。２つ目は、だれから得られた情報かという情報の信頼性が定かでないことに加え、ときには意図された歪んだ情報が多々存在するということだ。

ワンポイントレッスン

5

分析に自らの思考の付加価値を加えているか？

　かつてはデジタル化により印刷用の紙需要は大幅に減少すると言われていたが、実態はそうではなく、むしろ需要の変動は景気動向によるところが大きい。こうした中、オフィスの中では紙の資料が減るどころか、枚数だけを稼ぐ中身の薄いパワーポイントの資料が氾濫している。この現象を"パワポ・シンドローム"といって、PCで作成した資料やプレゼンテーションを嫌うトップもいる。

　いったい何が問題か？

　だれもがあまり意味がないと感じつつも、集めた情報をただコピペ（コピー＆ペースト）して体裁だけを整える。こうした資料が会議に使われると、意味のない説明に時間が奪われ、本質的な議論がおろそかになり深まらない。

　典型的NG分析例を示すと、

①集めてきた情報をただ羅列する

②コピペ資料を貼り付けて、その内容を説明するだけ

③自分の言いたい結論に都合のよい情報だけを貼り付ける

　これらはすべて分析とは呼ばない。いま直面している情報に対して、自分の頭で考えて、"WHY?"で深掘りし、"SO　WHAT？"で重要な意味合いをどれだけ引き出しているのか？ 自らの思考の付加価値がまったく加えられない分析は、分析とは呼べないわけだ。

　あなたは、以下のチャートをどうとらえるのだろうか？　カーシェアリング市場に参入を考えている企業にとって、はたしてグッドニュースだろうか？

自動車を共同で使うカーシェアリング　5割超が「利用したい」

カーシェアリングの利用意向

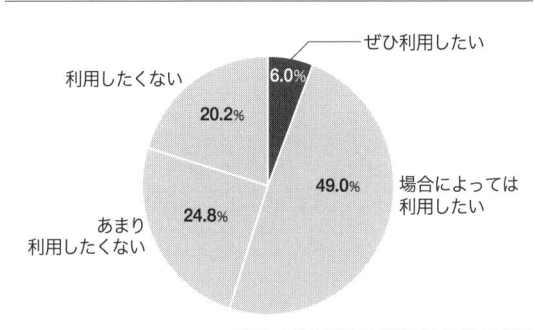

- ぜひ利用したい　6.0%
- 場合によっては利用したい　49.0%
- あまり利用したくない　24.8%
- 利用したくない　20.2%

出典：日経ビジネス 2008年10月13日号、有効回答数：887

こうした情報環境のもと、依頼する側には世の中にない情報はないという錯覚が、一方で依頼される側には全部あたったが取れないのは自分のせいではないという自己正当化が生じやすい。

しかし、これは＜MECE＞ではないし、＜ゼロベース思考＞でもなく、＜仮説思考＞でもない。情報収集の基本は、欲しい情報が大事な情報、価値のある情報であり、かつ世の中に存在しない情報は自分で作る、というスタンスで臨むべきだ。ビジネスでは、仮説（その時点での結論）を持って行動することが重要であるから、もしそのものズバリの情報がなくとも頭を使ってひねり出せばよい。つまり、情報を自分で存在させればよいのである。もちろんデータをねつ造しろと言っているわけではない。得られた情報をもとに、仮説の重要性を認識したうえでポジティブに臨めば、「ありませんでした」ではなく、「私はこう推定しました」となるはずだ。

＜MECE＞風に分ければ、しょせん情報源は検索ネット、図書館、データバンクといった情報ライブラリーから、専門家あるいは企業そのもの、チャネルやユーザーとそれほど多くあるわけではなく、あとはアプローチ方法による。たとえば、チャネルやユーザーからの情報も、個別インタビューから、グループ・インタビュー、そして定量化できる規模のリサーチといった具合に、分析のステップや重要度により使い分けることが大事なのだ。

8 3C（市場／競合／自社）で分析する

●──市場（Customer）分析

まず市場の概要は検索ネットによる記事検索や日本石鹸洗剤工業会資料等により、ここ数年の全体市場の伸びや規模、そして合成洗剤と石鹸、また用途別の洗濯用、台所用、住居用、その他の項目がだいたい把握できた。このような市場の動きをとらえるときは、全体とサブセグメント化してとらえたものを必ずグラフ化してみるとよい。その結果、データのモレやダブリをチェックすることができる。

工業会の出荷ベース金額を末端消費者ベースに換算し、市場全体を推定する

図4-10 | 東京湾の汚染原因（1990年）

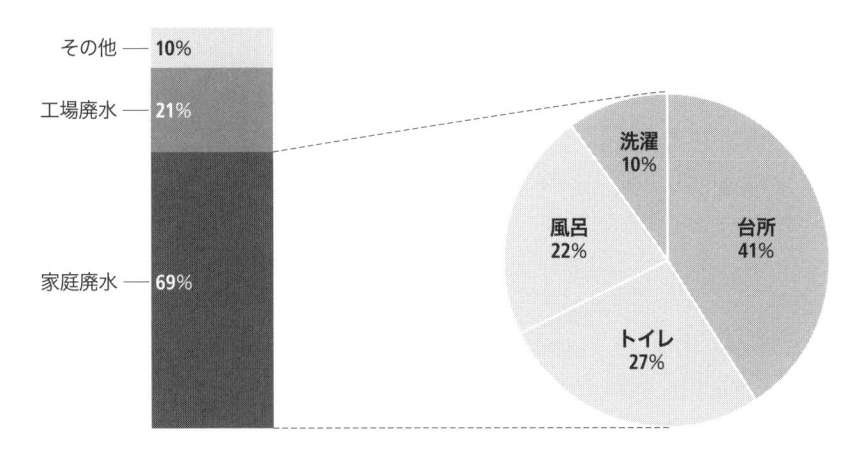

- その他 — 10%
- 工場廃水 — 21%
- 家庭廃水 — 69%

家庭廃水の内訳：
- 台所 41%
- トイレ 27%
- 風呂 22%
- 洗濯 10%

資料：環境省（旧環境庁）

図4-11 | 洗剤の特性比較

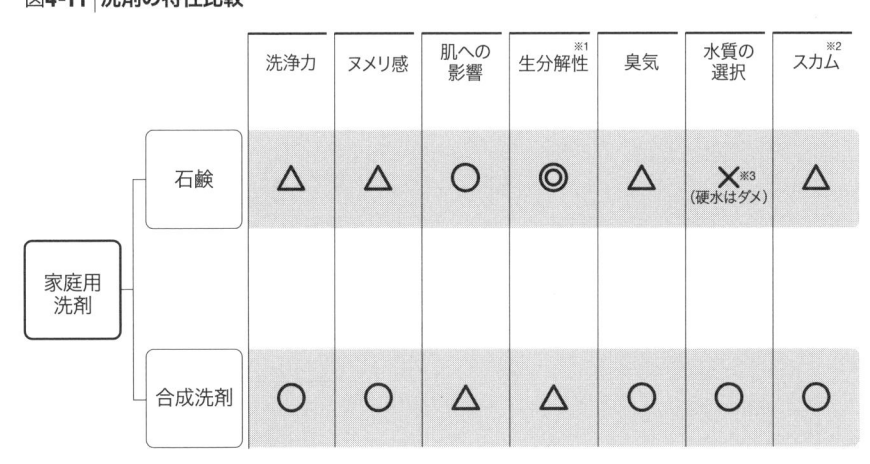

家庭用洗剤	洗浄力	ヌメリ感	肌への影響	生分解性※1	臭気	水質の選択	スカム※2
石鹸	△	△	○	◎	△	×※3（硬水はダメ）	△
合成洗剤	○	○	△	△	○	○	○

※1：自然に対し影響のない物質へ分解するスピード
※2：石鹸の特徴の1つで、金属イオンとの反応によって不溶性油が発生
※3：ただし日本の水はほとんど軟水

と、多少モレの修正は加えても約7000億円近い市場規模となった。また、成長を見ると年4％程度の微増。市場規模の用途別規模としては、洗濯用、台所用、住居用の順序でそれぞれ60％、20％、10％程度。さらに、合成洗剤が洗剤市場の97％以上を占め、石鹸は3％にも満たない170億円程度の規模しかなく、伸びは鈍化していることがわかった。これを単純に解釈してしまうと、エコロジー寄りの石鹸というカテゴリーは、参入するにしては「超ニッチのあまり将来性のない市場」で終わってしまう。

しかし、さらに詳しく調べると、いくつかの事実がわかった。定量化はできないが重要なポイントである。まず、ここ数年、合成洗剤メーカーが肌や健康に配慮した合成洗剤を商品化し、アピールしているという事実。また、東京湾の汚染原因の70％は家庭廃水で、家庭廃水の50％は台所と洗濯廃水が占めるという事実（**図4－10**）。そして、90％以上の主婦が環境保護に対する関心が高いという事実。

一方、合成洗剤と石鹸の性能を比較すると、洗浄力や使用感ではっきりと違いが出てしまうというネガティブな事実。とはいえ「生分解性*」という観点から見ると、石鹸は成分的には生分解性が抜群に高い。さらに分解スピードも速く、環境への影響度が低いことが明らかになった（**図4－11**）。

こうした定性データも含め、いくつかの事実を積み上げてその意味合いを考えると、技術や製品の切り口に限界はあっても、消費者の「自然にやさしいもの」へのニーズは高まりつつある。そういう意味で考えると、洗剤製品と市場の切り口に構造的なズレが生じていることがわかる。そこを大手企業は、合成洗剤ながら、うまい具合にメークアップした「自然にやさしい」風の商品を出している。

私は市場に関しては可能性ありと結論を出した。市場規模からは洗濯用、台所用、住居用という順位になる。しかし、CS・CE調査（**ワンポイントレッスン6**）の結果により「肌にやさしい」と「自然にやさしい」の2つの項目に関して、CE（期待値）が高いのにCS（満足度）が低く、ギャップが大きいこと、またS社の商品やユーザーとの相性のよさを考え、台所用を最優先とし、以下洗濯用、住居用とした。

CS・CE調査といっても、仮説のスピーディな検証が目的であり、大がかり

ワンポイントレッスン
6

CS・CE分析：顧客にとっての価値を高めているか？

　＜ゼロベース思考＞で説明した「顧客にとっての価値」を具体的に分析し、戦略に反映させるための定量的分析手法である。顧客第一主義を経営理念のトップに掲げながらも実践されていない企業は、この分析を一度試みるべきだ。自社の商品やサービスの各項目に関する現在のCS（顧客満足度）と将来へのCE（顧客期待度）を競合品との比較も含め定量的に分析する。その結果を２×２のマトリックスに落とし、打ち手の優先順位を決定する。たとえば、右下の象限に入る、CE（将来への期待）が高いがCS（現状での満足度）が低い項目の場合は、大至急改善しないといずれ顧客離れが生じる。商品開発やユーザーへのサービス体制の競争力を高めるためには重要な分析だ。

顧客にとっての価値とCS・CE

（棒グラフ：商品・サービスの価格／現状でのEVC／将来のEVC、CS・CEの差を示す）

商品・サービスのCS・CE

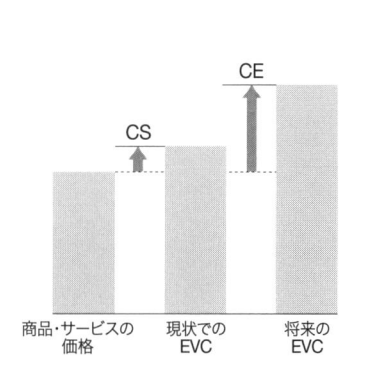

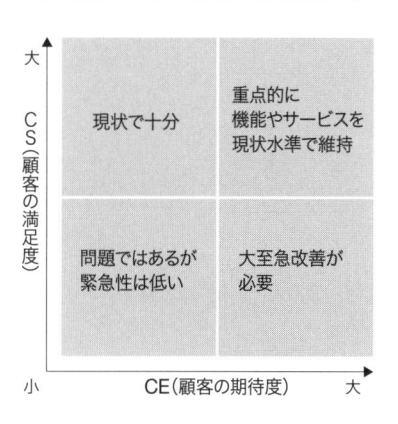

	CE（顧客の期待度）小	CE（顧客の期待度）大
CS（顧客の満足度）大	現状で十分	重点的に機能やサービスを現状水準で維持
CS（顧客の満足度）小	問題ではあるが緊急性は低い	大至急改善が必要

CS＝Customer Satisfaction（顧客満足度）
CE＝Customer Expectation（顧客期待度）
EVC＝Economic Value to Customer（顧客にとっての経済価値）

な調査はせず、現在使用している洗剤に対する満足度と今後洗剤に期待することを大きく①洗浄力、②価格、③肌にやさしい、④自然にやさしい、⑤成分自体、⑥パッケージ・デザイン、⑦サイズ／ボリューム、⑧ブランド・イメージに分け、重要項目に限りさらに細分化して調査を行った。調査対象は新しいチャレンジに協力的な販売代理店（ディストリビューター）のユーザーである。

＊生分解性とは物が分解して自然に戻る性質をいう。最近では環境保護上、プラスチックでさえ生分解性プラスチックが開発され、いろいろな材質での開発が盛んである。

●──競合（Competitor）分析

エコロジー寄りの洗剤市場は石鹸市場としてとらえると小さいが、消費者の方向性としては確実にシフトしている。そして、大手メーカーは市場への対応を合成洗剤をベースにしながら、メークアップ方式で解決しようとしていることが市場の分析でわかった。したがって、競合をチェックするポイントは、価格競争に巻きこまれないようにしながら付加価値を取り込むことが可能か、となる。

ここは、S社が付加価値の高い商品を扱っているという意味も含めて、分析上重要な部分である。この情報は手分けしてフィールドからかき集めた。実際に、どんな商品がどのようなチャネルで、いくらの実売価格で消費者に買われているのかまで調べる必要がある。海外のものも含め、ほとんどすべての商品をすべてのチャネルから購入した。倉庫は洗剤だらけである。スタッフも通信販売や訪問販売、紹介販売の会員になって手に入れた。

こうした情報をもとに付加価値分析（**ワンポイントレッスン7**）を行うと、以下のように面白いことがわかった。

洗剤によって入っている容量も異なれば、希釈密度や1回当たりの使用量も違う。分析にあたっては、これらの条件をすべて標準化したうえで、台所用洗剤を例にとり、600ml当たりの価格を求めて比較したところ、商品やチャネルによってかなりの付加価値の差が出てきた（**図4−12**）。同じ小売りの棚で合成洗剤と石鹸を比較して、値引率も勘案したうえで単純平均すると、16％石鹸が高い。さらに合成洗剤のくくりで、小売チャネルと直接販売チャネル（通信販売や訪問販売など）を比べると、まず直接販売チャネルでは定価販売であ

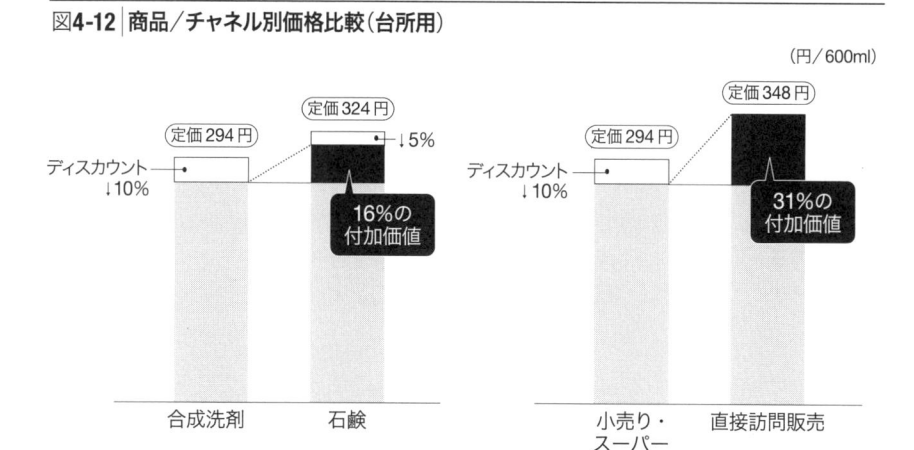

図4-12 商品／チャネル別価格比較（台所用）

（円／600ml）

定価294円　定価324円　↓5％
ディスカウント ↓10％
16％の付加価値
合成洗剤　石鹸

定価294円　定価348円
ディスカウント ↓10％
31％の付加価値
小売り・スーパー　直接訪問販売

資料：都内スーパー、小売店フィールド調査

るため31％も高い。結論を単純化すると、石鹸をもし直接販売チャネルで売った場合は、1.16×1.31＝1.52であるから、理論的には52％高い付加価値が取れるということになる。

　同様の分析を、洗濯用や住居用に関しても行った。その結果、競合・チャネル面での結論は、エコロジー寄りの商品カテゴリーで直接販売ルートを活用した場合、付加価値の取れる可能性が高いということであった。

　そして重要性を増した直接販売チャネル・ルートの市場規模を調べると、約600億円ある。直接販売チャネルの企業とは、日本アムウェイが50％近いシェアを持っているが、その他はダスキン、ホームケアジャパン、生協や生活クラブといったところだった。

●───自社（Company）分析

　自社分析のポイントは3つあった。自社で中身が作れるのか？　売上げはどの程度確保できるのか？　利益は出せるのか？　特に売上げに関しては、売上げそのものの重要性以上に、当初の目的でもある、ロイヤルティの高いユーザ

ワンポイントレッスン 7

付加価値分析：自社の価値を生み出す源泉はどこか?

　顧客にとっての価値を生み出すプロセスを、ビジネス・システムやバリュー・デリバリー・システムに沿って原材料の調達からエンドユーザーに至るまでの付加価値構成に細分化して分析する。自社の付加価値上の問題の所在を明らかにするときに活用する。特に、競合との比較は重要だ。ただし、自社の付加価値を高めるために、単純に川上・川下展開すればいいというわけではない。自社の強みに特化しながら、必要なものはアウトソーシング（社外調達）する考え方は、今後ますます重要性を増す。

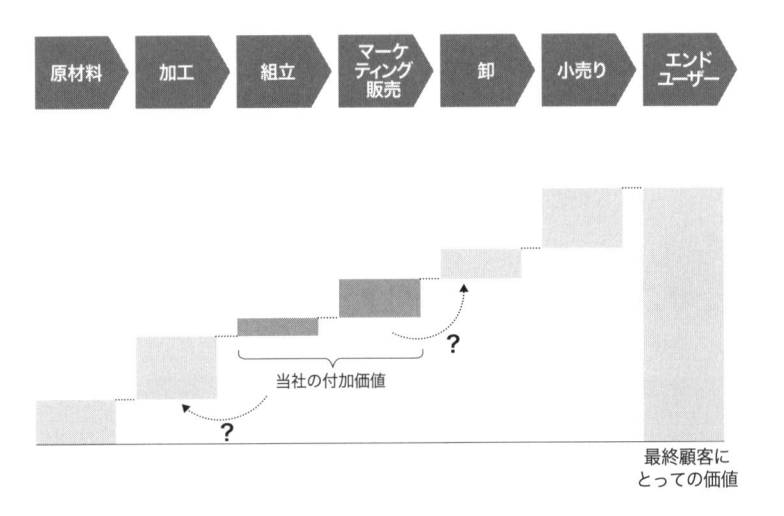

原材料 → 加工 → 組立 → マーケティング販売 → 卸 → 小売り → エンドユーザー

当社の付加価値

最終顧客にとっての価値

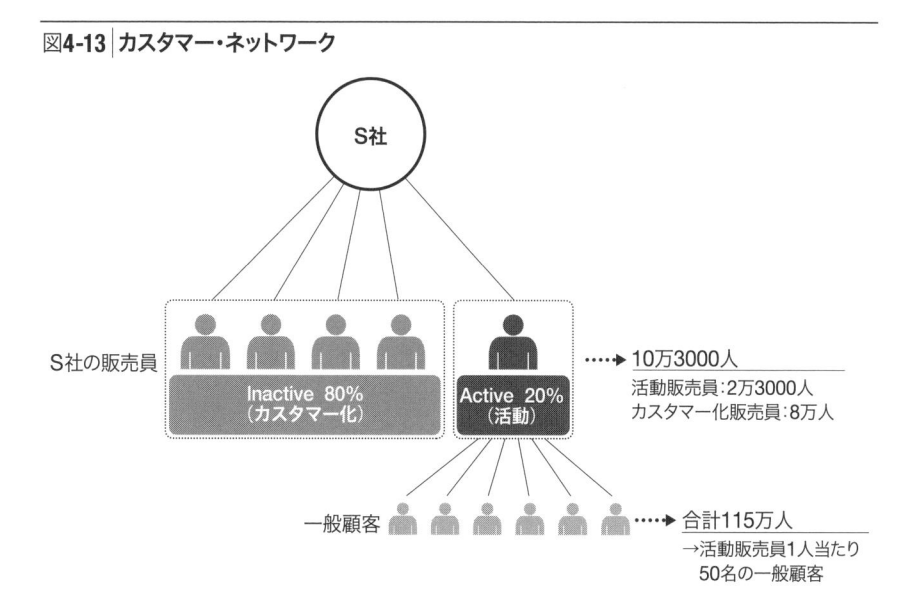

図4-13 カスタマー・ネットワーク

```
                    S社
       ┌─────────────┴──────────────┐
  S社の販売員                        
  [Inactive 80%        [Active 20%    ····▶ 10万3000人
   (カスタマー化)]       (活動)]              活動販売員:2万3000人
                                             カスタマー化販売員:8万人
                         │
                    ┌────┴────┐
       一般顧客                          ····▶ 合計115万人
                                            →活動販売員1人当たり
                                              50名の一般顧客
```

ーをS社のシンパとして囲い込んでおけるのかという点が大事であった。

　この段階で台所用洗剤の想定売上規模を＜仮説思考＞により推定してみよう。S社の販売組織は10万3000人の販売員を擁している。ただし、先に述べたように20-80ルールにより、20％の2万3000人は活動的販売員であるが、80％の8万人の販売員はカスタマー化している。活動的販売員1人当たりの平均顧客が50人と仮定すると、販売員自身も含んだ全ユーザー数は、

　全ユーザー数＝50×23,000＋103,000＝1,253,000人

であるから、約125万人となる（**図4−13**）。

　この中で、肌や環境への関心が非常に高い人、および他の直接販売ルートを使っている人が、比較的ブランドスイッチしやすい層と仮定。20～50％の幅でとりあえず押さえておく。一方、台所用洗剤の使用年額は、1本250円の600mlボトルを月当たり1.5本消費すると仮定すると、

　洗剤の使用年額＝250円×1.5本×12ヵ月＝4500円／年

したがって、S社が取り込める市場は、

4500円／年×125万世帯×20～50％＝11～28億円／年

ただし、商品とチャネル特性を考えると付加価値がさらに取り込め、50％アップとすると、17～42億円／年の売上増が見込まれることになる。
　一方、クレンザー類を除く家庭用台所用洗剤の市場規模は全世帯の70％をファミリー世帯と仮定すると、

4500円／年×4000万世帯×70％＝1260億円

であるから、前述の調査資料からの推定市場規模7000億円に台所用の推定用途別規模20％を掛けた計1400億円とおおむね合致している。そうすると、シェア的には1～2％程度であるから大手が目くじらを立てるほどのこともない、ニッチである。まあこの程度なら売上貢献度から考えてまずまずといえる。
　次の課題、自社で中身が作れるのか？　については、共同開発しか選択の余地はない。装置産業的な洗剤プラントを造るだけの初期投資は、まったく念頭になかった。それは10～30億円程度の売上げでは、計算するまでもなく収支が合わないからだ。利益は出せるのか？　に関しては、商品やチャネルの選択により付加価値は取れそうだというのはグッドニュースだが、いったいどの程度の仕入れができるのか検討がつかない。一応、外部から製品を調達する際の仕入コストに関しては、トップと協議のうえガイドラインを設定していた。

3 解決策を実行する

1 協力メーカーを絞り込む

　この段階に来ると、実際にOEM共同開発の可能性のある洗剤メーカーをあたりながら、ある程度具体的に内容を打診しなければ先には進まない。まず、メーカーのリストアップである。国内外のメーカー10社のロングリストを作成した。

　開発パートナーの条件は単純に2つ。1つは、肌と環境にやさしいエコロジー寄りの商品開発力を持っているか、というこちら側にとっての理由。2つ目は、相手にとって、S社のチャネルとブランド力を利用するメリットがあるかということだ。したがって、販売力のあるフル・カバレッジの大手合成洗剤メーカーは自動的に振り落とされ、海外1社を含む3社がショートリストとして残った。

　早速、打診開始である。このような場合のコンタクトのコツは、トップダウン、つまり、組織のできるだけ上から順にコンタクトを開始することである。この洗剤の例に限らず、私のとったアプローチは、他の4カテゴリーの商品群の開発パートナーを探す場合でも、上場、未上場といった企業の規模や格に関係なく、すべて代表取締役社長に直接電話することから始まった。ビジネスはギブ・アンド・テイク。相手にとってのメリットが明確であれば、一応は話し合いのテーブルにはつくことができる。そして、企業の規模に関係なく社長は社長、最終意思決定者なのだ。

　少なくとも、商品開発がらみでは30社以上の企業の社長に直接コンタクトを取ったと思うが、相手にされなかったのは数社にすぎない。その場合は、相手にとってのビジネス上のメリットがないということである。こうしたアプロ

ーチが可能だったのは、もちろん自分の背後には2万3000人の強力な販売組織網と合計125万人以上の顔の見えるロイヤルティの高いユーザーが控えているという、チャネルとしての強みがあったからであり、新しい動きに協力的な販売会社（ディストリビューター）のバックアップがあったからだ。

　こうして、ショートリスト3社へのコンタクトが開始され、結局、日本企業1社と海外企業1社に絞られた。そして、最終的にはベルギーに本社を置くE社とパートナーシップを組み、共同開発の可能性を模索することになった。E社は、ヨーロッパでは環境保全型洗剤のトップブランド企業として認知されている。来日したE社の国際本社CEOの話からは、環境への影響を最小限にとどめることを企業理念として掲げながら、商品の品質・機能性を追求する明確なポリシーが伝わってきた。さらにヨーロッパでは、自然環境を守るさまざまな啓蒙キャンペーンも実施しているという。そして何よりも決め手となったのは、E社は石鹸の強みである環境や手肌への影響の少なさを生かしながら、一方で、石鹸の欠点でもある洗浄力の弱さやヌメリ感、そして臭気を補完する複合洗剤という、石鹸と合成洗剤のメリットを吸い上げた商品を開発し、すでに

図4-14 E社が開発した複合洗剤の特性比較

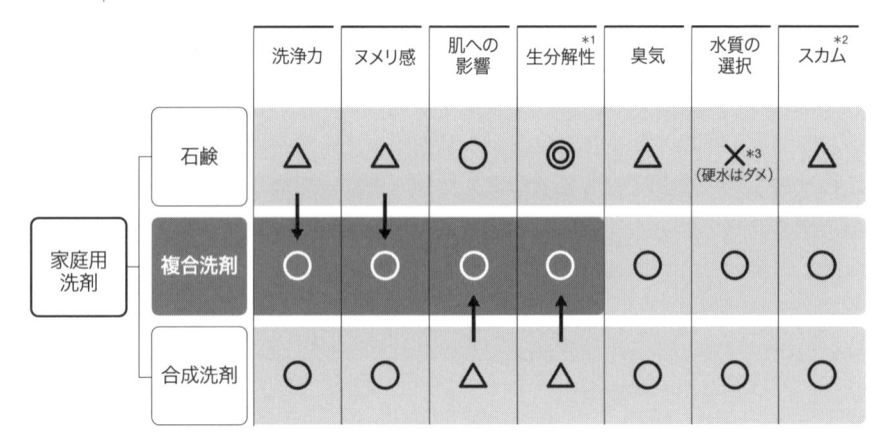

		洗浄力	ヌメリ感	肌への影響	生分解性[*1]	臭気	水質の選択	スカム[*2]
家庭用洗剤	石鹸	△	△	○	◎	△	✕[*3]（硬水はダメ）	△
	複合洗剤	○	○	○	○	○	○	○
	合成洗剤	○	○	△	△	○	○	○

*1：自然に対し影響のない物質へ分解するスピード
*2：石鹸の特徴の1つで、金属イオンとの反応によって不溶性油が発生
*3：ただし日本の水はほとんど軟水

市場導入していたことである（**図4-14**）。あとは、日本市場に合った、コスト的にも採算の取れる商品が開発できるかどうかにかかっている。

2 商品をユーザーの目線でチェックする

　開発が始まると、まずベンチマークとして開発者が提案してきたのは、E社の現商品を少し改良したタイプのもの。欧米人は気にしないのかもしれないが、どうしても魚の脂のにおいとヌメリ感が気になる。こうして、製品のプロトタイプは何度も作り替えられては、我々自身が消費者の目でチェックした。同時に、外部の専門家にも評価を依頼した。次第に期待に沿う商品が完成しつつあった。そこで、トップをGOの方向で説得するためにも、市場分析で不十分だった現在の他社商品の利用状況や、価格の値頃感に関する調査も兼ねて、クリームクレンザーと台所用液体洗剤2種類のホームユース・テストを約1ヵ月間、120人に行うことにした。

　調査の結果は上々だった。現在使っている商品との使用感を比較しても、洗浄力、ヌメリ感、においに対するネガティブな反応はほとんどなかった。むしろ、いままではゴム手袋をしないと手が荒れてしまう主婦の方々から、手袋をしないで利用しても肌荒れがないという、非常に良い反応が戻ってきた。石鹸成分60％に天然の植物性油脂から精製された良質の界面活性剤を加えた「複合洗剤」で、従来の石鹸の欠点である、洗浄力、ヌメリ感、臭気は全面的に改良された。

　もちろん、人によってはもともと皮膚の強い人もいるわけで、そうした人にとっては肌への影響はまったく関心のないことであり、むしろいま使っている洗剤との使用感の違いがしっくりこないという人もいた。しかし、皮膚の敏感な人は常に手の荒れない洗剤を探しているようで、現実的には大きな問題なのである。

　商品の品質上の問題は、かなりクリアされた。問題は価格設定である。複合洗剤の成分や内容について改良に改良を重ねる過程で、技術者は使用する素材の品質を上げることに腐心したため、原材料費がどんどん上がっていってしま

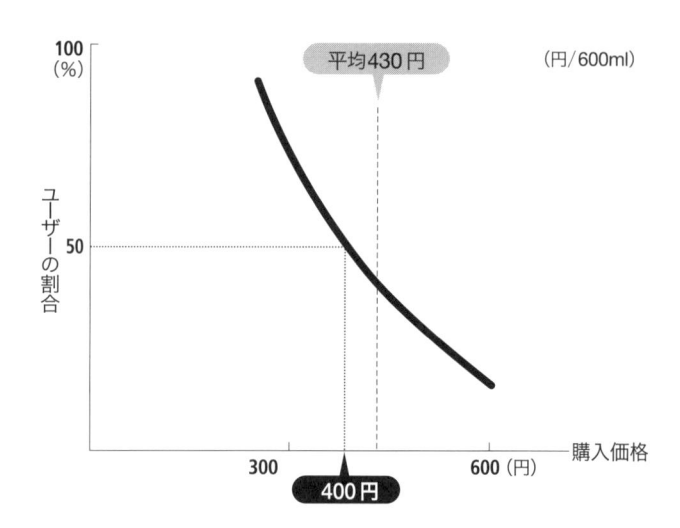

図4-15 "肌と環境にやさしい台所用洗剤ならいくらで購入するか？"

ったからだ。価格と品質は相矛盾する部分もあり、なかなかコストを抑えながら品質を向上させるというのは難しいものだ。技術者にとって、どこまでもつきまとう課題だ。したがって120名程度の簡単なリサーチとはいえ、価格の値頃感に厳しい評価が下された場合、前途は多難であると思われた（**ワンポイントレッスン8**）。

　そして結果は、約50％の主婦が、この商品なら600mlボトルで400円でも購入すると出た（図4－15）。1ヵ月の短い試用テストという限界はあるものの、スーパーで売られている合成洗剤が200円以下で、石鹸タイプのものが300円前後という状況では、多少割り引いて考えても、まずまずの結果といっていい。

　また、商品としても、人間と自然への影響を最優先したものでターゲットが絞られており、必ずしも万人受けする必要はない。いずれにしても、市場と現在出回っている商品にズレが出始めたところに、ニッチながら正攻法で新商品をぶつけることができそうである。

　さらに、現在使っている商品や購入チャネルを分析すると（図4－16）、石鹸および合成洗剤でも手肌への影響を改良したタイプを使っている人が約

ワンポイントレッスン

8

価格分析:「価格弾性値曲線」と「マークアップ方式」

　価格の変化と需要の関係を分析し、さらに競合関係を考えたうえで、市場占有率と自社の収益性の両面から戦略的に価格を決定する。価格と需要の関係は、一般的には価格弾性値曲線によって近似することが可能。図に示すように高価格帯では価格の変化に対する需要の変化は小さいが、低価格帯では価格の変化に対する需要の変化は大きい。また、価格弾性値 λ が大きいほど普及型のマスプロダクトとなり、価格の変化に対する需要の変化が大きくなる。
　一方マークアップ方式とは、あらかじめ諸々の費用や確保すべき収益率を考えたうえで価格を設定する方法である。
　価格の決定は通常、値頃感などという推定の価格弾性値曲線を頭の中に描きながらある程度価格を設定する。そして、市場占有率や売上げ、利益を検討したうえで最終決定が行われている。しかし、いずれにしても価格決定の基本はこれらの考え方の組み合わせである。

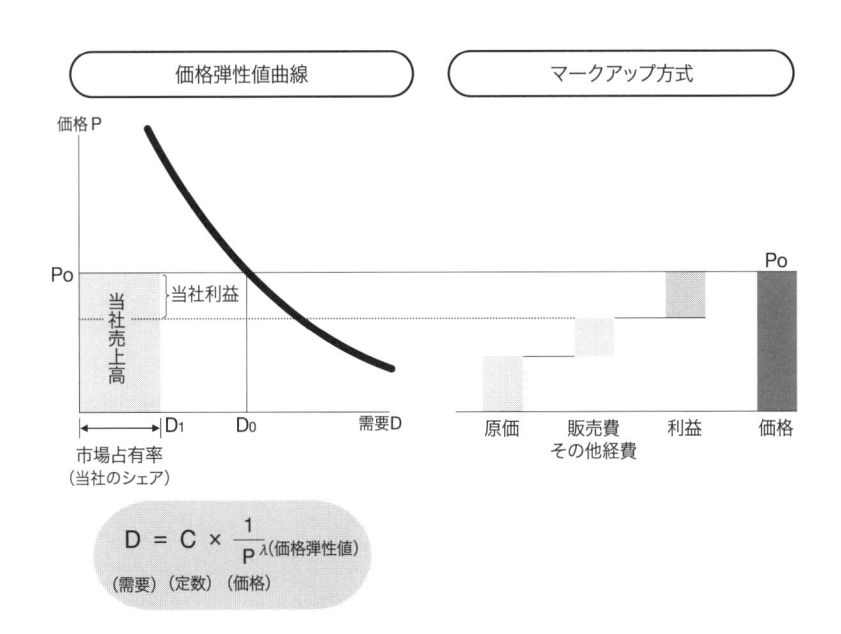

価格弾性値曲線

マークアップ方式

価格 P
P_0
当社利益
当社売上高
D_1　D_0　需要 D
市場占有率
(当社のシェア)

原価　販売費　利益　価格
　　　その他経費
P_0

$$D = C \times \frac{1}{P^\lambda} \text{(価格弾性値)}$$
(需要)(定数)(価格)

図4-16 | S社ユーザーの洗剤使用状況（100%=120人）

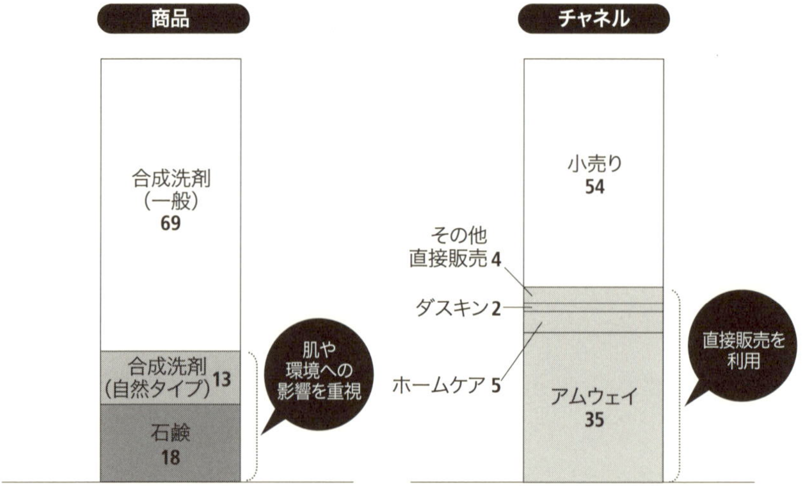

【商品】
- 合成洗剤（一般） 69
- 合成洗剤（自然タイプ） 13
- 石鹸 18

→ 肌や環境への影響を重視

【チャネル】
- 小売り 54
- その他直接販売 4
- ダスキン 2
- ホームケア 5
- アムウェイ 35

→ 直接販売を利用

30%。また、スーパーや一般店頭からではなく、直接販売チャネルからの購入が40%強であるから、ニッチとはいいながらも、価格次第ではかなりの市場は取り込めそうである。ここで、もう一度売上予想のシミュレーションを行ってみた。仮の価格を350円と設定する。この場合の年間使用金額は、1本350円の600mlボトルを月当たり1.5本消費すると仮定すると、

洗剤の使用年額＝350円×1.5本×12ヵ月＝6300円／年

一方、価格の値頃感調査によると350円では70%の主婦が購入するから、これをうまくいった場合の上限と考え、最大70%の顧客獲得。また、商品の試用調査からは、現在、石鹸および改良タイプの合成洗剤の利用率が約30%であるから、このうちの約半分が手荒れに切実な主婦で確実にブランドスイッチできると推定し、最小では15%。したがって、S社が取り込める市場は、

6300円／年×125万世帯×15〜70%＝12〜55億円／年

ということになる。したがって最低でも10億円程度は期待できる。これは、

堅実な推定である。クローズドの顧客の顔の見える直接販売だから、高い精度での推定が可能なのである。

3 「GO」への障壁が発生する

　こうして最終プロトタイプ商品ができ上がった。経営会議の場での討議も十分に尽くされ、いよいよ「GO」の方向で開発パートナーのE社と最終ステージに向かうことになった。E社は、何度にもわたる開発のやり直しから、ホームユース・テストのサンプル提供、外部第三者機関による成分や性能テスト実施への協力など、大変なエネルギーをつぎ込んでいた。

　ところが、ゴールまであと1歩というところで大変な事態が発生した。S社の日本の社長が驚いた顔で私の席にやってきて、「アメリカ本社のCEOが、洗剤開発にNOのサインを出した」というのだ。実は、洗剤の開発は日本以外でも進めていて、オーストラリアの合成洗剤のOEM製品開発については私も知っており、合成洗剤カテゴリーでの開発にはかなり疑問を持っていた。今回NOのサインを出したのは、オーストラリア、アルゼンチンでの安易な合成洗剤の開発に対してであったが、それは洗剤すべてという意味にもとられた。

　日本の社長にとっては、アメリカ本社のCEOと対立してまで、それほど大きな売上貢献度のない商品をあえて出す理由はなかった。しかし、アメリカ本社のCEOの方針とはいっても、一般の合成洗剤とは一線を画す今回の複合洗剤を日本市場で出すリスクは小さい。何よりも前述のごとく、Nシステムという新販売システムには、同時に顧客をつなぎ止めるさまざまな消耗財が不可欠であったのだ。要するに、消耗財と新システムは車輪の両輪なのだ。その点では最終ステージまで進めることができた洗剤は、消耗財の要。それだけではない。最初の仮説でNOだったものがGOになった背景には、開発パートナーや前線の販売店、販売員の協力もあり、明確な理由なしに簡単にあきらめるわけにはいかなかった。しかし、このアメリカ本社のCEOの発言で今後の進め方が非常に難しくなったことは、厳然とした事実であった。

このような事件の背景には、突き詰めれば管理スパンが大きく、重大な管理責任は問われるものの、本当の最終意思決定権を持ちえないローカルCEOの限界がある。いわば、最終権限を持たない日本の大企業の支店長のようなものである。もう1つの原因は、アメリカ本社から距離が遠くなればなるほど、ローカルの戦略を認識するのが難しくなり、アメリカ本社CEOの権限と、市場の認識度のギャップから生じる。

しかし、こうした状況はどの外資系企業にも多かれ少なかれ存在する、当たり前のことである。それを打開するためにボス・マネジメントに知恵を絞るのがマネジメント・メンバーの務めでもあり、だからこそエネルギーを振り絞ってチャレンジする面白さも生まれる。

4 前進のくさびを打つ

鉄は熱いうちに打てというが、とにかく冷めきらないうちに手を打つ必要があった。「もうやめましょう」と言えば、政治的には簡単に終止符が打たれるが、それではみんなの努力が水の泡。実行すれば、成功する確率は生まれる。「GO」と「NO GO」、白と黒の間で、なんとかもう一度「GO」に近づくために、後戻りしないための「くさび」を打ち込む計画を立てた。

管理職とは、英語でマネジメント。管理するという日本語で考えると、上が下を管理するという意味が強すぎて、ついつい自分と上司を管理するのを忘れてしまう。セルフ・マネジメントもボス・マネジメントも大事な仕事の1つである。ボス・マネジメントが管理職の50％の仕事と考えれば、やるべきことはたくさんある。上司への不満を言っている暇はない。理屈も理論も通用しない相手には、理屈や理論以外の手を使えばいいのだ。とにかく、日本の社長に腹をくくらせるために、ボス・マネジメントの3つのくさびを打ち込むことにした。

まず最初のくさびは、ポット型浄水器「A-SLIM」のときと同様、アジア・パシフィックのマーケティング担当責任者に対して複合洗剤のプロジェクトを説明することである。彼は日本の社長とほぼ同格であり、日本の社長との人間

関係も良い。もちろん商品開発上の影響力も強く、アメリカ本社とのパイプが太い。そして何よりもロジックやファクト・ベースでの議論を重んじる人であった。彼に日本の複合洗剤がオーストラリアやアルゼンチンの合成洗剤とは、内容も戦略的位置づけも違うことを理解してもらう必要があった。幸い、各種キッチンツールやドライフード商品の売上貢献度によって私に対する信頼感ができていたため、商品内容および新販売システムとの連携上の重要性に関しては、きわめて前向きなスタンスで話を聞いてもらうことができた。そして、後に彼が日本とアメリカ本社のニュートラルな情報の橋渡しになった。

　第２のくさびは、全国2000人モニター調査の実施である。調査対象は、一般ユーザーと販売員とした。すでに120名ではあるが、約１ヵ月の試用調査を行っていたので、消費者の試用反応調査という意味では数は20倍になったものの、再検証の意味合いしかない。しかし、これには２つの重要な目的があった。アメリカ本社のCEOの「NO GO」サインが出る前に日本の経営会議の場で「GO」サインが出ていたため、E社は実際の生産開始のスケジュールに合わせた準備を開始し、水面下で素材メーカーや容器メーカー等との仕入れ交渉や、日本での委託生産先のラインの増設手配など、着々と生産準備体制を整えつつあった。したがって、ここで一度プロジェクトを凍結すると、たとえ再開することになったとしても、かなりのタイムラグが生じることになる。そして、複合洗剤の内容の詰めにあたっては、コスト上の課題もあり、かなり原材料メーカーにはコスト面で協力をお願いしていたため、いったん打ち切った後でまた同じ条件でというのも、交渉上はなかなか難しい部分があった。要するに、やめるわけにはいかないし、市場に商品を出すという前提では、先に引き延ばすメリットは何ひとつない状況であった。

　私はここで決着をつけなければならないと決意した。E社にも海外でのいきさつや事情を説明したうえで覚悟をしてもらい、とにかく20倍の事実の重みでまず日本のトップへの決断を迫るということで合意した。

　そして、もう１つの目的は2000人のモニター調査とは形式的な位置づけであって、実態としては2000人への新商品事前発表会的に調査に含みを持たせたことである。要するに草の根レベルでのファンづくりといっていい。したがって、調査対象は全国の中でも規模的にも、成長率で見ても元気のいい10の

販売会社（ディストリビューター）を選定し、その販売会社傘下の、非常に前向きで優秀な販売員とユーザーを巻き込む形に設計した。そして調査依頼にあたっては、スタッフを総動員して各地区での説明会を設定すると同時に、私自身も時間の許す限り調査をお願いする販売会社に赴き、リピートオーダーにつながる消耗財の戦略的重要性と複合洗剤の優れた内容を説いてまわった。

　そして、3つ目のくさび。「GO」あるいは「NO GO」の結論は、いずれにしても日本支社が最終的に下す必要がある。そのために、E社が直接S社の経営会議の席で最終提案を行い、その場で討議・判断を下す場面を設定した。もし「NO」ならば、複合洗剤の開発は完全に打ち切りである。E社は、2000人調査の分析も含め、かなり綿密なプレゼンテーションの準備を行った。プレゼンテーションの予行演習には私も立ち会い、想定されるあらゆる質問を指摘し、周到に準備をした。内容に関してはすでに社内の経営会議で十分に討議されていたため、最終提案のプレゼンテーションは双方にとって最終判断への儀式であった。

　このような、後に戻らないための3つのくさびを実施したわけだが、香港のアジア・パシフィック本部への根回し以外は、それぞれのくさびの計画はトップの確認を取ったうえで実施しており、それぞれの計画が自分のボスである日本の社長に承認された段階で、これはもしかしたらなんとかなるかもしれないという光が見えた気がした。事実、くさびの2と3は、否定されればかなりのノックアウト・ファクター的要素が強い。

　この3つのくさびは、思った以上に効果を発揮した。日本の社長は、もとはといえば自分自身も現場で物を売った経験を持つ根っからの営業マン。アメリカと日本という国の違い、自分で苦労して売った20年前の昔と今の違いはあれ、販売第一線での販売員の悩みがわからないわけがない。"Foot in the door"のためにリピート性のある商品を顧客に買い続けてもらう必要性は、よく理解していた。この3つのくさびは、論理的アプローチとは言い難いし、ほかにも手があったかもしれない。しかし、ボスを説得するというコミュニケーション上の課題を、プロセスにおいてはきわめてグレーではあるが、なんとか解決することができた。遂に「GO」である。

　ただし、あくまでも「テスト」販売という位置づけでの承認であった。それ

はアメリカ本社への、弁明（エクスキューズ）をあらかじめ組み込んだ、日本の社長としてはぎりぎりの決断であった。とはいえ、実際に商品を市場に送り出すことが決まったことに違いはない。本当に良い商品であれば、現場の販売員もロイヤルティの高いユーザーもサポートし、それが結果として出るはずである。それは、テスト販売だろうと本格導入だろうと、本質的には変わらない。

　こうして、日本国内でのテスト販売という「ベターな解決策」が決定された。アメリカ本社への次年度計画のプレゼンテーションでは、アメリカ本社のCEOをはじめとするボードメンバーに対して、私が担当する日本の新商品計画と新販売システムについて発表を行った。当初はこの複合洗剤計画はプレゼンテーション資料からは外していたが、結局はアメリカ本社CEOの顔色をまさにうかがいながら、そろりそろりと発表した。イエスもノーも反応がないままの、一見無視に近いノーコメントのままであったが、ダメな場合は烈火のごとく激怒する性格から推察すると、テスト販売は黙認されたようだ。日本の社長は、とにかくハラハラしていたが、これでひと安心である。

5　テスト販売に挑む

　このようなプロセスをたどり、テスト販売方式によるステップ・バイ・ステップのプロセスではあるが「GO」サインも出され、市場導入に向けて最終段階に入ることになった。そして、S社とE社間での、開発・販売に関する共同開発契約および独占的販売契約も交わされ、これをもって後戻りしない最終くさびとした。

　商品に関しては、まず2種類、台所用液体洗剤と台所用クリームクレンザーとし、600mlの基本ボトルをベースに、それぞれ詰め替え用の2〜3本パックセットの袋入りレフィルを計画した。そして、ネーミング、パッケージ・デザイン、販促資料の準備も同時に開始された。2000人モニター調査を参考にしながら、地域展開を考えた販売予測と生産計画を何度も練り直しながら詰めていき、生産準備体制は着々と進んでいた。そして名古屋地区での半年間のテスト販売を経て全国展開が図られた。

この洗剤をはじめとする新商品群と新販売システムは、展開後約１年間で、新カテゴリー商品群による売上貢献が約50億円（当時のＳ社の年間売上高が小売ベースで約270億円であるから、貢献度は約19%）。また、開発・マーケティング費用はほとんどを開発メーカー側に負担してもらったため、新販売システムによる資源の再配分から生まれる本社への利益吸収部分と合わせると、税引前利益ベースで約20億円を新たに生み出すことに成功し、当時の売上成長と収益改善に大きな貢献を果たすことができた。

　もちろんダイレクト・セリングという販売システムの特殊性があるとはいえ、社内新規事業という側面から評価すると、新たに約50億円の売上げと20億円の営業利益の達成は、決して簡単なことではないと思う。この成功はすべて、２つの思考＜ゼロベース思考＞＜仮説思考＞と、２つの技術＜MECE＞＜ロジックツリー＞、そして問題解決の実践的方法＜ソリューション・システム＞を常に使うように心がけたからである。そして１つ付け加えるならば、ビジネスの現場で実践するには、前向きにチャレンジする相当なポジティブ・エネルギーが不可欠である。

あとがき

● ─── **どうしたら問題解決ができるようになるのだろうか？**

　企業の経営上の課題を解決するために、新人から経営のトップに至るまで、さまざまなビジネスマンや経営コンサルティング・スタッフとともに数々の問題解決に取り組んできたが、「どうしてだろうか？」といつも気になるのは、問題解決スキルのバラツキが、個人によってきわめて大きいことだ。

　巷にあふれるビジネス書や経営の理論書はみんなよく読んでおり、人によっては、ビジネススクールで専門分野ごとの実践的解決法も勉強している。それなのに、どうも考えが浅かったり、理屈ではそうも見えるが実行できそうな実感が持てなかったり、なかなかピンとくる解決策が出てこない場合がある。問題解決のプロジェクトチームに選抜されたビジネスマンは、少なくとも自分のいる現場に関しては、その業界の裏も表も、ビジネスのメカニズムはよく理解しているはずだし、それをサポートするコンサルタントは、実践的問題解決のフレームワークをかなり勉強しているはずだ。

　ビジネスの最前線で仕事をこなしているビジネスマンは、毎日の忙しさの中で日常業務をこなすのが精一杯。問題はわかっていても、解決策を考える時間がなかったり、ましてや他の部門を巻き込む形で問題をとらえる習慣ができていないのか、評論は一流だが解決策がなかなか出てこない。また、新人コンサルタントが、ビジネススクールで仕入れたフレームワークを、考え方の本質をしっかり押さえないまま表面的に応用すると、相手をやり込めるディベートは一流でも、ズレやキシミを起こしギクシャクするだけだ。

　しかし、一方では鋭い切り口で問題を定義し、解決策を提案し、実行に移す問題解決力に優れた人もいる。優れた能力と知識に相関関係はなく、むしろ一番の大きな違いは、とにかくよく考えていることと、そして自己責任において

自分の結論（仮説）を持って前向きに実行する力を備えていることだ。
　この「どうしたら問題解決ができるようになるのだろうか？」という素朴な疑問に答えながら、できるだけ多くの人に優れたプロブレム・ソルバー（問題解決者）になってもらいたいと思ったのが、本書を執筆する直接のきっかけとなっている。

●───本書の特徴は何か？

　本書で紹介している問題解決の思考と技術は、トランプで言うとオールマイティのカード、ジョーカーに当たる。なぜなら、ビジネスに関する限り、どのような場面のどんな立場の人にとっても役に立つ思考と技術を取り上げているからだ。本文の中でも再三述べているように、基本となる考え方は、だれもが無意識的に使っているきわめて当たり前のものばかりである。それを、ビジネスの現場でだれもが意識的に活用できるように体系化したのが本書である。
　しかし、どのような場面でも、だれにでも役立つように体系化するには、少なくとも「理論としての汎用性」と「実務に役立つ具体性」の2つの要件を満たす必要がある。したがって、「理論としての汎用性」を満たすために、2つの思考＜ゼロベース思考＞＜仮説思考＞と、2つの技術＜MECE＞＜ロジックツリー＞、そしてそれらを総合した1つのプロセス＜ソリューション・システム＞の、5つの基本的な考え方に集約させた。つまり、問題解決のコンセプトをできるだけ単純化し、理論として考える力を養うようにするために、知識的フレームワークや応用的理論はすべて排除し、理解するうえで必要なものに限り載せるようにした。また、「実務に役立つ具体性」を示すために、さまざまなビジネスシーンへの、それぞれの考え方の実践的適用例を紹介している。
　このように本書を設計したのは、本書の最終目的が単に「わかること」で終わるのではなく、あくまでもビジネスの現場で「実行できること」を支援することにあるからだ。そのためには、この「単純」というコンセプトが、きわめて重要になるからである。
　ところで、どの企業にも本書で示した問題解決を行っている人が、必ず1人は存在するはずだ。それは、代表権を持った社長である。企業規模の大小にはまったく関係ない。社長は、部門の壁を越えた＜ゼロベース思考＞で、企業全

体として最適な解決策を考えるため24時間知恵を絞り出すのが仕事なのだ。もちろん、情報が足りなくても、デッドラインがくれば結論を即座に出さなければならない。これは、まさに＜仮説思考＞そのものだ。そして、さまざまな課題に対して最適な経営資源の配分を行うために、＜MECE＞で考え、＜ロジックツリー＞でチェック・具体化し、＜ソリューション・システム＞で解決策の代替案を出し、最後に検証・評価している。そういった意味では、本書は、創業時の社長が現場で問題解決を図るときに使う思考と技術を体系立てたものでもある。

●───なぜいまの時代に問題解決の思考と技術が必要なのか？

　企業にとってのパラダイム・カタストロフィー（枠組みの崩壊）は、そのまま企業に属する個人にとっても、パラダイム・カタストロフィーへの直面を意味することになる。ビジネスを取り巻く環境が大きく変化する中で、企業はますます自社の強みに徹したプロフェッショナル志向を推し進めようとしている。要するに、付加価値のいちばん高い、最も強みとする機能にフォーカスしながら自社の競争力を高めようとする方向性であり、アウトソーシング（社外調達）はその裏返しといえる。

　こうした動きは、企業の人事評価制度や人材育成制度にも反映されている。従来の平均的人材像への平均的資源投入から、成果主義を取り入れた評価・動機のメリハリづけや選抜方式による人材育成へと、大きく変わりつつある。これは、第3章の冒頭の例でも述べたように、企業自身が「UP型人材」のフェアな評価・育成を促進しながら、同時に「OUT型人材」を厳しい選抜・評価システムの中で自動的に振り落とす、明確な線引きとなって表れている。

　こうした状況下では、自分の市場価値を客観的に認識したうえで、自分のやる気（WILL）を維持しながらどのように能力（SKILL）を向上させるかが、ますます重要になってくる。それは、専門分野や職種によって求められる能力に違いがあっても、安定した高いパフォーマンスを生み出すプロフェッショナルを企業がさらに求めてくるということだ。そして、そのプロフェッショナルが企業の中で生み出す価値に応じて、それぞれの評価・待遇が決まってくる。こうしたプロフェッショナルはどこの企業でも通用するため、市場価値にきわ

めて敏感であり、今後人材の流動化はますます進行するだろう。

　それでは、自分自身の市場価値を高めるための最もベーシックで重要なスキルは何か。私は問題解決の能力であると考える。それは、どの分野でのプロフェッショナルを目指すにしても、まず「問題解決のプロフェッショナル」になることが、「UP型人材」として自分の市場価値を最大限に高めることの始まりになると考えられるからだ。そこで、本書がやる気にあふれ「UP型人材」を目指してはいるが、何をどう考えたらいいのか試行錯誤しているビジネスマンに対し、何らかのサポートになればと思っている。

◉───これからの問題解決のアプローチ方法は？

　第1章の冒頭でも述べたように、「わかること」から「実行できること」に移行し、最後に「結果がうまくいく」ところまで導くためには、大変なエネルギーが要求される。そして、「わかること」と「実行できること」は、足し算ではなく掛け算であり、どちらかがゼロになれば結局何も生まれない。$1 \times 0 = 0$ よりは、$0.7 \times 0.7 = 0.5$ のほうが、はるかにましなのだ。そのためには、問題解決と実行をワンセットで自主的に行うことがポイントになる。

　他人に解決策を与えられ、なんとか「説得」されて自分が実行するのと、自分たちの力で解決策を練り上げて「納得」したうえで実行するのとでは、結果に雲泥の差がある。それは、本書の随所で述べているように、解自体が常に変化する中で解決を図るためにも必要な条件である。「問題解決のプロフェッショナル」になるためには、自己誘導型ミサイルのように、「走りながら解決する」のが最短かつ最善なのである。

　私自身もこれまで経営コンサルタントとして、また大手家庭用品メーカーのマネジメント・メンバーとして、いろいろな立場でさまざまな種類の問題解決に取り組んできた。私が現時点で到達した結論は、自主的問題解決が最も優れた結果を生み出すということである。

　現在、私が企業の問題解決に取り組む場合には、この自主的問題解決を最大限に高めるための「コラボレーション・アプローチ」をとっている。企業自身が自主的に問題解決することを目的とするこのアプローチは、企業の担当者やプロジェクトチームに対して問題解決のトレーニングを行うと同時に、ワーク

ショップ形式で私自身が議論を活性化するための触媒となり、解決策の立案を行う。必要に応じて、さまざまな分野のプロフェッショナルからなるコラボレーション・チームを組み、問題解決を強力にバック・アップすることもある。コラボレーションとは、解決のために共に働く（co+labor）という意味である。これまで、コンピュータ関連や医薬品関連といった非常に変化の激しい業界のシナリオやロードマップづくりをはじめ、比較的成熟・安定した食品や飲料業界の新規ビジネスの立ち上げのサポートなど、この「コラボレーション・アプローチ」により自主的問題解決を図り、効果を上げている。

　また、企業を対象にした問題解決のためのトレーニングも行っている。2〜3日間のワークショップ型トレーニングが中心となる。これは、外資系コンサルティング会社、金融機関、生命保険会社、広告代理店、コンピュータ機器メーカー、百貨店、輸入商社、製薬企業等広範にわたり実施している。本書は、そうしたトレーニングの基本を理解するための教科書でもある。

　最後に、本書の執筆にあたり新人コンサルタント時代から現在に至るまで、経営上の問題解決の基本スキルを吸収する場と機会を与えてくれたマッキンゼー社およびクライアント企業にこの場を借りて、厚く御礼を申し上げたい。また、草稿にあたっては、多くの有益なコメントをいただいた現㈱ファーストプレス代表（DIAMONDハーバード・ビジネス・レビュー前編集長）の上坂伸一氏、そして新装版にあたっては、DIAMONDハーバード・ビジネス・レビュー編集長 岩崎卓也氏、副編集長 木山政行氏、田中順子氏、㈲インフォナビ代表 上野佳恵氏に御礼を申し上げる。

㈱ビジネスコラボレーション
代表　齋藤嘉則

[著者]
齋藤嘉則（さいとう・よしのり）
株式会社ビジネスコラボレーション代表
東京大学工学部卒業。英国ロンドン大学ロンドン・スクール・オブ・エコノミクス（LSE）校にて経済学修士（MSc）を取得。マッキンゼー・アンド・カンパニーの経営コンサルタント、米国大手家庭用品メーカーのゼネラル・ディレクター等を経て、'96年より現職。大手企業を中心に経営戦略やマーケティング戦略のコンサルティング、企業の戦略プラットフォーム強化のための戦略スキル開発、新規事業開発のためのナビゲーション、幹部教育、問題解決技法や状況マネジメント力強化のトレーニングなどの指導を行う。
著書に『問題解決プロフェッショナル　思考と技術』、『問題発見プロフェッショナル　構想力と分析力』（いずれもダイヤモンド社）、『戦略シナリオ　思考と技術』、『コラボレーション・プロフェッショナル』、『齋藤嘉則の現場イズム』（いずれも東洋経済新報社）、『戦略パワー・プロフェッショナル』（ファーストプレス）。他に監訳書として『戦略サファリ【第2版】』（東洋経済新報社、H・ミンツバーグ等著）がある。

新版 問題解決プロフェッショナル
――思考と技術

1997年1月23日	旧版第1刷発行	
2009年2月23日	旧版第35刷発行	
2010年4月15日	新版第1刷発行	
2025年9月5日	新版第16刷発行	

著　者――齋藤嘉則
発行所――ダイヤモンド社
　　　　　〒150-8409　東京都渋谷区神宮前6-12-17
　　　　　https://www.diamond.co.jp/
　　　　　電話／03・5778・7228（編集）　03・5778・7240（販売）

装丁――――デザインワークショップ・ジン
編集協力――田中順子／上野佳恵（インフォナビ）
製作進行――ダイヤモンド・グラフィック社
印刷――――勇進印刷（本文）・加藤文明社（カバー）
製本――――ブックアート
編集担当――木山政行

©2010 Yoshinori Saito
ISBN 978-4-478-00553-8

落丁・乱丁本はお手数ですが小社営業局宛にお送りください。送料小社負担にてお取替えいたします。但し、古書店で購入されたものについてはお取替えできません。
無断転載・複製を禁ず
Printed in Japan

◆ダイヤモンド社の本◆

優れた問題発見者だけが、優れた問題解決者になれる。

問題を解決するためには、問題を正しく発見し、認識することが前提となる。本書では「あるべき姿」を構想し、「問題解決の4P」に代表される、大局的に問題全体を構想する思考のフレームワークを中心に解説する。

問題発見プロフェッショナル「構想力と分析力」

齊藤嘉則 [著]

●A5判上製●定価（本体2400円＋税）

https://dhbr.diamond.jp/

◆ダイヤモンド社の本◆

「調べる力」は鍛えられる

世界有数のコンサルティング会社で培ったプロが実践する情報の仕事術。

情報調査力のプロフェッショナル
ビジネスの質を高める「調べる力」

上野佳恵 [著]

●四六判並製●定価（本体1500円＋税）

https://dhbr.diamond.jp/

不確実な時代こそ「問いを立てる」ためのインプットが必要となる

時代を超えた知見を横断的にカバーする
DIAMOND ハーバード・ビジネス・レビュー

毎月10日発売

- パーパス、ブルーオーシャン戦略、デザインシンキング……掲載された数々のコンセプトやフレームワークが、のちに世界を席巻。
- 入山章栄 早稲田ビジネススクール教授をはじめ、日本の気鋭の学者、名だたる日本企業のリーダーたちも、その経営哲学やナレッジを提供。
- 海外、日本、そして領域を超えた最先端の知見を、横断的にカバーすることは、一歩先を行くうえで大きなアドバンテージとなります。

https://dhbr.diamond.jp/